教育の方法と技術

―IDとICTでつくる主体的・対話的で深い学び

Ver.2

Tadashi Inagaki

稲垣 忠 編著

北大路書房

まえがき

『それしかないわけないでしょう』。

絵本作家のヨシタケシンスケさんの作品タイトルです。この絵本には，暗い未来の話を聞かされた女の子が登場します。おばあちゃんとの対話をきっかけに，女の子は未来にはたくさんの選択肢があることに気づき，さまざまなイメージをふくらませる明るく温かい気持ちになるお話です。

本書は，学校の先生をめざす学生の皆さんと学校現場で活躍されている先生方を対象に授業のつくり方（＝インストラクショナルデザイン）について解説しています。「これさえ知っておけば大丈夫」「これこそが本当の授業だ！」といった声高な主張をするつもりはありません。むしろ，絵本の女の子のように「自分ならこんな工夫をしてみたい」「あの方法に今度チャレンジしてみよう」とワクワクした気持ちになれる本にしようと企画しました。旅行にたとえるなら，旅先までの最短ルートやおすすめ旅プランを紹介するのではなく，地図と観光情報を手がかりに旅行プランを組み立てるのを助けるための本です。

このような本を企画した理由は2つあります。一つは，未来の学校への準備です。少子高齢化，グローバル化，情報化と世の中の変化の大波は学校へも押し寄せてきています。外国籍の児童生徒を含む多様なニーズをもった子どもたちにどう教育すればよいか。人工知能が発達しても必要な教育，教師の役割は何か。10年後，20年後の学校がどのようになっているのか予測するのも難しくなっています。だからこそ，さまざまな教育方法に目を向け，柔軟に対応できる教師をめざすことに価値があります。

もう一つは，学校の学びの日常そのものが多様だからです。算数と国語の授業の方法は同じでしょうか。地図記号を覚えるときとアラスカに住む人々の暮らしを地理的条件と結びつけて考察するときでは，同じ方法で指導でき

るでしょうか。教科の特性や学習内容の種類によって教育の方法は異なります。本書は，教育の内容ではなく方法に着目し，どんな共通点やバリエーションがあるのかを扱います。

　とはいうものの，あれもこれもと教育方法を羅列するだけで，授業をつくれるようになるわけではありません。そこで本書では2つの工夫を試みました。まず先ほどの旅行のたとえでいえば，地図の読み方，プランの組み立て方を学べるようにしました。各章の扉に描かれた本書全体を俯瞰する地図を見てみましょう。インストラクショナルデザインの考え方にならい，順に読み進めながら学習指導案を実際につくり，実践し，振り返りができるよう配列してあります。章末問題を用意したので，各章のポイントを確かめながら読み進めることもできます。巻末には，学習指導案のひな形を収録しました。これらの資料は本書ウェブサイト（http://www.ina-lab.net/special/id/）からダウンロードすることができます。

　次に「主体的・対話的で深い学び」に焦点を当てています。2020年度に小学校からはじまった学習指導要領の「授業改善の視点」として掲げられたキーワードです。このキーワードは突然できたものではありません。学校制度が確立してから150年ほどの間に，世界中でさまざまな教育方法が試され，知見が蓄積されてきました。現代と将来の社会を生きる児童生徒に向けて，教育学の知見を集約したキーワードと言ってもよいでしょう。本書では「主体的・対話的で深い学び」の背景にある理論やさまざまな教育方法を紹介するうえで，現在と歴史をつなぐことを大事にしました。最新の手法のルーツが50年前，70年前にさかのぼることもあります。参考文献に加えて各章の末尾には発展図書を2冊ずつ紹介しています。

　2019年に本書を出版して以来，多くの大学の先生方から講義で活用していること，学校現場で教員研修の参考にしたといった声をいただくことができました。一方，コロナ禍とオンライン授業の広がり，GIGAスクール構想，個別最適な学び，働き方改革など，学校現場は大きく変わりつつあります。2022年には「教職課程コアカリキュラム」が改訂され，「情報通信技術を活用した教育に関する理論及び方法」が必修となりました。本書は「教育の方法及び技術（情報機器及び教材の活用を含む）」を想定して作成したテキストです。大学によって，「方法及び技術」に必修になったICTの内容を盛り

込んだところと，「方法及び技術」とICTを別科目としたところがあります。そこで，本書を改訂するにあたり，次の2点に注力しました。①「情報通信技術を活用した教育に関する理論及び方法」の内容もあわせて学べるようにすること，②「教育の方法及び技術」についてもこれまで以上に内容の充実を図ること。15章の構成は変えていませんが，ICT関係だけでなく，教育方法の面でも随所にアップデートを試みています。書名を『教育の方法と技術 Ver.2：IDとICTでつくる主体的・対話的で深い学び』とし，サブタイトルを変更したのもこうした事情によります。

　9名の著者とは，最新の知見を盛り込めるよう，分担・協力して取り組みました。内容の過不足，齟齬，間違い等があれば，それらはすべて編者の責に帰すものです。ご指摘・指導いただければ幸いです。

　執筆・編集にあたっては，実際の使用を想定し，2022年度前期に東北学院大学の教職科目「教育の方法と技術」を受講していた学部2年生154名にご協力いただきました。従来版の教科書を使いながら「修正」「追加」した部分をスライドで随時示しながらのややこしい授業でした。授業に積極的に参加してくれた皆さんの頑張りの結果，従来のテキストからアピールしてきたオリジナルの授業づくりにチャレンジしただけでなく，教師役・学習者役の学生たちがICTをさまざまに工夫して活用する姿を見ることができたことは大きな励みとなりました。どうもありがとう。そして，本書の企画，編集方針に対して的確なアドバイスをいただき，改訂の歩みを支えてくださった北大路書房の森光佑有氏に感謝申し上げます。

　教職をめざす皆さん，教師として学び続けている皆さんが，授業づくりの旅に出る際のガイドブックとして，本書が少しでも役立つことを願っています。

2022年11月

著者を代表して　稲垣　忠

本書の使い方

□ 学生の皆さんへ

➡️ 授業のテキストとして購入された方が多いと思います。本書には巻末にシラバスやワークシートが収録されていますが，あくまで案です。担当の先生のガイダンスのもとで本書を活用してください。本文中には「○章参照」といった記述が随所にあります。どの辺が関係しそうか読み直し，付せんを貼ったり，マーカーを引いたりして，各章で学んだことを結びつけながら読み進めると，理解が深まります。章末問題の問1は，本文をじっくり読み返せば正答できるようにつくってあります。ぜひチャレンジして，理解を確かめてみましょう。なお，ウェブサイトに本書の図版や参考文献リストを公開しています。課題分析図の作成や，発展的な資料を調べる際などに活用してください。

□ 大学の先生方へ

➡️『教育の方法と技術：主体的・対話的で深い学びをつくるインストラクショナルデザイン』を大幅に加筆修正しています。文部科学省の教員養成コアカリキュラムの改訂により必修となった「情報通信技術を活用した教育に関する理論及び方法」にも対応しました。「教育の方法及び技術」を含め，コアカリキュラムとの対応については巻末資料を参照してください。15章構成で1回の授業で1章のペースを想定していますが，内容がだいぶ増えています。すべて学生に覚えてもらう必要はありません。各章扉の「やってみよう」は事前学習あるいは授業の導入としても活用できるよう記載しています。また，章末問題は2問ずつありますが，1問目は正答が明確に決まっているもの（ウェブサイトの問い合わせフォームにご連絡いただければ，解答をご案内します）。2問目は多様な答えが想定されるものです。学生の様子や授業の進め方に合わせて活用してください。巻末の学習指導案は第8章から本格的に使用しますが，シラバス例を参考に第3回くらいからとりかかったほうが学生も見通しをもって学べると思います。ウェブサイトにてワークシート，各章の図表，章末問題，ルーブリック等を配布しております。

□ 小～高校の先生方へ

➡️ どこから読み始めていただいてもかまいません。章の扉ページにある本書全体の見取り図を手がかりに課題と感じているところからご覧ください。教員研修では各章扉の「やってみよう」をアイスブレイクとして実施する，演習として章末問題に取り組むといった活用方法もオススメです。なお，本書ではさまざまな手法や基本的な考え方を紹介していますが，より深く知りたい方は，巻末の引用・参考文献や章末の発展図書へとステップアップされるとよいでしょう。

目　次
Contents

第1章

ガイダンス(1)
これからの子どもたちに育みたい資質・能力

教育の方法（どのように教えるのか）は，教育目標（何を身につけさせるのか）によって変わります。本章では「学力」を，子どもたちに育みたい力として広く捉え，さまざまな分類があることを紹介します。そのうえで，これからの社会を生きていくために求められる力はどんなものであり，教育の方法として何を学ぶ必要があるのかを解説します。

Key words
ブルームのタキソノミー，多元的知能，資質・能力，21世紀型スキル，VUCA，society5.0，授業設計

設計の基礎
- 授業をつくる(第3章)
- 評価をデザインする(第4章)
- 学習環境とデジタル化(第5章)

実践の基礎
- 授業を支える指導技術(第6章)
- 学びを引き出す指導技術(第7章)

ガイダンス
- 育みたい資質・能力(第1章)
- 求められる授業力(第2章)

設計の実際
- 学習目標の明確化(第8章)
- 深い学びを導く教材研究(第9章)
- 主体的・対話的な学習過程(第10章)
- 学びが見える評価方法(第11章)

情報化への対応
- ICTを活用した学習活動(第12章)
- 情報活用能力を育てる(第13章)
- 授業の拡張と校務の情報化(第14章)

授業の実施
- 授業の実施と改善(第15章)

やってみよう

今年，小学校に入学する子どもが大学を卒業するのは何年頃か計算してみよう。その頃，あなたは何歳で，教師になっておよそ何年目くらいになるだろうか。どんな社会になると予測されているのか調べ，あなたはどんな教師になっていたいか，想像してみよう。

学校で子どもたちは何を学習するのか

　読み書きや計算ができる，都道府県の名前と場所を覚える，逆上がりができる，人前で話ができる，相手を思いやって関わる，絵を描く，歌を歌う，生き物を飼う，本で調べること。学校教育で子どもたちは実にさまざまな経験をし，さまざまなことを学習します。子どもたちの活動を導き，支援し，励まし，指導することで，できなかったことをできるようにしたり，知らなかったことに気づかせたり，達成感を感じさせたり，新たな興味を引き出し，子どもたちの成長と発達を支援することが，教師の役割です。

　本書は，教育の方法，つまり「どのように教えるのか」を扱います。初めに結論を言うと，教育の方法に唯一の正解はありません。その理由を4つ挙げます。

　1つ目の理由は，子どもが学ぶ内容によって，教え方はさまざまだからです。漢字が書けるようになるには，形や読み方，筆順を教え，繰り返し書く練習をさせます。漢字を使った熟語や用例を調べさせることもあるでしょう。環境問題について深く考えられるためには，客観的な資料を集めて比較検討させたり，立場によって考え方が違うことに気づかせたり，価値判断を迫る機会を用意します。子どもたちが学習する内容によって適切な指導法は異なります。

　2つ目の理由は，子どもたちは一人ひとりさまざまだからです。同じ学校，同じクラスで学んできた子どもたちであっても，得意なこと，苦手なことは違います。塾などで先に進んでいる子もいれば，特別な支援を要する子どももいます。「子どもが何かを学ぶ」を突き詰めれば，「個」つまり，一人ひとりに目を向けることになります。何に興味をもっているのか，何につまずいているのかを見極め，教師として何ができるかが問われます。

　3つ目の理由は，時代によって求められる力や学び方は変わるからです。明治時代，工場で効率よく働くために必要だった力と，ロボットや人工知能が人々の仕事を肩代わりしていく可能性が語られる現代とでは，子どもたちが大人になったときに求められる力は変わらないと考える人は多くないでしょう。また，明治の初期の教室には紙のノートはなく，「石板」と呼ばれる小さな黒板に書いては消して，子どもたちは授業を受けていました。今で

はタブレットやスマートフォンも学習の道具になります。時代や技術環境に適した教育方法を考えていく必要があります。

　最後の理由は，皆さん自身，つまり教師をめざしているあなたや，すでに教師として活躍されているあなた，一人ひとりがさまざまだからです。人が人に物事を教える教育という営みはとても人間的な行為です。コミュニケーションの仕方，考え方のクセ，これまでの人生経験，あなた自身を形づくるあらゆる要素を背景に日々の教育活動が積み重ねられます。あの子どもによかった指導法が別の子どもにはうまくいかないことと同じように，あの先生の指導法をただ真似するだけでうまくいくとは限らないのです。

　学ぶ内容，子どもの多様性，時代の変化，教師の多様性，これだけ変数が多い中で教育方法を考えることは容易なことではありません。しかし一方で，学習をきわめて限定的に「脳の神経回路が変化すること」と定義するとどうでしょう。生物としてのヒトの脳がもつ機能や性質は，個人によってまったく異なるということはありません。

　私たちは計算をする際，脳内のワーキングメモリ（作業記憶）で数字を覚えておき，計算処理を行います。ワーキングメモリには容量があり，ミラー（1972）によると7±2個程度と言われています。教師が授業する際，新しい情報を10も20も提示しても，子どもたちは吸収しきれません。心理学，神経科学，脳科学の分野で学習に関する知見が蓄積されています。これらを活かせば，多くの子どもたちが適切に学べる「学習の法則」が見えてきそうです。つまり，教育の方法は多様なだけでなく，さまざまな教科や場面で通用する，共通の考え方やノウハウがあると考えられています。

　筆者は「**教育工学（Educational Technology）**」を専門としています。教育工学では，学習に関する知見に基づきながら，教える内容，子どもの実態，使用できる環境などの諸条件のもとで，最適な教育方法を示していくことをめざしています。東（1976）は「**教育者がより適切な教育行為を選ぶことができるようにする工学**」と教育工学を定義しました。本章では，適切な教育方法を選ぶうえで出発点となる，教育目標＝育みたい力にはどのようなものがあるのかを整理します。

「彼／彼女は学力が高い（あるいは低い）」「○○県は学力で全国トップだ」などと言われることがあります。しかし，ここまでの議論でみてきたとおり，子どもたちが身につけるべき学習内容は多様です。読解力が高いからといって人前で話す力も高いとは限りませんし，計算が速い子が証明問題も素早く解ける保証はありません。いわゆる「学力」にはどのような力が含まれるのか，いくつかの考え方を紹介しましょう。

教育目標の分類として世界的にポピュラーなのは，B. S. ブルームが1950～ 60年代に提唱した**教育目標の分類学(タキソノミー)**です。生物に哺乳類，爬虫類，両生類といった分類があるように，教育目標にも分類と体系があるという理論です。ブルームはまず，**認知的領域，情意的領域，精神運動的領域**の3つに教育目標を分類しました。それぞれ頭と心と体に対応します。中でも認知の領域は，L. W. アンダーソン，D. R. クラスウォールらによる改訂版が開発され，図1-1のような階層的なモデルが示されています（石井，2003）。覚えるような学習（記憶する）から覚えたことを生かして新しいアイデアを考える（創造する）まで，学んだ結果，できるようになることにもさまざまなレベルがあることがわかります。

認知には，改訂版ブルームの分類のように行動を表す進行形のかたちで示すことができる学習活動そのものを表す機能とは別に，認知活動を俯瞰（ふかん）し，認知活動を修正・調節する働きがあり，**メタ認知**と呼ばれていま

図1-1 改訂版ブルームの目標分類

す（三宮, 2008）。自分がどのように学んでいるのか, 何を学べているのか を自覚し, 学び方を修正できることは, 学習者として自立するために必要な 力です。

　情意面は, 関心をもつこと, 何らかの価値観や態度など, 心の状態や性質 に関する目標です。近年では主体性, 粘り強さ, 誠実さ, 自制心, レジリエ ンス（回復力）, 楽観主義などの性質は「非認知能力」と呼ばれ, その育成 に注目が集まっています。タフ（2017）は, 幼児期の非認知能力の発達が不 十分な子どもは, 学業や社会に出てからの成功に影響があるとしています。 学校では学級の人間関係などの環境を適切に整えることや, 教師からの前向 きなフィードバックが非認知能力の回復・発達につながるとしています。

　精神運動領域は, 自転車の運転やコンパスの使い方のように, 手や体の動 かし方についての目標です。フィッツとポスナー（Fitts & Posner, 1967）は, 運動スキルの学習を次の 3 段階で示しました。「認知段階」では, 学習対象 の難易度, どうやればいいのかといったことを認知します。「連合段階」で は, 練習を通してよりよい動作イメージに近づけていきます。「自動化段階」 に達すると, 意識せずにその動作をできるようになります。

　別の考え方もみてみましょう。H. ガードナーの**多元的知能**（Multiple Intelligences）理論です。脳にはいくつかの領域があり, 視覚, 言語, 運動, 情意など分担して機能していると考えられています。ガードナー（2003）は, 事故などで脳を損傷した際に失われる脳の働きを調べる中から, およそ 8 つ

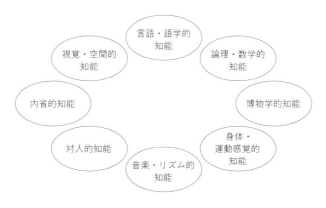

図 1-2　ガードナーの多元的知能

の機能があることを見いだしました（図1-2）。この考え方にならえば，学び
は脳の中のいくつかの機能を高めることであり，人によって得意な部分と，
そうでもない部分があることが予想できます。そして，これらの脳の機能に
合わせてカリキュラムや学び方を工夫することを提案しています。

　ブルームとガードナーのどちらが正しい分類か，認知と非認知はどちらが
重要か，といった話ではありません。人が成長していく過程で経験する学習
を整理する方法は何通りもあり，学習には多様な側面があることを示してい
ます。

　日本の学校において基本となるのは**学習指導要領**です。小学校，中学校，
高等学校，特別支援学校それぞれに定められています。文部科学省がおよそ
10年に1度，改訂し，2022年現在では2016〜2018年に改訂された学習指
導要領が2020年以降，小学校から順次，実施されています。この学習指導
要領では，表1-1に示す3つの資質・能力が示されています。「学力」では
なく，「**資質・能力**」という言葉に表されているように，学ぶべき内容の分
類にとどまらず，「未知の状況に対応する」「社会や人生に生かす」といった，
学んだ結果，どのような人として成長できるのかを見据えた記述になりまし
た。その背景には，学力を定義するうえでもう一つの重要な要素，すなわち，
時代の変化をどう受け止め，学ぶべき内容をどう反映させるのかがあります。

表1-1　資質・能力の方向性と3つの柱（文部科学省，2017より作成）

方向性	3つの柱
1. 何を理解しているか，何ができるか	・生きて働く知識・技能の習得
2. 理解していること，できることをどう使うか	・未知の状況にも対応できる思考力・判断力・表現力等の育成
3. どのように社会・世界と関わり，よりよい人生を送るか	・学びを社会や人生に生かそうとする学びに向かう力・人間性等の涵養

1.3　これからの世界を生きるために

　子どもが大人になるまでの時間は有限です。教師が子どもたちに授業を通
して関わる時間はさらに限られます。学力にはさまざまな側面や見方がある

にしても，そのすべてを高めることは困難です。取捨選択をしなければなりません。すべての子どもたちにとって必要なことはどんなことでしょうか。義務教育段階にある小学校と中学校の役割は「普通教育」と呼びます。特定の職業に就くための専門的な教育ではなく，すべての国民が共通して学ぶべき基礎的・一般的な事項を学ぶのが普通教育です。高校になると，普通教育の中でもやや発展的な部分と希望する進路に応じた専門教育が始まります。学習指導要領には，学校種ごとに学ぶ内容がまとめられています。

　それぞれの校種の学習指導要領には，教科・領域が示され，学習内容が記載されています。さまざまな教科の存在理由を考えてみましょう。社会生活を営むうえで，読み書きや計算ができることは必要です。家庭科や体育・保健は日常生活や健康に関わります。理科や社会科を通して，さまざまな自然現象や私たちの暮らしを支える仕組みを理解しておくことも，すべての子どもたちに共通に学んでほしい事柄です。芸術系の科目，技術科，道徳，それぞれに学ぶべき理由があります。英語はどうでしょうか。従来，中学校から外国語科として教えられてきましたが，2020年度から小学校中学年で外国語活動が，高学年で外国語科が始まりました。社会のグローバル化の進展が反映されています。「すべての子どもたちにとって必要なこと」は時代の変化に応じて変わるものです。

　学習指導要領の内容は，それに先立って開かれる中央教育審議会による答申に基づいています。現在の学習指導要領の方向性を定めた答申は2016年末に公表されました（中央教育審議会，2016）。答申を見ると「2030年の社会と子供たちの未来」という章があります。2018年に小学校に入学する子どもが高校を卒業するのが2030年です。今の子どもたちが社会で活躍するのはそれ以降です。教師という仕事は，目の前の子どもたちと関わりながら，2030年，2040年の彼ら／彼女らが活躍できるよう，学びを導き，支援していくことです。

　子どもたちに今，どんな力を育てていくべきかという議論は，もちろん日本だけで行われているわけではありません。グローバル化，情報化の流れは世界中で加速しています。21世紀に入り，あらゆる職業で働き方が変わったり，職業そのものがなくなったり，新たな職業が生まれています。このような変化の激しい社会状況を，Volatility（変動性）・Uncertainty（不確実性）・

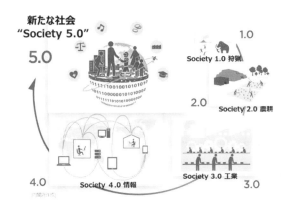

図 1-3　Society 5.0

内閣府ホームページ　https://www8.cao.go.jp/cstp/society5_0/

Complexity（複雑性）・Ambiguity（曖昧性）の頭文字を取って VUCA と呼びます。また，社会には貧困，気候変動，格差，平和など，多くの課題があります。これらは持続可能な開発目標（Sustainable Development Goals：SDGs）として 2015 年の国連総会で 17 の目標が採択され，2030 年までの具体的指針が示されています。教育についても，すべての子どもたちが質の高い教育を受けられること，生涯にわたって学び続けられる環境を保障することなどが挙げられています。

　時代の変化を大きなスパンで見てみましょう。「Society 5.0」は，1.0（狩猟社会），2.0（農耕社会），3.0（工業社会），4.0（情報社会）に続くものとして日本で 2016 年に提唱されました（図 1-3）。「サイバー空間（仮想空間）とフィジカル空間（現実空間）を高度に融合させたシステムにより，経済発展と社会的課題の解決を両立する，人間中心の社会」の実現がめざされています。欧州委員会ではテクノロジを高度に活用したうえで人間中心，持続可能性，回復力を重視した産業へと刷新する「Industry 5.0」が 2021 年に提唱されました。

　現在の学校制度の基礎は Society 3.0 の頃に誕生しました。日本でいえば，江戸時代から明治時代になり，社会が大きく変化していく中で学校制度が全国に整備されました。3.0 から 5.0 へ。社会の大きな変化に対応するために，学

表1-2　ATC21S による 21 世紀型スキル（グリフィンら，2014）

1.　思考の方法（Ways of Thinking） 　（1）創造性とイノベーション 　（2）批判的思考，問題解決，意思決定 　（3）学び方の学習，メタ認知	3.　仕事の方法（Ways of Working） 　（6）コミュニケーション 　（7）コラボレーション（チームワーク）
2.　仕事の道具（Tools for Working） 　（4）情報リテラシー 　（5）ICT リテラシー	4.　世界の中で生きる（Ways of living in the world） 　（8）地域とグローバルのよい市民であること 　　　（シチズンシップ） 　（9）人生とキャリア発達 　（10）個人の責任と社会的責任（異文化理解と 　　　　異文化適応能力を含む）

校教育で身につけるべき力を新たに考え直す動きが起きています。

　表1-2の「21世紀型スキル」は，ATC21S（Assessment & Teaching of, 21st Century Skills：21世紀型スキルのための教育と評価）プロジェクトがまとめたリストです（グリフィンら，2014）。シスコ，マイクロソフト，インテルなどのIT企業の支援を受け，オーストラリア，フィンランド，シンガポール，米国，コスタリカ，オランダで各国の研究者が議論し，提案されたものです。国語，算数，社会といった教科の分類ではなく，将来，どのように仕事をし，どのような人生を送るかに着目していることが読み取れます。

　経済協力開発機構（OECD）が進めている「Future of Education and Skills 2030」プロジェクトでは，2030年以降の社会を担う人々に必要な資質・能力について国際的な議論が交わされています。2019年に発表された「ラーニング・コンパス」（学びの羅針盤：図1-4）では，VUCA時代を生きる資質・能力として「新たな価値を創造する力」「対立やジレンマに対処する力」「責任ある行動をとる力」が掲げられました。すべての人が同じ力を身につけるのではなく，コンパスを学習者自身がもち「エージェンシー（変革を起こすために目標を設定し，振り返りながら責任ある行動をとる能力）を発揮し，教員・保護者・地域と関わりながら，それぞれに持ち味を発揮し，よりよい生きる姿を目指す」とされています。社会の変化に対応していくために必要となるこれらの力は，学校教育だけで育むものではありません。「生涯学習」と呼ばれるように，大人になり，社会に出てからも，新たな知識や技能を身につけ，絶えず自らを成長させていくことが求められます。グラットンとス

図1-4　ラーニング・コンパス（OECD，2021より作成）

コット（2016）によれば，2007年に日本で生まれた子の半分は107歳以上
生きると予想されています。学校教育で学び疲れてしまうのではなく，学ぶ
楽しさを味わい，成長する実感を得て，生涯，生き生きと学び続ける人を送
り出していくことが，学校教育の役割です。

1.4　家を建てるように

　「授業をしている教師」をイメージしてみましょう。話をする，黒板に書
く（板書），生徒に問いかける（発問），理科の実験や体育などではデモンス
トレーション（実演）することもあります。プリントを配ったり，映像を見
せたり，生徒の机の間をまわって様子をみたりアドバイスをしたりする（机
間指導）のも教師の姿です。「待つ」ことも大切です。授業は教師だけで成
り立つわけではありません。むしろ，子どもたちが考え，自分の考えを表明
し，友だちと意見を交換し，試行錯誤や練習を積み重ねながら，新しい知識
を得たり，新たな考えを見つけだしたりする時間です。教師がずっと話して

いたり，ひたすら板書をしているようでは，子どもたちが考える隙間がなくなってしまいます。教師としての「指導」と子どもたちの「学習活動」，これらを組み合わせて，子どもたちが学習目標に到達できるように導くことが**授業**という営みです。

社会の変化に応じて，知っておくべきことや育むべき力が変わったとしても，人間が何かを学習する過程で脳内に起こることが変わるわけではありません。そしてその過程を助けるために教師・教材ができることを体系化した理論が「**インストラクショナルデザイン**（Instructional Design：**授業設計**）」です。めざす教育の姿が多様であるように，インストラクショナルデザインの理論も多様です。近年では学習者中心の教育を志向する理論が数多く提案されています。本書では，新しい動向を踏まえつつ，基礎となる考え方を中心に取り上げます。授業づくりを「家を建てること」にたとえて，授業設計の役割を考えてみましょう。

家を建てるときには，設計図に基づいて土台となる基礎をつくり，柱を立てるところから始まります。基礎がぐらついていたり，柱の長さが足りなかったりしたら，まともな家にはならないでしょう。授業づくりでいえば，授業の根本となる要素が何かを見極め，基本形を用意することです。数時間～数十時間かけて教えられる学習内容のひとまとまり（「**単元**」といいます）を通して，教える内容をどう選択・配列するのか，授業の流れを組み立て，教材を準備し，子どもの学習活動を助けるにはどのような環境を整えるのか，といったことが授業の土台です。本書は，授業の土台をつくる設計図（**学習指導案**）づくりを体験しながら学べるように構成しています。

無事，家が建ったとします。家具を配置し，人が住み始めるにつれて家は家らしい生活空間になります。暮らし方によっては，住む前に考えていた間取りを変更することもあるでしょう。こうした実際の暮らしが，授業中に教師が行う指導であり，子どもたちの学習活動です。掃除や整理整頓のハウツー本と同じように，板書や発問の仕方，指導のポイントなど，授業のコツ（**指導技術**）を教えてくれる本はたくさんあります。最新家電や便利グッズのように，電子黒板，タブレット端末，デジタル教科書といった ICT（Information and Communication Technology：情報通信技術）機器や教材，あるいは付せん紙やホワイトボードなど，授業で使える道具はたくさんあります。子ど

もたちの学びが充実する，さまざまな指導法や教材の使い方についても本書では取り上げます。ただし，こうしたノウハウは授業の根本がしっかり組み立てられていることが前提となるのは言うまでもありません。

　時代の変化に応じて教えるべき内容が変化していることは，家を建てるアナロジーでいえば，地域の気候や都市計画が変化するようなものです。家を建てる基本となる授業設計の考え方と，暮らしを豊かにするさまざまな指導法の2つを身につけていれば，周囲の環境の変化にも柔軟に適応し，子どもたちに身につけさせたい力に応じた授業を組み立て，実施できる教師になることができるでしょう。

　本章では教育の方法にも学力の分類にも，唯一の正解はないこと，時代の変化によって子どもたちに育みたい力が変わりゆくことを紹介しました。一方，授業をつくる揺るぎない土台として，インストラクショナルデザインの考え方を提案しました。本書では新しい指導方法や情報技術の発展を活かした教育の方法も取り上げていきますが，常に土台となる授業設計の考え方に立ち返りながら解説します。

章末問題

問1　次の記述について誤っている部分を直しましょう。
（a）50年前と現在を比べると学力は低下している。
（b）非認知能力が将来の格差を決めるため，認知能力を育成する意味はない。
（c）学校教育で一生，生きていくために必要な知識をすべて身につけられる。
（d）授業は子どもの反応によって変わる以上，予定を決めておくべきではない。

問2　映画・ドラマ・アニメなどで「学校で授業を受けている生徒」が描かれることがあります。作品・場面を1つ選び，①どんな学習をしているか，②その学習でどんな力が育つのか，③身につく力はその作品・場面の時代に適しているのかどうか，本章で学んだ言葉を使って考察してみましょう。

✺さらに深めるには？

奈須正裕（2017）「資質・能力」と学びのメカニズム　東洋館出版社

　本章で紹介した中央教育審議会答申の背景には，学力や学びに関する多くの研究の蓄積があります。資質・能力モデルへの転換の経緯とともに，その根底にある学習理論を豊富に紹介しています。

ファデル，C.・ビアリック，M.・トリリング，B.／岸 学（監訳）関口貴裕・細川太輔（編訳）（2016）21 世紀の学習者と教育の 4 つの次元：知識，スキル，人間性，そしてメタ学習　北大路書房

　21 世紀に求められる資質・能力とそれを育むカリキュラムについて CCR（カリキュラム・リデザイン・センター）による提案を翻訳したものです。本章で紹介した ATC21S やラーニングコンパスとの相違を比べてみましょう。

第2章

ガイダンス (2)
教師に求められる授業力とは

Chapter 2
Chapter 3
Chapter 4
Chapter 5
Chapter 6
Chapter 7
Chapter 8
Chapter 9
Chapter 10
Chapter 11
Chapter 12
Chapter 13
Chapter 14
Chapter 15

これからの教師にはどのような力が必要なのでしょうか。本章では，教師に求められる資質・能力とは何かを確認したうえで，その中核となる授業実践に関わる知識を取り上げます。授業実践を積み重ねながらその力量を高め，新たな実践を創造し続けていく「省察的実践家」としての教師の姿に迫ってみましょう。

Key words

生涯学習者としての教師，専門職としての教職，TPACK，省察的実践家としての教師，マインドフレーム，教師のレジリエンス

設計の基礎
- 授業をつくる(第3章)
- 評価をデザインする(第4章)
- 学習環境とデジタル化(第5章)

実践の基礎
- 授業を支える指導技術(第6章)
- 学びを引き出す指導技術(第7章)

ガイダンス
- 育みたい資質・能力(第1章)
- 求められる授業力(第2章)

設計の実際
- 学習目標の明確化(第8章)
- 深い学びを導く教材研究(第9章)
- 主体的・対話的な学習過程(第10章)
- 学びが見える評価方法(第11章)

情報化への対応
- ICTを活用した学習活動(第12章)
- 情報活用能力を育てる(第13章)
- 授業の拡張と校務の情報化(第14章)

授業の実施
- 授業の実施と改善(第15章)

やってみよう

あなたが考える理想の「教師」は，どんな授業をする先生ですか？　できるだけ具体的に述べてみよう。また，なぜ理想と考えるようになったのかを説明してみよう（過去の経験・出会いなど）。

「教師」と「教員」に求められる姿

　これまで皆さんが出会ってきた「教師」は，塾や予備校の講師やスポーツ教室のインストラクターと何が違うのでしょうか。「教える」ことを仕事としている点では同じだといえます。

　『精選版日本国語大辞典』（小学館）によると，**教師**は，「学校などで，学業を教える人。学術，技芸などを教授する人」と定義されています。「教師」と同様に用いられる**教員**についても確認してみると「学校で教育職務に従事する人」と定義されており，補注には「明治初期の和製漢語で，法律用語として生まれた」と明記されています。

　現在の法律では，どのように「教員」は位置づけられているでしょうか。「教員」は，教育職員免許法第2条に「幼稚園，小学校，中学校，高等学校，中等教育学校及び特別支援学校，幼保連携型認定こども園の主幹教諭，指導教諭，教諭，助教諭，養護教諭，養護助教諭，栄養教諭，主幹保育教諭，指導保育教諭，保育教諭，助保育教諭及び講師」（一部改変）と定められています。さらに，教育職員免許法第3条には，「教育職員は，この法律により授与する各相当の免許状を有する者でなければならない」とあります。つまり，教員とは，免許状を有して学校で勤務する教諭等の職員なのです。

　本書では，「教員養成」「教員研修」等で用いられる場合を除いては，「教師」の表現を用います。「教師」が主に教えることの専門的行為者であり，「理想」を念頭に語られるのに対して，「教員」が学校組織の一員として，ありのままの「実態」を念頭に語られるからです（今津，2017）。例えば，"Teacher Education"は，「教員教育」ではなく**教師教育**と訳されているのもこの違いを反映しています。

　それでは，教えることの「専門的行為者」である「教師」には，どんな資質・能力が「理想」の姿になるために求められているのでしょうか。2015年に中央教育審議会答申が公表した「これからの教員に求められる資質能力」をみてみましょう。

①これまで教員として不易とされてきた資質能力に加え，自律的に学ぶ姿勢を持ち，時代の変化や自らのキャリアステージに応じて求められる資質能力を生涯にわたって高めていくことのできる力や，情報を適切に収集し，選択し，活用する能力や知識を有機的に結びつけ構造化する力などが必要である。

②アクティブ・ラーニングの視点からの授業改善，道徳教育の充実，小学校における外国語教育の早期化・教科化，ICT の活用，発達障害を含む特別な支援を必要とする児童生徒等への対応などの新たな課題に対応できる力量を高めることが必要である。

③「チーム学校」の考えの下，多様な専門性を持つ人材と効果的に連携・分担し，組織的・協働的に諸課題の解決に取り組む力の醸成が必要である。

（中央教育審議会，2015）

　まず，教職生活全体を通じて自律的に学び続け，探究し続けるという点です。それは，「**生涯学習者としての教師**（teacher as lifelong learner）」というキーワードで国際的にも議論されています。第１章で触れたとおり，社会や経済がスピーディーかつダイナミックに変化していく中で，子どもたちを取り巻く環境や生活も多様化しています。彼らを生涯学び続ける人として育てていくには，教師自身も生涯学習者であることが求められます。これからの社会を担う子どもたちに何を指導しなければならないのか，どのような工夫や配慮が必要なのか等，教師としての知識やスキルをアップデートし続けるのです。その際，目の前の児童生徒の実態を的確に把握したうえで，新たな実践に挑戦し，その成果を確かめることを繰り返しながら，日々の指導を改善していきます。

　続いて，専門職としての知識とスキルに着目してみましょう。先ほどの答申には，「新たな課題に対応できる力量」という表現がありました。「**専門職としての教職**（teaching as a profession）」の仕事の中心は間違いなく「授業」です。教科の内容について詳しいだけでなく，教師としてさまざまな教え方や，多様な児童生徒に対応する方法も含めた専門性が求められます。教師は１人で学校すべてを動かし，すべての児童生徒と関わっているわけではありません。「**チーム学校**」（第５章で詳述）という言葉に象徴されますが，学校内外のさまざまな専門性を備えた他者との連携・協働を行いながら，チームとして問題解決に取り組みます。

授業を実践するために必要な知識

　「専門職としての教職」の仕事の中心にある，授業に関する知識について詳しくみていきましょう。第1章の学力のとらえと同様に，教師に求められる資質・能力のとらえも1つではありません。ここでは，国際的な文脈の議論を踏まえて，知識面として TPACK を本節で，姿勢や態度について次節でマインドフレームを取り上げます。

　TPACK とは，ケラーとミシュラ（Koehler & Mishra, 2009）が示した教師の知識に関する枠組みです。彼らは，「よい授業」には以下の3つの要素とそれら同士の結びつきが不可欠だと考えています（図2-1）。

　まず，「**教科内容に関する知識**（Content Knowledge: CK）」は，指導と学習の中核となる教科内容に関する知識のことです。例えば，理科であれば，生物学，化学，物理学，地学といった自然に関する科学的事実や理論，実験や観察を科学的に行う手法，実験や観察の結果から推論する際の考え方などが CK にあたります。

　続いて，「**教育学的知識**（Pedagogical Knowledge: PK）」は，指導と学習

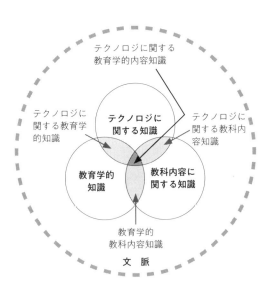

図 2-1　TPACK のモデル（Koehler & Mishra, 2009）

に関するプロセス・実践・方法に関する知識を指します。教育の目的・価値・目標を踏まえ，学級を経営し，授業を計画し，指導を行い，結果を評価するための知識です。これらを実践するためには，児童生徒がいかに知識を構成しスキルを獲得するかといった学習に関する認知的，社会的，発達的な理論も必要です。

　最後の「テクノロジに関する知識（Technological Knowledge: TK)」は，非常に流動的なものだといえます。例えば，2010年度から2013年度にかけて「フューチャースクール推進事業」が実施されました。実証校となった小学校10校，中学校8校，特別支援学校2校には，全学級担任および全児童生徒に1人1台のタブレットPCと全普通教室に1台の電子黒板，それらのICT機器を接続する無線LAN環境が整備されました。当時は，一部の実証校しか実現できなかった環境も，2019年に打ち出されたGIGAスクール構想（第5章参照）によって，現在では全国の学校で当たり前の風景になりました。今後，さらに新しいテクノロジが登場したら，現在の環境も劇的に変わるかもしれません。だからこそ，テクノロジを自分の仕事や日常で活用し，どのようなときにテクノロジが目標達成の手助けにあるいは妨げになるのかを認識し，テクノロジの変化に絶えず適応することがTKを発揮した姿だといえます。

　これらの知識同士が結びついてできるのが，「**教育学的教科内容知識**（Pedagogical Content Knowledge: PCK)」，「**テクノロジに関する教科内容知識**（Technological Content Knowledge: TCK)」「**テクノロジに関する教育学的知識**（Technological Pedagogical Knowledge: TPK)」です。まず，PCKは，教科内容の知識をもとに，児童生徒の既有知識や関連する概念を見極め，最適な指導，学習，評価を選択することができる知識です。TCKは，同じく教科内容に関わるものですが，テクノロジによってどのような教科内容の学習が促されたり，逆に妨げられたりするかを考えるための知識です。そして，TPKは，さまざまなテクノロジを教育の文脈に活かすための知識です。例として，黒板やホワイトボードは教室の前面に設置されていますが，多くの教師は，それを用いて児童生徒に対して一方向の情報伝達を行います。ところが，同じホワイトボードであっても広告代理店のブレーンストーミングで用いる場合，ディスカッションや協働を引き出すツールとなり得ます。同様

に，オフィスソフトやWebベースのテクノロジは，ビジネスや娯楽のために開発されたものですが，教師の工夫によって児童生徒の学習や理解を促すためのツールに転換することができるのです。

　そして，このフレームワークのコアとなる「テクノロジに関する教育学的内容知識（Technological Pedagogical Content Knowledge: TPACK）」は，教科内容，教育学，テクノロジの3つの知識を総合的に捉えるものです。2017年に改訂された学習指導要領では，小学校で「プログラミング教育」を行うことになりました（第13章参照）。しかし，教科として「プログラミング」が設定されたわけではありません。各教科等においてプログラミング的思考を育んだり，コンピュータ等を上手に活用して身近な問題を解決しようとする態度を育んだりすることが求められています。つまり，各教科等で求められている学習内容を基盤として，児童の知識やスキルの実態を踏まえながら，プログラミング教育を実践していくように，これら3つの知識領域間のバランスを常に意識し，問い直し続けることが期待されているのです。

2.3 　教育効果を高めるマインドフレーム

　教師に求められる資質・能力には，さまざまな知識に加えて，教育に対する姿勢や態度を備えていることが求められます。ハッティとチィーラー（2021）の『教師のための教育効果を高めるマインドフレーム』を手がかりに，本書の内容を紐解いてみましょう。これまでの教育研究を収集したメタ分析をもとに，高い効果量を示す教師の行動や態度等を10のマインドフレーム（ものごとに対する見方や考え方，捉え方，信念の総称）として整理しています。

A　影響（インパクト）
　①私は生徒の学習に及ぼす影響の評価者である
　②アセスメントは自身の影響と次のステップを知らせてくれるものである
　③進歩させたいと考えていることや自身の影響について同僚や生徒と協働する

B　チェンジとチャレンジ
　④私は変化をもたらすエージェントであり，すべての生徒が改善できると信じて

　　いる
　　⑤私は「最善を尽くす」だけでなく，チャレンジに努める

　C　学習の焦点
　　⑥私は生徒にフィードバックを提供して理解できるように支援し，私に与えられ
　　　たフィードバックを解釈して行動する
　　⑦私は一方向の説明と同じくらい対話を取り入れる
　　⑧何ができたら成功なのかを最初から生徒に明確に伝える
　　⑨間違えても他者から学んでも安心して学習できるように人間関係と信頼を築く
　　⑩学習と学習中の言葉に集中する

（ハッティ・チィーラー，2021）

　「A　影響」は教師として児童生徒にどのような影響を与える存在であるか自覚することです。①と②は，学習評価や課題設定に関することです。学習目標に照らして形成的評価を実施し（第11章），適切な介入（フィードバック）を行います。③では，他の教職員との協働の重要性が指摘されています。本書では第15章で教員間での模擬授業（マイクロティーチング）や授業後の話し合い（事後検討会）の方法について紹介しています。

　「B　チェンジとチャレンジ」は，教師自身が変化を恐れず，挑戦し続ける存在であることを示しています。④の「エージェント」は第1章でも触れましたが，教師は従来の学校をただ守るための存在ではなく，変化を起こす主体でもあります。例えば，児童生徒の学習規律を乱す行動に対して，校則や統制を徹底するよりも，すべての児童生徒が安心して学べ，さまざまな興味関心が誘発されるような学習環境の構築（第5章）を推進する役割が求められます。⑤は，教師自身が新しい取り組みに挑戦することです。本書では随所でICTの活用について取り上げています。特に第12〜第14章では技術の進化に対して教育方法・教育内容をどのように刷新し，これからの学校がどう変化していくのかを概観できるようにしました。

　「C　学習の焦点」では，授業において教師が大事にしたい姿勢をより具体的に示しています。⑥は，教師と児童生徒の関わりとして，互いのフィードバックに着目しています。本書では第3章で授業の基本的な役割，第6章で教師と児童生徒の間での発問を通したやりとりや，話し方，板書等の指導技術について取り上げています。⑦は，対話的な学びの重要性を示したもので

す。協働関係のデザイン，対話を支えるツール，探究型の学習などさまざまな手法を第10章で紹介しています。

⑧は学習目標に関してです。授業は時に脱線することがあったとしても，その成否は児童生徒が学習目標に到達できたかどうか次第です。インストラクショナルデザインの考え方では，学習目標をできるだけ具体化し，評価可能なかたちで児童生徒と共有します。そのためには，教師が学習目標にどのような学習内容が含まれるのかを十分に分析しておくことが重要です（第9章）。⑨は，教師と児童生徒との良好な関係づくり（学級経営）が学習の基盤となることを示しています（第7章）。⑩は，学習前の到達レベル，児童生徒の個性といった学習者そのものに着目したものです。これに関しては，第8章で取り上げます。

本書を通して学んでいくことで皆さんがすぐにこのような姿勢・態度を身につけることができる，といったことではありません。読み進めていく中で，「なぜこういった内容が記されているのかな？」と疑問に感じたときにこのマインドフレームに立ち戻ってそれらの意義を再確認してみましょう。さらに，他の文献で学習を深めたり，教育実習等で経験を積んだりすることで少しずつ獲得していきます。

2.4 省察的実践家としての教師

授業は実践として行われるものであり，生身の児童生徒との相互作用の中で展開されていくものです。当然ながら，事前に計画したり予想したりしたとおりに進むことはまれで，良きにつけ悪しきにつけ思わぬ結果と向き合い続けます。このような実践を問い直していく教師は，「**省察的実践家としての教師**（teacher as reflective practitioner）」として捉えられてきました。これは，先に述べた教職生活全体を通じて自律的に学び続け，探究し続ける「生涯学習者としての教師」の基盤となるものです。ここでは「省察的実践家」が行う「**リフレクション**（＝省察，振り返ること）」について詳しく見てみましょう。

　まず，根拠となるエビデンス（証拠）をどのように集めるかから考えます。授業実践が児童生徒にどのような成果や課題をもたらしたかについて，テストの結果，作品，成果物等に基づいて考察します。それらがない状態で授業についてリフレクションを行ったところで，「うまくいった／いかなった」「活発な議論が起こった／起こらなかった」といった印象レベルにとどまってしまいます。授業を通して児童生徒が何を身につけることができたのか，どのような認識が形成されたのか，授業目標に即してリフレクションを行います。

　続いて，個人でのリフレクションにとどまらず，他者と協働してリフレクションを行います。どれほど多くの情報を集めたところで，それを授業者だけで判断したり選択したりすると，主観的で偏った見方になる危険性も高くなります。同僚や研究者等，複数の他者から授業を検討してもらうことで，自身では気づかなかった側面について学ぶことができます。

　そして，そもそも理想とする授業とはどうあるべきかという目的意識をもつことです。極端な例ですが，教師が一方的に伝達することを重視し，児童生徒が大人しく聞いているだけの授業を理想とする教師がいたとしましょう。その教師は，授業の内容を適切に伝達できたか，授業で児童生徒が大人しく聞いていたかをもとにリフレクションを行うでしょう。しかし，これは，「主体的・対話的で深い学び」（第3章参照）が求める授業のあり方とはまったく異なるものです。リフレクションを行うには，どのような実践が本当の意味で必要なのかという根本的な問い直しが不可欠です。全員が期待される学習目標に到達できているのか，さまざまな背景を抱える児童生徒が授業を通して将来の市民たる資質・能力を身につけることができているのかといった点から授業を問い続けていきます。

2.5 教師として学び続けるために

　2021年に公表された中央教育審議会答申『「令和の日本型学校教育」の構築を目指して』には，これからの教師の学びの姿が示されています。

教師が，時代の変化に対応して求められる資質・能力を身に付けるためには，個々の教師が養成段階に身に付けた知識・技能だけで教職生涯を過ごすのではなく，求められる知識・技能が変わっていくことを意識して，継続的に新しい知識・技能を学び続けていくことが必要である。これにより，子供一人一人の学びを最大限に引き出す質の高い指導が可能となることに加え，教師自身も一層やりがいを感じ，教職生涯がより充実したものとなることも見込まれる。

「継続的に新しい知識・技能を学び続けていくことが必要」であり，それによって「教師自身も一層やりがいを感じ，教職生涯がより充実したものとなる」ことは本章第1節で紹介したとおりです。しかし，教師として学び続けることは必ずしもたやすいことではありません。日々の授業や校務に追われて十分な学習時間が取れないことも実際に起こりえます。また，児童生徒の問題行動の対応や同僚との関係からストレスに直面することもしばしばあります。

このような問題に立ち向かいつつ，生涯学び続けるために必要となるのが「**教師のレジリエンス**」です。教師のレジリエンスとは，学校や教室で日々直面する問題を個人的・協働的に解決したり，児童生徒に対する最善の教育をめざして日々の授業の質を維持・向上させようと努力できたりする資質・能力を指します（デー・グー，2015）。それは，個人の資質・能力でもありますが，職場における関係性の中で育まれるものであるため，管理職のリーダーシップや教師同士の協力関係と不可分なものです。

オーストラリアの研究者であるマンスフィールドたちは，教員志望学生や若手教師がレジリエンスを学ぶためのオンライン学習プログラムであるBRiTE（https://www.brite.edu.au）を開発しました（表2-1）。

誰しも何らかの問題に直面するのは避けがたい事実です。その際に，一人で抱え込んでしまうのではなく，一歩踏み出して同僚や友人に相談することがレジリエンスの発揮だといえるでしょう。また，教師として生涯学び続けるためには心身の健康を維持することも重要です。日々の生活をよりよい方向に変えていこうとすることもやはりレジリエンスの発揮だといえます。近年，「学校の働き方改革」がクローズアップされています。教師個人の努力だけでなく，教育委員会や学校による組織的対応も進められています。

変化し続ける社会をどう生きていくか。第1章でみた子どもたちに育みたい資質・能力は，教師自身にも求められていることを示してきました。身近な大人である教師が，「学ぶ姿」の手本を示さなければ，自ら学ぶ子どもを

表 2-1　BRiTE の学習内容

B：レジリエンスの形成 （Building resilience）	・レジリエンスとは何か ・学校におけるレジリエンス ・レジリエントな教師とは
R：関係性（Relationships）	・新しい関係の構築（同僚，メンター，保護者，児童生徒） ・サポートネットワーク（友人や家族，大学の同期）の維持
i：ウェルビーイング （Wellbeing）	・個人のウェルビーイング（メンタルヘルス，ストレスの対処，食事・睡眠・運動といった健康的な生活） ・ワーク・ライフ・バランス（時間管理，趣味等の維持） ・モチベーションの維持（楽観思考，自己肯定感）
T：主体性を保つ（Taking initiative）	・問題解決（問題解決のプロセス，助けを求める） ・持続的な専門的学習（目標設定，専門的ネットワークへの参加） ・効果的なコミュニケーション（傾聴，アサーション）
E：感情（Emotions）	・感情的自覚 ・感情のマネジメント ・楽観主義

育てることはできません。児童生徒が探究するのと同様に，そもそも教師はどうあるべきなのかを問い直すことが何よりも重要です。それこそが，教職生活全体を通じて自律的に学び続け，探究し続ける「生涯学習者としての教師」の姿です。本書を出発点に，皆さんが考える「これからの教師像」を探究していきましょう。

章末問題

問1　次の内容は，TPACK ではどれにあたりますか？
　（a）前時の児童生徒の様子を思い出して，予定していた学習内容をわかりやすく修正する。
　（b）収集してきた植物を特定する活動で，インターネットでは検索するのが難しいので，図鑑で調べるように指示する。
　（c）児童生徒の協働を深めるためにオンラインゲームが有効かもしれないと検討する。

問2　「省察的実践家としての教師」としてどのような点に留意しなければならないでしょうか。本章の言葉を使って説明してみましょう。

※ さらに深めるには？

ハッティ, J.・チィーラー, K. ／原田信之（訳者代表）　矢田尚也・宇都宮明子・
津田ひろみ（2021）　教師のための教育効果を高めるマインドフレーム：可視化
された授業づくりの 10 の秘訣　北大路書房

　本章で取り上げた 10 のマインドフレームを学ぶことができる書籍です。付録
には，指導要因と効果量ランキングも掲載されているので，何から優先的に取り
組めばよいかを確認しやすくなっています。

深見俊崇（編著）（2020）　教師のレジリエンスを高めるフレームワーク：柔軟
な問題解決者となるための 5 つの視点　北大路書房

　オーストラリアで開発された BRiTE を参考にして，日本の文脈で取り組める
ようにまとめられたものです。教師のレジリエンスを高めるために必要な視点を
学びつつ，ワークを交えながら考えることができるようになっています。

Chapter 3

Chapter 3
Chapter 4
Chapter 5
Chapter 6
Chapter 7
Chapter 8
Chapter 9
Chapter 10
Chapter 11
Chapter 12
Chapter 13
Chapter 14
Chapter 15

第**3**章

設計の基礎 (1)
授業をつくるということ

授業をどうつくればよいのでしょうか。それには
どういった手順があるのでしょうか。それはルー
ル化できるでしょうか。本章では、このようなこ
とについて考えるために、授業づくりの基本的な
考え方を取り上げます。また、今日特に強調され
る「主体的・対話的で深い学び」の考え方と、授
業づくりの関係について説明していきます。

> **Key words**
> 授業設計，イ
> ンストラクショナル
> デザイン，単元，逆向
> き設計，導入・展開・ま
> とめ，ガニェの9教授
> 事象，主体的・対話
> 的で深い学び

設計の基礎

授業をつくる(第3章)
評価をデザインする(第4章)
学習環境とデジタル化(第5章)

実践の基礎

授業を支える指導技術(第6章)
学びを引き出す指導技術(第7章)

ガイダンス

育みたい資質・能力(第1章)
求められる授業力(第2章)

授業の実施

授業の実施と改善(第15章)

設計の実際

学習目標の明確化(第8章)
深い学びを導く教材研究(第9章)
主体的・対話的な学習過程(第10章)
学びが見える評価方法(第11章)

情報化への対応

ICTを活用した学習活動(第12章)
情報活用能力を育てる(第13章)
授業の拡張と校務の情報化(第14章)

やってみよう

自分がこれまで受けてきた授業で良かったと思ったものを取り上げてみよう。その
とき，教師がどのような展開で進めていたのかを思い出してみよう。

授業ができるまで

　教師が教室に入ってきます。子どもたちが着席し，教師が教壇に立ち，挨拶を交わしたあと，授業が始まります。教科書を開くよう指示する，前回の提出課題を返却する，板書を始める，映像を見せる，小テストをする。教師は子どもたちが学ぶべきことを学べるように，さまざまな行動を積み重ねます。子どもたちも，発言したり，ノートに自分の考えを書いたり，歌ったり，実験したりと，さまざまな活動に取り組み，45分，50分の時間が過ぎていきます。

　教室に入る前に時間を巻き戻してみましょう。教師は頭の中でどんなことを考えているでしょうか。授業は教師の思いつきで進められているわけではありません。授業時間を子どもたちとどのように過ごそうか見通しをもっています。さらに言えば，1時間の授業は，何時間かを積み重ねた学習内容のまとまり（単元）のうちの1時間です。そして単元は1年間の中でいつ実施するのか，年間計画に位置づいています。教科ごとの授業時間数は学校教育法施行規則に定められています（**標準授業時数**）。例えば小学校6年生の国語科と算数科は年間175時間，理科と社会科は105時間といった具合です（ここでの1時間は1**単位時間**であり，45分と定められています）。もちろん，すべてが計画通りに進められるわけではありませんが，1時間の授業は年間の時数，指導計画，単元に位置づけられます。本書では単元および1時間の授業の設計を取り上げます。

　第1章では，授業をつくることを「家を建てる」ことに，授業をすることを「家で生活すること」に例えていました。家づくり＝授業づくりの基本的な考え方が，インストラクショナルデザイン（ID）理論です。IDとは，「**教育活動の効果・効率・魅力を高めるための手法を集大成したモデルや研究分野，またはそれらを応用して学習支援環境を実現するプロセスのこと**」（鈴木,2005, p.197）です。ここでの「**効果**」とは，設計した授業を受けた児童生徒が深く理解できたとか，何かがよくできるようになった，といった成果になるでしょう。しかしそのために教師は時間や予算を際限なくかけるわけにはいきません。授業をつくるうえで「**効率**」も考慮すべき点です。「**魅力**」は，児童生徒が何かがわかったり，できるようになるだけではなく，学習内容を学んだあともさらに興味をもち，もっと学びたくなるといった気持ちになる

図 3-1　ADDIE モデル

ことを指します。

　本書は，ID の考え方のもとで，授業づくりを体系的に学べるように書かれています。ID の基本モデルである ADDIE モデル（ディックら，2004）をもとに，本章以降にどんなことが書かれているのか確認していきましょう。図 3-1 のように，このモデルの名前は「Analysis（分析）」「Design（設計）」「Development（開発）」「Implement（実施）」「Evaluation（評価）」の頭文字からきています。

　まずは「分析」です。ここでは，授業の入口と出口を明確にします。入口とは，児童生徒がこれまでの学習をどの程度理解しているのか，活発に発言するクラスか，グループ学習に慣れているのかといった，子どもたちが授業を受ける前の実態を把握することです。出口は，児童生徒が授業を通して，どういった姿をめざすのか，学習目標を具体化することを意味します（第 8 章）。

　ID は「逆向き設計」（ウィギンズ・マクタイ，2012）という考え方で成り立っています。授業をつくる際，学習の進む順番に従って順番に組み立てるのではなく，授業の出口＝「学習目標に到達した姿」を明確にしてから，授業を組み立てる方法です。到達したかどうかを確かめる方法，すなわち評価についても先に検討します。本書では第 4 章で評価の基本的な考え方を，第 11 章で具体的な評価方法を取り上げます。

　授業の出口にたどり着くまでの学習内容には，どんな事項が含まれているのかを明らかにすることを**教材研究**と呼びます。学習内容はどのような構造になっているか，どこが難しいのか，どんなおもしろさがあるのかを，学習指導要領や教科書，関連する教材をもとに調べます（第 9 章）。

　次に「設計」の段階に入ります。家づくりでの設計図にあたるものは，授業においては，「**学習指導案**」と呼ばれています。学習指導案は，授業を進

表 3-1　学習指導案の項目例

1. 基本情報……… 学年，教科，授業日時，教室，授業者，児童生徒数など
2. 児童生徒…… 　学習する単元に関する児童生徒の理解や学級の様子
3. 教材………… 本単元で扱う教材の特徴や価値
4. 指導………… 本単元をどのように指導するのか，留意点
5. 単元………… 単元の目標，単元構成
6. 本時………… 本時の目標，授業の流れ
7. 評価………… 評価基準，評価の方法

める教師が，どういった内容をどのように進めるのかをまとめた見取り図です。具体的には表 3-1 の項目が標準的な指導案には含まれています。本章では授業の基本的なイメージを説明します。第 10 章では，子どもたちがより深く学ぶために授業をどのように組み立てるのかを解説します。

　「開発」の部分では，学習指導案に基づいて，授業の実施に向けた準備を行います。実際の授業では，設計したことをそのまま手順にそって説明するだけでは，学び手である児童生徒にとって豊かな学びとはなりません。ID を「教え方」に関する理論と説明してきましたが，誤解のないようにいえば，**「学習者の学びを支援するための理論」**といったほうがより正確です。

　教室をどこにするのか，どんな準備物を用意するのか，ゲストティーチャーを招聘するといった学びを支援する環境については第 5 章で取り上げます。また，今の学校の学習環境を考えていく際には，プロジェクターやタブレット端末等の ICT の活用も含まれます。本書では第 5 章をはじめ各章で，ICT が授業や子どもの学びをどう変えていくのか取り上げます。

　そしていよいよ開発した授業を**「実施」**します。当たり前のことですが，組み立てた授業を実施する際に，準備していたものがそのまま予定通り進むことはまずありません。指示が曖昧であったために，当初予定していた時間よりも長くかかったとか，子どもの反応が思ってもみないものだったとか，数え上げればキリがありません。教育実習であれば，思っている以上に授業がうまくいかないのが普通です（だから，落ち込むことはありません）。他の人のことであれば予想がつくような失敗も，真剣に授業準備を進めている自分自身は視野が狭くなっているのか，意外とその芽に気づかないことがよくあります。そこで授業を実施するうえで，教師として留意しておきたい点を第 6 章に，

児童生徒の学習活動を活性化する関わり方について第7章にまとめました。

　授業を実施したら「評価」，つまり振り返りをします。実施をして「うまくいった」「うまくいかなかった」のはなぜでしょうか？　その原因を追求できなければ，一度うまくいったとしてもその次同じことができるとは限りません。その一方，なぜうまくいかなかったのかを考えて次に活かすこともできます。特に，中学校，高等学校であれば短期間に同じ授業を何度も実施する場合もありますので，評価をして振り返ることは欠かせません。小学校の授業でも，評価を通して自分の授業展開のクセや，陥りやすい失敗に気づくことができます。これらには，教科共通の部分もあります。いずれについても評価をして，改善を図ります。振り返りのための授業記録の取り方と具体的な振り返りの方法については第15章で解説します。

3.2　授業の基本形

　さて，授業をつくるまでの流れは確認しましたが，実際にでき上がる授業はどんなものでしょうか。IDの第一人者であるR.ガニェ氏が提案した「**9教授事象**」を手がかりに，授業の基本的な形を確認していきましょう。

　一般的に一時間の授業は，「**導入**」「**展開**」「**まとめ（あるいは終末）**」という部分から成り立っています。「導入」においては，これまでに何を学び，これから何をするのかを子どもが理解します。「展開」では実際に導入において確認したことについて学びます。「まとめ」においては，学んだことを確認し，次に向けて何をするかが示されます。皆さんも自分がこれまで受けてきた授業をもとに，イメージできるのではないかと思います。

　ガニェはこうした授業を構成する過程を「学びを支援するための外側からの働きかけ（**外的条件**）」という視点で捉えました。「外側」というのは，学習する本人に対する外からの，という意味です。第1章で述べたとおり，学習は究極的には学習者の脳の中で起きることです。教師は外側から働きかけることしかできないのです。ガニェは，教師が学ぶ子どもに対してどのように働きかけができるのかを収集整理した結果，表3-2の9つの事象を見いだしました。

表3-2　ガニェの9教授事象

導　入	1. 学習者の注意を喚起する 2. 学習目標を知らせる 3. 前提条件を確認する
展　開	4. 新しい事項を提示する 5. 学習の指針を与える 6. 練習の機会を設ける 7. フィードバックする
まとめ	8. 学習の成果を評価する 9. 保持と転移を高める

❶───導入

　導入では新しい学習への準備を整えます。「1. 学習者の注意を喚起する」では，「この授業はとてもおもしろそうだ」というように，興味・関心をひく働きかけを行い，「なぜそうなるのだろう」と疑問をもたせることで授業を始めていきます。

　そして，「2. 学習目標を知らせる」では，この時間で何をどこまでやるのかを明確にします。これは，教師が一方的に伝えるというよりも，みんなで共通理解するイメージです。何をめざすかというゴールがわかっていないと，いったいどこを向いて走ればよいのかがわかりません。限られた時間の中で進める授業だからこそ，目標を明確にする必要があります。

　「3. 前提条件を確認する」では，これまで何をやってきたのかということをおさえます。例えば，前の時間ではどういうことをやって，何を学んだかを復習します。前の学年や，中学校であればその前の小学校段階で学んできたことを思い出して，新しい学習を始める場合があります。教室には，学習経験も生活経験もさまざまな子どもたちが共存しています。ここで，学ぶためのスタートラインを明確にしましょう。

❷───展開

　ガニェによると，展開には，学習者が各自の記憶に新しい事柄を組み込む作業と，新しく組み込まれた知識や技能を引き出す道筋をつけるという2つの作業があります。

前者に関わるのが，「4. 新しい事項を提示する」と「5. 学習の指針を与える」部分です。教師からみると，「情報提示」にあたります。導入の部分ですでに今まで学習してきたことや経験（前提条件）を確認していますので，それと何が異なるのかを明確にして，新しい事項を伝えます。そして，新しい内容をただ示すだけではなく，「学習の指針を示す」ことで，意味のあるかたちで理解できるような助言を行います。

後者に関わるのが，「6. 練習の機会を設ける」と「7. フィードバックする」にあたります。情報提示された事項を長期記憶にしまうために，実際に学んだ（はず）の知識や技能を学習者が活用することで定着させます。子どもにその機会を与える，そして実際に子どもができているかどうか，あるいはどう改善すればよいかについて，適切にコメントする（フィードバックする）のが教師の役割です。

3───まとめ

授業の締めくくりにあたります。ガニェの9教授事象では，「8. 学習の成果を評価する」「9. 保持と転移を高める」部分になります。

「8. 学習の成果を評価する」を実施するうえで，もっとも直接的な方法はテストをすることです。ガニェは，評価と練習を区別することを強調しています。練習は失敗から学ぶための場であり，評価は成果を試すためのものです。もっとも授業時間内にテストまでする時間がとれないこともあります。そのような場合でも，今日はどこまで学んだのか，導入で示した学習目標に立ち返って確認する場面を設定するとよいでしょう。

「9. 保持と転移を高める」では，学習の成果をノートにまとめたり，復習の機会をつくることで，学習の成果を長持ちさせます（保持）。また，宿題として「家で関連あることについて調べてみましょう」のように，他の場面で学習や応用が利くようにする（転移させる）ことも，その日一時間の授業の中だけでしか通用しない学びにしないためには大切な働きかけです。

自分がこれまで受けてきた（あるいは実践してきた）授業を思い返してみると，ガニェの9教授事象にあてはまるように感じられるのではないでしょうか。「授業の名人」と呼ばれるような著名な教師の授業であっても，一つひとつの場面をみると，この9教授事象の組み合わせで成り立っています。

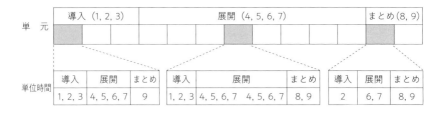

図 3-2　単元と 1 単位時間の関係（数字は 9 教授事象）

ただし，この 9 教授事象の組み合わせ方は柔軟に考えてもらってかまいません。例えば，1 から 9 番の事象を必ず順番に進めないといけないのか，という質問がよくあります。また，1 回の授業の中ですべての事象が含まれないといけないのかとよく聞かれます。必ずしもそうではありません。また，「展開」場面では事象 4〜7 が対応しますが，1 回だけ登場するのではなく，4〜7 のセットが複数回表れる授業もあります。「この事象は入れなくてよいのかな？　それはなぜ？」「授業の進め方はこのような手順だと子どもの思考にマッチしているかな？」と考えながら点検してみましょう。

　1 単位時間の授業と単元の関係についても補足しておきましょう。9 教授事象は 1 単位時間の授業の型と思われたかもしれませんが，単元にも当てはめることができます。単元全体の「導入」として最初の 1 時間目に何をするのか，「展開」にあたる時間は「導入」「まとめ」をコンパクトに，単元の最後はしっかり評価の機会を設けるといった具合に，単元と 1 単位時間の授業を入れ子構造のようにガニェの 9 教授事象で捉えることもできます（図 3-2）。

3.3　主体的・対話的で深い学びに向けて

■１——学びの質を高めるために

　教師がひたすら板書をし，生徒は黙々とノートに書き写す。ガニェの 9 教授事象からすると，板書だけで終わってしまう授業では，子どもたちの学びを助けるには不十分です。第 1 章で述べたとおり，これからの変化の激しい社会を生きていく子どもたちは，知識だけでなく，生涯を通して学び続ける

力と姿勢を身につけることが重要です。「アクティブ・ラーニング」という
ことばを耳にしたことがある方は多いのではないでしょうか。溝上（2014）は，
アクティブ・ラーニングを次のように定義しています。

> 　一方向的な知識伝達型講義を聴くという（受動的）学習を乗り越える意味での，
> あらゆる能動的な学習のこと。能動的な学習には，書く・話す・発表する等の活動
> への関与と，そこで生じる認知プロセスの外化を伴う。

　2017（平成 29）年改訂の学習指導要領が作成されるにあたって当初，ア
クティブ・ラーニングを小学校から高校にも展開する動きがありました。と
はいえ，特に小学校では以前から児童が話し合ったり，考えを新聞や模造紙
にまとめたりする活動的な授業が多く行われていました。その一方，2030
年以降の社会を担い，「生涯学び続ける人」として身につけるべき資質・能
力の育成へと学校教育がステップアップするには，単に活動的な授業をする
だけでは物足りません。第 1 章表 1-1 で示した資質・能力の育成を実現する
ためには，子どもたちの学びの「質」を高める必要があります。その核にな
る考え方として登場したのが「主体的・対話的で深い学び」です。アクティ
ブ・ラーニングで総称されるさまざまな指導法がある中で，特に授業を改善
するうえで重要な視点を，「主体的な学び」「対話的な学び」「深い学び」に
しぼり込んだのです。

２───「主体的・対話的で深い学び」がめざす姿

　「主体的・対話的で深い学び」は，具体的にどういうものなのでしょうか。
学習指導要領総則の解説（文部科学省，2017）には，教師がいかに教えるか
というよりも，子どもがどのような学びを経験し，資質・能力を伸ばしてい
くかが記されています。

> ⅰ）学ぶことに興味や関心を持ち，自己のキャリア形成の方向性と関連付けながら，
> 　見通しを持って粘り強く取り組み，自己の学習活動を振り返って次につなげる「主
> 　体的な学び」が実現できているかという視点。
> ⅱ）子供同士の協働，教職員や地域の人との対話，先哲の考え方を手掛かりに考える

こと等を通じ，自己の考えを広げ深める「対話的な学び」が実現できているかという視点。

iii）習得・活用・探究という学びの過程の中で，各教科等の特質に応じた「見方・考え方」を働かせながら，知識を相互に関連付けてより深く理解したり，情報を精査して考えを形成したり，問題を見いだして解決策を考えたり，思いや考えを基に創造したりすることに向かう「深い学び」が実現できているかという視点。

　順にみていきましょう。i）では，教師が授業の主体としてすべて仕切ってしまうのではなく，子どもたち自身が主体的に学びを進めていく姿を描いています。自分で課題をどうすれば解決できるかを考え，試行錯誤する。その結果，何がわかったのか，さらに学ぶ必要があることは何かを考え，再び挑戦するサイクルを回していくのです。その際，学習している内容だけではなく，学び方についても振り返り，改善していくことで，より賢い学習者となることが期待できるでしょう。

　次に自分が学んだことを自分の中だけにとどめていては，本当に十分に理解できているのか，あるいは他の見方がないのか確かめることはできません。ii）では，友だちに説明することで，自分の考えの足りないところや論理が飛躍している点に気づくことや，地域の人や専門家の話を聞いたり，自分の考えを伝えたりすることで，視野が広がることが期待されています。子どもが学んだ（はずの）ことや自分の考えを他の人の考えと照らし合わせることを通して，自分の考えをより広い視野から捉え直し，考えを深化させるのが対話的な学びです。

　iii）の「習得・活用・探究」は，学習のプロセスを意味します。例えば，ある教科で基礎的・基本的な知識や技能を「習得」したとしましょう。しかし，それだけで本当に「習得」したとはいえません。それらが，「生きて働く」ものになっているかどうかが重要です。そこで，身につけた知識や技能を「活用」する場面が必要です。学んだことを別の問題に当てはめて考えたり，レポートにまとめたりすることなどがこれにあたります。さらに，自ら発見した問題を解決するために「探究」する中で，学んだ知識や技能を活かすことができれば，まさに「生きて働く」知識や技能を深く学んだといえるでしょう。

ここまで述べてきたような学びを授業の中でつくり出すことだけを想像すると大変な印象をもつかもしれません。しかし，「主体的・対話的で深い学び」は，本来，私たちが学習を進める際の一般的な方法ではないでしょうか。何か興味をもったこと，わからないこと，できるようになりたいことがあれば，どうすればよいかを考えてそれについて調べる。情報がみつかれば，本当にそれが正しいのかどうか確かめたり，自分でやってみたりする。新しくわかったことや考えたこと，できたことを友だちに話してみると，新たな発見や，同じことで困っていたことに気づく。さらに新しく学びたいことがみつかり，次の学習へとつながっていく。旅行の計画を立てるとき，作ったことのない料理に挑戦するとき，スマートフォンの調子がなんだかおかしいとき，日々の生活の中で行っている学びの姿がイメージできます。

❸———授業を通して学ぶ意義

主体的・対話的で深い学びが日常生活の中にあるのであれば，学校教育で取り組む必要はどこにあるのでしょうか。勉強のための書籍はたくさんあります。インターネット上に役立つ情報や動画も多数公開されています。自分で主体的に学ぶということであれば，個人で家で取り組むほうがよほど合理的ではないでしょうか。しかし，それで多くの子どもが「深い学び」に到達できるでしょうか。学校だけではないかもしれませんが，やはり学校での授業には大きな可能性があります。学校では多くの子どもが一緒に勉強します。対話を通して新たな考えに出会い，広げられる可能性が高まります。

しかし，子どもたちの力だけでは不十分であることも指摘されてきました。授業について数多くの著作を残している林竹二は「授業というのは子どもたちだけでは到達できない高みにまで子どもたちが自分の手や足を使って，よじ登っていくのを助ける仕事だというように考えているのです」（林・伊藤, 1990, p.221）と言っています。そして，「子どもたちの発言におんぶした授業では，子どもたちだけでは到達できない高みにまで子どもを引き上げることはできないのです」と述べています。学習者としての子どもの可能性を重視しながら，教師としていつ，何をすることで彼らを引き上げることができるのかを考えた授業に取り組みたいものです。

実は，こうした主体的・対話的で深い学びは，かつての「授業の名人」と

言われる教師が重視してきたことと似ています。例えば，社会科の有名な教育実践者として，有田和正という人がいます。教材開発のために，書籍等で調べるだけではなく，その土地に何度も足を運び，取材をする中で，子どもたちが深く追究できるような授業を実践してきました。その様子がたくさんの書籍となって残っています。有田が社会科で育てたい子ども像として取り上げているのが，「執ような追究をする子ども」です。有田は「自ら問題を発見し，それを納得のいくまで執ように追究しようとしている。こういう力をつけなければ，新しい時代に対応できないのではないだろうか。主体的に立ち向かわわない限り，生きた学力とはならないのである」と述べています（有田，1985）。主体的・対話的で深い学びは突然できたものではなく，授業の名人がめざしてきた子どもの姿とも重なるのです。

　教師の役割はどうなるでしょうか。国語科の有名な教育実践者として，大村はまという人がいます。深い教材研究を重ね，**単元学習**という実践をした人として有名ですが，グループ学習や話し合い学習といった対話的な学びについても多くのことに言及しています。大村はこのような場面において，教師が子どもに分け与えるたくさんの話し合いの種をもっておくことを重視しています。大村いわく，「分け与える話題も持たないのに，『自分で考えてごらん，自由に考えてごらん』では，何で先生に教えていただいているのかわからなくなってしまいます。それは『自主的』『主体的』という言葉のはきちがえだと思います。話し合いのしかたを教えるのでしたら，話し合いの種を持たない子どもに種をもたせるのは当然のことでしょう」と述べています（大村，1994）。単に話し合いの技能を指導するのではなく，技能を活用したくなる場をつくることが教師に求められる役割なのです。

　理科において古くから広く展開してきた**仮説実験授業**という授業では，「科学上の最も基本的な概念や原理・原則を教える」（板倉，2001, p23）ということが重視されました。この考え方に従い作成された「授業書」という教材が有名ですが，仮説実験授業で予想を考えたり，それについて発表したり話し合うといった活動はまさに主体的・対話的で深い学びをめざしています。その前提として板倉（2001）は，授業の「一番基本的な本質」として，「まちがい方を教えること」あるいは「進み方を教えること」(p.39)と述べています。

　これらの例に見られるように，主体的・対話的で深い学びには，その前提

となるめざしたい子ども像や教師像があるのです。先に，学習の場としての学校の可能性について触れました。インターネットやAIにはできないことを教師として取り組まなければ教師としての価値はありません。教師しかできないことは何かを考えたときに，こうした学習が推し進められているともいえるでしょう。

4────教師中心から学習者中心への転換

　米国の臨床心理学者であるC. R. ロジャーズは教師中心の教育と個人（学習者）を中心とした教育を区別し，**個人を中心とした教育の重要性を主張**しました（ロジャーズ・フライバーグ，2006）。「主体的・対話的で深い学び」が児童生徒の視点から記されていることからも，**教師中心の教育から学習者中心の教育へと転換**が意図されているように読み取れます。前節で取り上げたガニェの9教授事象とこの「主体的・対話的で深い学び」は一見すると関係ないように見えてしまうかもしれません。9教授事象は「教師が何を行うか」という視点から書かれており，学習者が主体的に学ぶ様子として表されていないからです。

　しかし，この9教授事象が「学びを支援する外側からの働きかけ」であることを思い出してみれば，異なる考え方ができます。この「内側」にいる学習者自身がどんな姿になればよいのかという視点から書き換えてみたものが表3-3です。

表3-3　9教授事象を自身の学びに活かす

	教師による教授事象	子どもの主体的・対話的で深い学び
導入	1. 学習者の注意を喚起する 2. 学習目標を知らせる 3. 前提条件を確認する	1. 興味や関心を見つけだす 2. 目標を立て，学びの見通しをもつ 3. 関連して知っていることを確かめる
展開	4. 新しい事項を提示する 5. 学習の指針を与える 6. 練習の機会を設ける 7. フィードバックする	4. 新しく学ぶことに出合う 5. どのように学べばよいのか考える 6. 学んだことを活用・説明する 7. 自分（たち）の考えを更新する
まとめ	8. 学習の成果を評価する 9. 保持と転移を高める	8. 学習の成果と課題を振り返る 9. 学んだことを別の課題に活かす

いかがでしょうか。このようにみてみると，主体的・対話的で深い学びとの接点を見いだすことができるのではないでしょうか。自ら進めるように考えてみる，学んだことを確認し，人に伝え，振り返ってみる。こうしたサイクルが次につながっていく。もちろん，どのような年齢の子どもにもできるという話ではないでしょう。しかし，ある程度成長すれば誰もができるようになるというわけでもありません。もっと言えば，成人である私たちにとっても難しいところもあるのかもしれません。それでも，学習者として自身で学習過程を組み立て，コントロールできることを生涯学び続ける姿としてめざしたいものです。初めは教師が手ほどきをしつつ，できるだけ手取り足取りにならないように，だんだんと子ども自身でできるようにしていきます（「足場外し」と言ったりします）。表3-3でいえば，左列の視点から少しずつ右列の視点へ移動していくというイメージです。

　教師が「教える」のではなく，子どもをどのように賢い学習者に「成長させる」のかを考えて，授業づくりに取り組んでいきましょう。

章末問題

問1　次の（a）〜（i）はガニェの9教授事象のどれにあてはまりますか。事象の番号で答えましょう。
　（a）図画工作で彫刻刀の安全な使い方を教師が指導する。
　（b）算数で児童が隣の席の人に自分の考えを説明する。
　（c）体育のバスケットボールで試合のルールを教師が説明する。
　（d）英語で教師がフラッシュカードを使って単語の復習をする。
　（e）道徳で教師が子どもの頃の経験談から授業を始める。
　（f）社会で調べたことを新聞にまとめて提出する。
　（g）音楽で合唱のパート練習に対して教師がアドバイスをする。
　（h）理科で家にある磁石につくもの，つかないものを調べる課題を出す。
　（i）国語で「秋のイメ　ジがつたわる俳句をつくろう」と教師が板書する。

問2　これまで，自分が受けた授業でよかったと思うものを，表3-3の「子どもの主体的・対話的で深い学び」の視点から振り返り，自身で意識していたこと，意識していなかったことは何か，まとめてみましょう。

✳ さらに深めるには？

大島 純・千代西尾祐司（編）（2019）主体的・対話的で深い学びに導く学習科学ガイドブック　北大路書房

　「人がどのように学ぶか」という視点からどのような理論があるのかについて紹介しながら，それが主体的・対話的で深い学びとどのように関係するのかについて書かれています。

向後千春（2015）　上手な教え方の教科書：入門インストラクショナルデザイン　技術評論社

　インストラクショナルデザインの入門書。企業の新入社員を教育する場面を題材にしたマンガから始まりますが，中身は本格的です。学習理論と関連づけて人に教える際のポイントが網羅されています。

Chapter 4

Chapter 4
Chapter 5
Chapter 6
Chapter 7
Chapter 8
Chapter 9
Chapter 10
Chapter 11
Chapter 12
Chapter 13
Chapter 14
Chapter 15

第4章

設計の基礎(2)
評価をデザインする

学習の成果を測る方法＝評価には，その目的に応じてさまざまな方法があります。学力観の変化に伴い，評価に対する考え方や方法も変わってきています。本章では，いつ，何を，どのように評価するのか，つまり評価をデザインするうえでの基本的な考え方と，目標に合わせた評価方法について解説します。

目標・指導・評価の一体化，学習目標の5分類，評価方法，PISA

設計の基礎
- 授業をつくる(第3章)
- 評価をデザインする(第4章)
- 学習環境とデジタル化(第5章)

実践の基礎
- 授業を支える指導技術(第6章)
- 学びを引き出す指導技術(第7章)

ガイダンス
- 育みたい資質・能力(第1章)
- 求められる授業力(第2章)

授業の実施
- 授業の実施と改善(第15章)

設計の実際
- 学習目標の明確化(第8章)
- 深い学びを導く教材研究(第9章)
- 主体的・対話的な学習過程(第10章)
- 学びが見える評価方法(第11章)

情報化への対応
- ICTを活用した学習活動(第12章)
- 情報活用能力を育てる(第13章)
- 授業の拡張と校務の情報化(第14章)

やってみよう

自分が授業でこれまでに受けてきたテストを具体的に1つ取り上げて，その授業で身につけたことを適切に測っていたのかを考えてみよう。

4.1 評価を行う意味

「評価」という言葉を聞くと何を思い浮かべますか？　まっさきに思い浮かんだのはテストや成績ではないでしょうか。授業であれ，入試であれ，皆さんはこれまで数え切れないほどのテストを経験してきたと思います。体育などでは実技テストが行われますが，多くの教科ではペーパーテストによって点数がつけられ，その結果が成績に反映されていたと思います。

教育において評価の目的は，成績をつけることだけではありません。表4-1に示すように，教育行政の判断のために利用されたり，学校の管理・運営のために利用されたりすることがあります。近年では，学校の説明責任（アカウンタビリティ）という言葉もあるように，教育活動の成果を公開し，広く議論されることを前提に評価が行われています。他にも，学級編成や習熟別のグループをつくったり，学級内で学習グループをつくったりする目的で行われていることもあります。

評価という行為は，評価する何らかの目的があったうえでなされます。そして目的に見合った方法や対象，調査時期などを選ぶことが大前提です。本章では，教師の指導方法・内容や，子どもたちの学習方法・内容を改善するための評価に着目します。

意図的教育観と**成功的教育観**という，何をもって人に教えたとみなすのかの対の考え方があります（沼野，1976）。意図的教育観に立つ人は，教える側が何らかの「意図」をもって教えるという行為を行った（授業を実施した）ことをもって教えたと考えます。一方で，成功的教育観に立つ人は，

表 4-1　評価の目的と対象（東，2001 より作成）

評価の目的	評価の対象
1. 教育行政の資料として	指導要領や教育施策
2. 学校の管理・運営の資料として	学校全体の取り組み，環境
3. 教師の学習指導の資料として	指導記録と観察，到達状況
4. 子どもに情報を与えるため	個々の子どもの到達状況
5. 親の参考にするため	普段の学習状況，到達状況，位置
6. 子どもの処遇決定のため	到達状況，位置
7. カリキュラムの改善のため	計画の適切性，実施した成果と問題

学習者が身につけたことを確認できて初めて教えたと考えます。教えるという行為が成功しなければ教えたとは考えません。教師は成功的教育観に立つべきですし，成功したかどうかを判断するには，評価が必要です。

とはいえ，評価には根本的な限界があります。何かを身につけたかどうかは，人間の内的な変化（脳や筋肉の変化）であり，直接測定することはできないからです。そのため学習者に何かをさせたり，身につけたことを示す証拠を集めたり，外側から観察することで，身についたかを判断することになります。つまり，評価を周到にデザインして実施します。

では，評価を適切に行うためには，どうしたらよいのでしょうか。子どもがきちんと学べたこと（＝授業が成功したかどうか）をどのように測ればよいのでしょうか。逆向き設計（第3章を参照）の考え方にならい，評価のデザインを軸にした授業づくりについて概観するところから始めましょう。

4.2 目標と評価と指導の関係

まずは授業づくりと評価の関係をみてみましょう。R. F. メーガーは授業づくりに重要な考えを，次の3つの質問として提示しました（メイジャー，1970）。

①どこへ行くのか？（Where am I going?）
②たどり着いたことをどうやって知るのか？（How do I know when I get there?）
③どうやってそこへ行くのか？（How do I get there?）

これらを，授業づくりの用語に置き換えると，①は目標，②は評価，③は方法（指導）となります。授業づくりにおいては，これら3つの整合性がとれていることが重要です（図4-1）。つまり，目標に到達しているかどうかがわかる評価の方法を選ぶこと，目標に見合った学習方法を選ぶこと，といった三者の間にズレがないことです。学校現場では「目標・指導・評価の一体化」（あるいは，指導と評価の一体化）とも呼ばれています。これらの間にズレが

あると，せっかく盛り上がった授業も何のためだったかわからなくなったり，身についたかどうか確かめようもない目標をめぐって授業づくりに悶々としてしまったりします。授業づくりの「背骨」です。

　3つを検討する順番は，目標と評価を明確にしてから指導を考えます。学校の授業では教科書の章末問題や市販の単元テストのように，評価に使える材料は豊富にあ

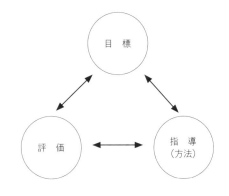

図 4-1　目標と評価と指導の関係

ります。一方で資質・能力には単純なペーパーテストだけでは測りづらい力も含まれます。学習の最後にプレゼンテーションをさせたり，新聞にまとめさせたりすることも考えられます。その場合，どんなプレゼンテーションを期待しているのか，新聞に何が書かれていればよいのかをしっかり分析することで，授業の中で指導すべきことが明確になります。

4.3　学習目標を 5 種類に分けて捉える

　目標を詳しくみていきましょう。教科書の内容や対応する学習指導要領の項目を確認し，学習目標を具体化します。つまり，子どもたちの学びのゴールを明らかにすることから始めます。学力にはさまざまな分類があること，時代の変化の影響を受けることを第 1 章で述べました。表 1-1 で示した「資質・能力の 3 つの柱」がベースになります。本書では，もう少し詳しく分類した R. ガニェの学習目標の 5 分類（正確には「学習成果の 5 分類」と呼びます）に基づいて解説していきます。

　前章で紹介した「9 教授事象」を提唱したガニェは，学習目標を次の 5 種類に分類しました。すなわち，「言語情報」「運動技能」「知的技能」「認知的方略」「態度」です。ガニェの 5 分類を取り上げるのには，3 つの理由があります。

　第一に，ガニェの 5 分類は学習心理学の成果に基づいたものであり，さま

ざまな教科や教科以外の学習にも応用できる懐の広さをもっていることです。第1章で紹介した21世紀型スキルのように，現代では教科の内容だけでなく，社会に出たときにどう活躍するかまで見通した力の育成が求められています。インストラクショナル デ ザインは，学校教育以外にも，医療・看護の分野や企業の社員研修の設計等でも用いられており，ガニェの5分類は多くの領域の目標を整理する際に活用されています。

　第二に，ガニェの理論では，教材研究の方法から，指導方法，学習評価まで，授業を組み立てるために必要な要素のすべてがこの5分類と対応づけられています。学習目標を5分類に分けて考えることで対応する教え方や評価の仕方のヒントが得られるため，授業づくりの見通しが立てやすくなります。

　第三は，資質・能力の3つの柱との相性の良さです。「生きて働く知識・技能」には「知識」と「技能」の2種類の目標が含まれます。どちらも自分で物事を考えたり，考えを表現したりする基礎という意味では共通ですが，知識を「覚える」学習と，技能を「身につける」学習では，授業の仕方も評価の仕方も違います。思考力・判断力・表現力等についても，与えられた課題に取り組む「活用」と，自分で問題を発見する「探究」をめざす学習では授業の構造は異なってきます。ガニェの5分類は，このような実際の授業を設計するうえでは区別したほうがよい点を浮かび上がらせてくれます。表4-2に5分類と3つの柱の対応関係を示しておきます。

表4-2　ガニェの5分類と資質・能力の3つの柱との関係

ガニェの学習目標の5分類	資質・能力の3つの柱
言語情報　：物事・名称を記憶する 運動技能　：体を動かして身につける	生きて働く「知識・技能」
知的技能　：ルールを理解し活用する 認知的方略：学び方を工夫する	未知の状況にも対応できる「思考力・判断力・表現力等」
態　　度　：気持ちを方向づける	学びを社会や人生に生かそうとする「学びに向かう力・人間性等」

4.4　学習目標に応じた評価の方法

　「目標・指導・評価の一体化」の面からみると，目標の種類によって評価

方法も変わるのが自然です。先程の5分類それぞれの特性に応じてどのような評価の仕方があるのか，授業の中で確かめる方法があるのかを紹介します。

1──言語情報を評価する

　物の名称や英単語など，提示されたものを覚える学習目標が**言語情報**です。最初の内閣総理大臣は誰だとか，漢字の書き取りのように，子どもが頭の中に記憶しているものを思い出させ，それを書かせるか，発言させるかによって評価できます。言語情報のテストでは，「ヘリウムの元素記号はHeかHか」といった正しい選択肢を選ばせる方法（**再認**）と，「ヘリウムの元素記号を答えなさい」というように正答を丸ごと要求する方法（**再生**）があります。

　できる・できないが明白な言語情報の評価は，教師にとっては指導しやすく評価しやすい，いわゆる「**見える学力**」の典型です。ただし，この見えやすさは同時に，子どもたちにとっても見えやすいことを意味します。全国の県の名前と県庁所在地を覚える，難しい漢字を覚えるといったことは，できたかどうかがわかりやすい学習です。そのため，子どもたちも半ばゲーム的に積極的に取り組む場面を見ることがあります。バラバラの知識を丸暗記することが学習だと子どもが思い込まないよう，配慮したいところです。

　言語情報はバラバラの知識の断片ではなく，いくらかの関連性をもった知識のまとまりとして扱うことができます（第9章参照）。歴史上の出来事の一つひとつは時代の流れの中に組み込まれていますし，元素記号は周期性でつながっています。歴史年表の中に空欄を設けたり，「この場面に関連する英単語を選べ」のように出題の仕方を工夫することで，知識の関連性を問うこと

ができます。授業においても，教師が関連する知識をヒントとして示したり，板書で結びつきを示したりすることで，子どもたちは「なんだっけ……」と頭の中をひっくり返しながら，関連づけを意識することができます。

❷────運動技能を評価する

　箸の持ち方やマット運動，楽器の演奏など体の動作に関するものが**運動技能**です。運動技能を評価するには，評価者が観察するのがもっとも直接的な方法です。跳び箱なら何段跳べるのか，どのように跳べているのか，キーボードのタイピングなら入力速度やミスの少なさなど，外からみてとれる指標を用います。タイムや点数など数値で測れるものはその結果を記録します。数値化しづらいものは，できていてほしいことを箇条書きにして，できたか，できなかったのかを記録する**チェックリスト**を用いる方法があります。

　運動技能の学習成果は学習者の側からすると，自分ができているのかどうかがわかりづらい場合もあります。例えばスキーは，足の向きやひざの使い方，重心のかけ方，ターンの仕方などさまざまな箇所の動作が組み合わさった複雑な運動です。全体として滑ることができるか，できないかはすぐに判別がついても，なめらかに滑っているか，綺麗なフォームか，無駄のない動きかどうかまでは自分で知覚するのは難しいものです。カメラで自分の体の動きを撮影してもらい，あとで自分の動作を観察したり，他の人と一緒に見てアドバイスをもらったりするのも，評価方法の一つです。

❸────知的技能を評価する

　数学の公式や英文法のようにルールを記憶し，適用できるようになること

が知的技能です。数学や英語の教科書には習ったことのすぐ次に練習問題が用意されています。学習した際の問題とは数字や文章が少しずつ違えてあるはずです。学習内容が定着したか，条件を変えて問う必要があるからです。

　ルールを適用できるかどうか評価するには，練習問題を課す以外にも，分類する課題を与える方法があります。三角形と四角形の定義を教えたあとに，たくさんの図形を与えて区別させるといった方法です。また，電気を通すものと通さないものを調べたあとに，金属が電気を通すというルールを確かめ，身のまわりのものが電気を通すかどうか予想するといった展開までイメージできると，指導と評価の一体化が図れます。ノートやワークシートに解き方や自分の考えを書かせてから，その説明をする場面を設けると，授業の中で確認できるだけでなく，授業後にも評価しやすくなります。

　なお，知的技能には，低次から高次まで技能のレベルがあるとされており（ガニェら，2007），より高次な知的技能になると，ルールの複雑な組み合わせを生成して使用するといった問題解決の資質・能力（思考・判断・表現力等）が含まれます。例えば，身近な環境問題について解決策を提案することは知的技能です。高次の知的技能は，総合的な能力になってきますので，「見えにくい学力」といえます。低次の知的技能（計算問題など）はペーパーテストでも測れますが，高次の知的技能はより多面的な評価や真正の評価（第11章参照）が求められます。例えば，複数の評価規準（評価の観点）を並べて，各規準の中をレベル分けし，学習者や成果物がどのレベルにあるのかを判断できるようにしたルーブリック評価があります（第11章参照）。

❹———認知的方略を評価する

　学習方法を工夫することや，学習状況を見つめるメタ認知能力が認知的方略です。単語やルールといった学習内容そのものではなく，それらを学習する際の頭の働きのことです。例えば，教師の説明を頭の中でうまく整理する方法，論理的なものの考え方，効果的な学びの進め方，記憶に残る覚え方など，教科内容に依存しない，一般的（汎用的）な学習の技能を指します。

　認知的方略は常日頃，どんな課題に対しても用いられる力ではあるのですが，そのためにかえって直接評価するのが難しい「見えない学力」です。見えない学力と見える学力は，氷山にたとえられます。水面から上に出ている「見える部分」は，外から評価しやすく，教える対象もはっきりしています。一方で水面下に沈んだ「見えない部分」は，評価しづらく，明確に指導することも難しいのです。ところが，この見えない部分こそが私たちの学習を支えている重要な土台でもあります。

　次の問題をみてみましょう。OECD（経済協力開発機構）が2012年に15歳児を対象に実施した国際的な学力調査PISAの問題例を一部修正したものです（国立教育政策研究所，2014）。

エアコンに関する問題

　新しいエアコンを使いたいのですが，説明書がないので自分で操作方法を考えなければなりません。画面のツマミを使って（中略）目盛を変化させることができます。
　ツマミを動かしてから，「設定」ボタンをクリックすると，グラフに温度と湿度の変化が表示されます。

問題：画面のツマミを動かして，3つの調節目盛がそれぞれ温度と湿度のどちらに対応しているかを見つけてください。

　この問題は，何の教科になるでしょうか。温度や湿度は理科に関係します。数値の変化を捉えるのは数学に近いそうです。重要なのは，つまみを使って値を変化させると他の値が変化する関係性をみつけ，指標を推測することです。教科によらない一般的な「問題解決能力」を測る問題例として紹介されています。認知的方略はこのような問題解決の方法を含みます。

　授業では「どうやって解いたらよいかな？」「最初に何をしたらいいですか？」など，問題状況に対して，どういう方略を採用するかを口頭や文章で表現させます。とはいえ，1回の授業でこうした力を測定することは簡単なことではありません。総合的な学習の時間では，課題を自ら設定し，解決方法を考え，情報を集め，分析し，まとめるといった一連の探究活動が行われます。学習の経過を記入した振り返りカードや，集めた資料などをファイルに綴じたものを**ポートフォリオ**と呼びます。ポートフォリオには，さまざまな認知的方略を働かせてきた軌跡が残されています。学習者に面接を行う際にポートフォリオを開きながらどのような学びを展開したのか説明させることで，長い期間にわたった学習の成果を読み取ることも可能になります。

⑤────態度を評価する

　評価する対象としてもっとも難しいのが**態度**です。もっと勉強したい，次のテニスの試合ではぜひ勝ちたいといった意欲や，携帯電話を使うときはマナーを守ろうと思う，地球環境を大事にしたいなどの態度，恐竜のことを詳しく知りたいなどの関心はいずれも次の学習へと子どもたちを向かわせる大事な原動力です。第1章で紹介した「非認知能力」には，態度面の目標が多く含まれます。小塩（2021）は，誠実性，グリット（粘り強さ），自己制御，好奇心，共感性，自尊感情，レジリエンス（逆境から立ち直る力）などの15種類の特性を紹介し，その定義や質問紙尺度を整理しています。学習活動の中で目標とする心理特性を発揮した子どもの姿はどのようなものであ

るか具体的にイメージし，それを確認する問いかけは何か，などを考えてみるとよいでしょう。

　しかしながら人の気持ちを推し量ることは簡単なことではありません。「あなたは地球環境を大事だと思いますか？」と聞かれて，「いいえ」と答える人はそうはいないでしょう。道徳の授業で「相手を思いやって行動することが大切です」と答えていた子どもが休みの時間にはケンカをしていたりします。私たちはその人の心の中そのものをのぞき込むことはできません。顔の表情や口にした言葉，行動など外に現れたものによって判断するしかありません。もっとも本音に近い態度を評価するには，こっそり隠れて学習者の行動を観察することです。環境問題に高い関心をもっていると答えた人がゴミをどう捨てているか，電気をマメに消しているか，実際にやるのは現実的ではありませんが，こうした場面場面での行動の選択が，その人の態度を代弁しているとみなすのです。

　授業の中でよく使われるのは，**問題場面**を提示し，自分がしたいと思う行動を選ばせる方法です。「電車で座席に座っていたら杖をついたお年寄りの人が近づいてきました。あなたならどうしますか？」といった場面であれば「席をゆずる」と答える人が大半でしょう。「電車の中です。携帯電話で大きな声で話をしている人がいます。注意しますか？」だと，注意するかどうか判断は分かれることが予想されます。なぜそう思ったのか，理由を尋ねたり書かせたりすることで，単に行動を選ばせるよりは詳しく調べられます。「地球環境を守るにはどんな生活を心がけますか。できるだけたくさん挙げてみましょう」という尋ね方は態度そのものではなく，知識を問う聞き方ですが，普段から意識している人ほど，つまり地球環境を守ることに関心が高い人ほど，たくさん答えられることが予想できます。

　学習目標の分類ごとにテストと授業での評価のイメージを紹介しました。表4-3に，テスト場面，授業場面双方での評価の例を整理しておきます。なお，学習目標は細分化するだけでなく，相互の関連を考えておくとよいでしょう。その手がかりにマルザーノとケンドール（2013）による教育目標の新分類体系を紹介します。第1章のブルームの目標分類を，3つの思考システム（認知システム，メタ認知システム，自律システム）と，3つの知識の領域（情

表 4-3　学習目標に応じた評価方法

	授業中の評価	ペーパーテスト
言語情報	・一問一答の発問をする 「○○という単語の意味は？」 ・覚えていることを尋ねる 「○○に関連する語句をできるだけたくさん挙げてみよう」	・穴埋め・選択形式 「空欄にあてはまる言葉を記入しなさい」（再生） 「空欄にあてはまる語句を選びなさい」（再認）
運動技能	・実演させ，観察する （チェックリストを手に子どもの様子を確認する） （ストップウォッチなどで計測する）	・チェックリスト形式 「以下の中であなたができることに印をつけなさい」 ・並べ替え形式 「正しい手順に並べ替えなさい」
知的技能	・あとで解き方を説明させる 「どのようにして解いたのか説明してください」 「なぜ○○だと考えたのか理由を言ってください」 ・ルーブリックを活用する （プレゼンテーション，レポート等を観点別に評価する）	・練習問題（授業で扱った問題とは異なる問題）を出題する ・分類形式 「以下のリストを○○に従って仲間分けしなさい」
認知的方略	・先に解き方を説明させる 「まず最初に何をしたらいいですか？」 ・学習経過を振り返る 「今日の学習で学んだことは何ですか？」 ・ポートフォリオを活用する 「これまでに学んだことをポートフォリオを使って発表してみよう」	・未知の問題（解決方法をその場で考える問題）を出題する ・論述形式：どのように考えたのか順に説明させる 「あなたならどうしますか？　順に説明して下さい」
態度	・判断をせまる発問をする 「こんなときあなたならどうしますか？」 ・知識を問う発問をする 「○○したいときにはどんな方法がありますか？」	・論述形式 （行動や態度を選択させ，その理由を問う） 「あなたならどうしますか？　その理由も書きましょう」

報，心的手続き，精神運動手続き）の2次元に整理しています。

　思考システムのうち，「認知システム」は言語情報・運動技能・知的技能が相当します。「メタ認知システム」には，目標の具体化，実行プロセスおよび知識の明確さや正確さのモニタリング等の認知的方略を含みます。「自律システム」は，課題や知識の重要性，有効性（効力感），感情の自覚，意欲の検討など態度に関わります。これらを組み合わせることにより，学習者

がどのように思考するのかを詳しく分析することができます。

章末問題

問1　次の文章で説明している授業は目標・指導・評価のどこかにズレがあります。文章を直して3つの整合性をとってみましょう。

（a）数学で二次方程式を解けるよう，問題演習の時間を多くとり，応用問題で評価した。

（b）家庭科でミシンを使えるよう，小物づくりの課題を設定し，小物が生活に役立つかどうかで評価した。

（c）国語で文章全体の論旨を読み取るために，一文ずつ丁寧に解説し，文章を要約する課題で評価した。

問2　小学校〜高校までの学習を扱った問題集・ワークを1つ用意してみよう。いくつかの問題を実際に解いてみて，ガニェの学習目標分類のどれにあたるのか説明してみましょう。

Chapter 4

※さらに深めるには？

市川 尚・根本淳子（編著）鈴木克明（監修）（2016）　インストラクショナルデザインの道具箱101　北大路書房

　IDの理論だけではなく，IDに活用できる考え方などを101のキーワードにまとめてわかりやすく書かれています。IDについてさらに学びたい方には最適です。

西岡加名恵・石井英真・田中耕治（編）（2015）　新しい教育評価入門　有斐閣

　評価に関して網羅的にコンパクトに解説されています。入門ということで各章の最後には読書案内が用意されており，それを参考にして教育評価に関する学習を発展させていくことができます。

第5章

設計の基礎(3)
学習環境のデザインとデジタル化

授業を設計する際,教師による直接的な働きかけだけが,子どもたちの学びに影響するわけではありません。子どもたちを取り巻くヒト,モノなどの「学習環境」を目的に応じて構成することで,教師の意図した学びを引き出すだけでなく,子どもたちの学ぶ意欲を高めたり,学びを社会に開かれた豊かなものへと展開したりすることもできます。また,社会全体にデジタル化が進む中,学習環境にも大きな変化が生じています。学習環境にはどんな要素があり,目的に応じて,どのようにデザインすればよいのか考えてみましょう。

Key words

リソース,教室環境,アフォーダンス,机の配置,コミュニティ・スクール,デジタル化,デジタルトランスフォーメーション,GIGAスクール

設計の基礎
- 授業をつくる(第3章)
- 評価をデザインする(第4章)
- 学習環境とデジタル化(第5章)

実践の基礎
- 授業を支える指導技術(第6章)
- 学びを引き出す指導技術(第7章)

ガイダンス
- 育みたい資質・能力(第1章)
- 求められる授業力(第2章)

設計の実際
- 学習目標の明確化(第8章)
- 深い学びを導く教材研究(第9章)
- 主体的・対話的な学習過程(第10章)
- 学びが見える評価方法(第11章)

情報化への対応
- ICTを活用した学習活動(第12章)
- 情報活用能力を育てる(第13章)
- 授業の拡張と校務の情報化(第14章)

授業の実施
- 授業の実施と改善(第15章)

やってみよう

「教室にあるもの」をできるだけたくさん書き出してみよう。それらにはどんな意図が込められているのか,どんな工夫がされているか整理してみよう。

5.1 「学習環境」とは何か

　「学校の教室」を想像してみましょう。記憶の中の教室には，何が，どこにありましたか？　教室の正面に黒板や教卓があり，児童生徒用の机や椅子が整然と並び，背面にロッカーがある，そんな光景が思い浮かんだのではないでしょうか。そして，担任の先生は，整理整頓や清掃を呼びかけたり，自身で安全点検をしたりしながら，皆が安全で気持ちよく過ごすことができるように環境を整えています。安全面や過ごしやすさに加え，子どもたちの学びを支援するという観点から，「学習環境」について取り上げます。

　表5-1は，総合的な学習の時間の授業づくりの視点から，学習環境について整理したリストです（黒上，1999）。これを見ると学習環境とは，什器（日常的に使用する家具や器具など）や教具，機器のように形のある「モノ」にとどまらず，人，情報，時間，空間，そしてカリキュラムまでも含めた，学習を成り立たせるためのさまざまなリソース（資源；物や人材など，学習に利用することができるもの）全体を指すものだということがわかります。

　また，このリストには，OHP（Over Head Projector）のように，すでに教室では見かけなくなった視聴覚機器も含まれています。現在では，大型提示装置や実物投影機，パソコン，タブレット端末などが加わります。インターネットは，教材・資料があったり，学習成果を記録したり，学校内外の人とつながることもできる学習環境です。「学習環境」として捉える「モノ」は，時代とともに変化していく可能性があることに留意しておきましょう。

表 5-1　学習環境のリスト（黒上，1999）

1. 什 器 ……………	椅子，机，作業台，掲示板，ロッカー，その他の家具
2. 教 材 ……………	実物，模型，プリント，写真，映像
3. 資 料 ……………	プリント，資料集，副読本，写真，映像，図書，事典
4. 指 示 ……………	プリント，コーナー表示
5. 掲 示 ……………	学習の流れ，学習経過，学習成果
6. メディア ………	カメラ，ビデオデッキ，ビデオカメラ，インターネット, OHP 他
7. 道 具 ……………	工具，絵の具，マジック，OHP シート，実験器具
8. 場 ………………	教室，オープンスペース，廊下，体育館，フィールド，コーナー
9. 人 ………………	教師，ボランティア，校区の人々，専門家，友だち
10. 時 間 …………	モジュール，ノーチャイム，校時連続，課外
11. カリキュラム…	体験型，調査型，表現型

5.2 学びの空間をデザインする

　環境や物が，人を含む生物に対して何らかの意味をもたらすという考え方
があります。知覚心理学者のJ. J. ギブソンは，この物と生物の関係性をア
フォーダンスと名づけました（ギブソン，2011）。例えばドアの取っ手は，
丸ければ回すことを，平らであれば押すことを，縦に溝があれば左右に引く
という行為と対応します（アフォードする，といいます）。

　人の学習においても同様です。物の配置やその形は，それを適切にデザイ
ンすることで，期待する学習活動を促します。教室の机や椅子は座って使う
のにちょうどよい高さです。一方，理科室や家庭科室では，立って実験・観
察や調理などをすることから，高めの机を使います。教師は，こうした環境
や物の特性を踏まえ，教育的意図をもって学習環境をデザインします。

　教室内の机・椅子の配置には，どのような学習を促したいのか，教師の意
図が込められています。一般的な図5-1のような配置は，教師が黒板を使っ
て一斉に知識を伝達するような授業には効率的です。しかし，教室の隅に大
型提示装置がある場合，図5-2のように，少しだけ机の向きを変えることが
あります。子どもたちの意識を映像に集中させることができるからです。

　子ども同士の話し合いを重視して学習を進める場合には，図5-3のように
机を合わせてグループをつくることもあるでしょう。また，討論を活性化
させたい場合，図5-4のように，子どもたち同士，お互いの顔が見えるように

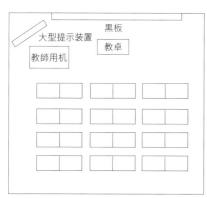

図 5-1　一斉学習の配置

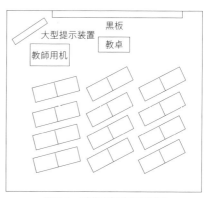

図 5-2　映像を視聴する配置

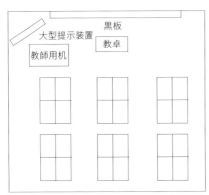

図5-3　グループで学ぶ配置

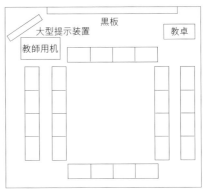

図5-4　クラス全体で話し合う配置

　机を配置することもあります。特に教師が指示をしなくても，友だちと話し合いながら課題を解決するとか，相手の顔を見て話すことが大切だということが，こうした机の配置に意味として含まれているのです。

　教室内の**掲示物**にも目を向けてみましょう。図5-5（左）のように学習するうえでのルールや気をつけたいことを掲示することがあります。常に教師が口を酸っぱくして注意・指示するのではなく，掲示物から子どもたちが自分で気づいたり，教師が一緒に確認したりするきっかけになります。図5-5（右）では，これまでの学習の記録を掲示しています。総合的な学習の時間のように長期間にわたる単元では，それまでの学習活動をいつでも想起できるようにすることで，活動の意味や価値を振り返れるようにしています。

　教室の後方や両脇も工夫のできる空間です。ポスターを貼ったりパンフ

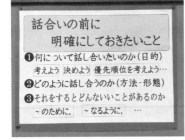

図5-5　教室の掲示物

レットを置いたり，子どもたちが今取り組んでいるテーマに関連する図書を
まとめた「○○コーナー」を設けます。授業中にすぐ確認できるだけでなく，
休み時間に何気なく見たり，触れたりすることから興味をもつことや，新た
な発見があるかもしれません。メダカを飼育する水槽を教室に置くことも，
生き物への愛着を促すだけでなく，授業時間では難しい長期間の観察を促す
方策です。なお，教室の前方，つまり黒板の周囲の掲示には注意が必要です。
視覚的な刺激が黒板の周りのあちこちにあると，子どもによっては集中しづ
らい場合があります。あらゆる子どもが快適かつ学習に集中できるよう，ユ
ニバーサル・デザインの観点から教室環境に配慮します。

　海外の学校を視察すると，まったく異なる教室環境に出合うことがありま
す。教室の角にソファを設えて休憩できる教室，黒板がなく，小さなホワイ
トボードだけで授業をしている教室，高めの机で椅子を使わず，立って学習
する教室まであります。第 3 章では，授業設計には教師中心と学習者中心の
2 つのアプローチがあることを紹介しましたが，学習環境のデザインにも，
教師中心のアプローチと学習者中心のアプローチがあります。

　表 5-2 は学習空間を個人で使う場面と集団で使う場面，私的（音などが遮
られた空間）と公的（仕切り等のない空間）の 2 軸で分類したものです（Basye
et al., 2015）。こうしてみると，図書館の学習スペースは私的かつ個人，教

表 5-2　学習空間の類型（Basye et al., 2015）

空間	説明	例	学習体験
私的＋個人	視覚的・聴覚的なノイズのないプライベート空間	勉強机（訳注：図書館の閲覧席），プライベートな部屋，教室内の区切られた場所，屋外の椅子	読む，書く，振り返る，調べる
公的＋個人	好みに応じて他者とのつながりもある個人の学習空間	教室の机，カフェの座席，図書館，公園のような席	調べる，読む，書く，協働プロジェクトの個人作業
私的＋集団	ある程度のグループサイズと学習形態に適した空間	大きなテーブル，図書館やカフェテリアなどグループで座れる公共空間，椅子とホワイトボード，ペアや 3 人組，屋外のベンチ，運動場	小グループの討論，ブレインストーミング，協働プロジェクトの活動，ペアでの共有，フィードバックのやりとりや関わり合い，授業外の遊び
公的＋集団	多数のグループが集まり，情報や成果を共有することを支援する空間	クラス全体の配置，講堂，競技場，地域の集会所	教師や生徒のプレゼンテーション，ゲストスピーカー，大規模なディスカッションや意見共有，パフォーマンス，公式の競技

室は公的かつ個人，グループ配置にすると私的かつ集団とみなすことができます。近年，大学を中心に広まっているラーニング・コモンズは，公的かつ集団も含め，多様な学びを支援するため，さまざまな空間を用意しています。子どもたちが学ぶ場所は教室だけではありません。理科室，音楽室，図工・美術室といった教科の教室は，水道の場所，音の調節，机の天板の材質など，その教科の学習活動に適した空間として設計されています。人体模型や楽器のような教具も，教室に合わせて整備されています。コンピュータ室や図書室は，特定の教科というよりは，調べる，プレゼンテーションや動画制作といった学習活動に合わせた空間です。アナログ・デジタルのものづくりができる「メイカースペース」は，学校外で市民向けの施設として広まりましたが，技術室や図工室に3Dプリンターやレーザーカッターなどを導入し，学校版メイカースペースを導入する動きもあります。

　他にも，教室と廊下の仕切りがないオープンスペースの学校では，廊下は作品の展示スペース，関連図書や文具などのリソースセンターとして使われます。視聴覚室，和室，体育館，プール，運動場と数え上げていけば，学校はリソースのかたまりであることに気づかれるでしょう。

　校舎自体にも，学習環境としての意味があります。アメリカの進歩主義教育の中心的人物だったJ. デューイは，**実験学校**（Laboratory School）を1896年に設置しました。その校舎の理念を示した図5-6を見ると，1階には調理・織物・工作といった生活に根差した活動の中心に図書室があり，2階

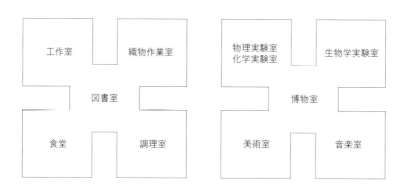

図5-6　デューイが描いた校舎像（左：1階　右：2階）

には化学などの実験室，音楽，美術といったアカデミックな学びの空間が位置づけられています。校舎の形や教室の配置にも社会や学問とのつながりを重視するデューイの教育観が息づいています（デューイ，1998）。

5.3 学習環境のデジタルトランスフォーメーション

近年，さまざまな分野で，デジタル技術によって人々の生活をあらゆる面から変革していく「デジタルトランスフォーメーション（DX）」への関心が高まっています。教育分野では，2019年12月に閣議決定された「GIGAスクール構想」により，小中学校における児童生徒1人1台の情報端末の整備，ネットワークの高速化，クラウドを利用する1人1アカウントの配布等が行われました。2020年のCOVID-19による休校措置に対応するため，オンライン授業のできる学習環境の整備が前倒しされ，2021年度中には，ほとんどの小中学校で学習環境のDXが実現したのです。

導入当初，学校現場では「端末の充電保管庫をどこに置けばよいか」「端末をどのように管理するのか」「毎日家庭へ端末を持ち帰らせるのか」「安全・適切に使わせるためのルールはどうすればよいか」「紙でできることをデジタル化する必要はあるのか」など大小さまざまな課題に直面しました。

常時，情報端末とネットワークを利用できる環境では，授業以外の学習や日常生活でも端末を使用します。学習環境は家庭等の学校外にまで拡張され，教室の学習の発展や学校内外の学習履歴の活用までも視野に入れた学びのデザインが課題となってきました（第14章参照）。

こうした課題が顕在化したことは，第1章でみた「これからの子どもたちに育みたい資質・能力」と学習環境との関係を捉え直す契機となります。GIGAスクールは，「子供たち一人ひとりに個別最適化され，創造性を育む教育ICT環境の実現」（文部科学省，2019）に向けて構想されたものです。図5-7からもわかるように，「個別最適な学びと協働的な学びの一体的な充実」を図り，学習指導要領の趣旨を実現する前提となる学習環境なのです。その環境は，めざしたい資質・能力の育成を実現するためにデザインし，生かしていくものなのです。GIGAスクールの「GIGA」は，「Global and

図 5-7　新学習指導要領と GIGA スクールの関係（文部科学省，2021）

Innovation Gateway for All」の略であり，「世界とつながる革新的な学びをすべての子どもたちへ」と訳すことができます。文字通り，ICT が教師の指導の道具から，子どもたちの学びを支える学習環境へと大きく役割を変え，教育のあり方そのものが変わっていったとき，学習環境の DX が実現したといえるのでしょう。

5.4　チームで学びを支援する

　学習環境をデザインする視点として山内（2020）は，「空間」「人工物」「活動」「共同体」の４つを挙げています。どんな場所（空間）で，どんな道具（人工物）を用い，どんな取り組み（活動）を，誰と（共同体）するかは，すべて学習環境デザインの対象となります。これまでに，教室などの空間や，教具・ICT などの人工物と活動の関係を取り上げました。残された「共同体」に着目してみましょう。

　学校にはどんな「ヒト」がいますか？　子どもたちと教師だけでしょうか。

学校事務職員，スクールカウンセラー，スクールソーシャルワーカー，司書，ICT支援員といった専門性をもった方，学校ボランティア，さまざまな地域の方々が学校には関わっています。教師にも管理職（校長・副校長・教頭），主幹教諭，各教科の専門，養護教諭，司書教諭，栄養教諭，ALT（外国語指導助手）といった立場があります。教育活動は実に多くの人々に支えられています。「チームとしての学校の在り方と今後の改善方策について」（中央教育審議会，2015）は，「多様な価値観や経験をもった大人と接したり，議論したりすることで，より厚みのある経験を積むことができる」とし，新しい時代に求められる資質・能力を育む「**チームとしての学校**」を提言しています。

　授業場面を考えてみましょう。子ども一人ひとりにきめ細かく指導する際，あるいは子どもたちがそれぞれにテーマをもって追究する際，複数の教師のチームで指導することがあります（**ティーム・ティーチング**）。地域の自然に詳しい専門家やスマートフォンの安全な使い方について企業の人に来てもらうなど，学校外の専門家が**ゲストティーチャー**として授業に関わることもあります。ICT環境を安全・適切に運用するには，**ICT支援員**のサポートは大変心強いです。もちろん教師は，自力で授業を設計し，実践できることが求められます。そのうえで，子どもの実態や学習内容に応じて，適切な人的リソースを活用して，授業を協力しながら設計し，役割を分担しながら実践できる力を身につけることで，指導の幅が広がります。

　子どもも大人も地域社会で暮らしています。学校は地域の中にあり，子どもたちの教育を受け持ってきました。しかしながら，少子高齢化，情報化，グローバル化の波は将来の地域社会を大きく揺さぶることになるでしょう。これからの社会をつくり出していく子どもたちは，社会や世界と向き合い，自らの人生を切り拓いていくための資質・能力が求められます。学校教育が学校内に閉じていては，その実現は困難です。「よりよい学校教育を通じてよりよい社会を創る」という目標を社会と共有し，連携していくことが不可欠です。全国で導入が進められている**コミュニティ・スクール**では，地域住民，保護者と「**学校運営協議会**」を組織し，学校の運営に取り組んでいます（図5-8）。2017（平成29）年改訂の学習指導要領では「**社会に開かれた教育課程**」の実現が掲げられました。

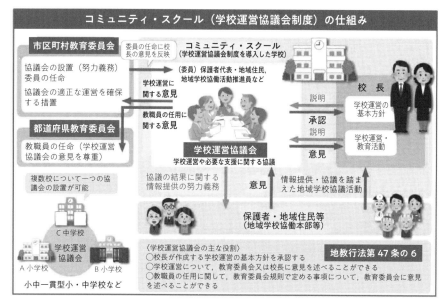

図 5-8　コミュニティ・スクールのイメージ（文部科学省, 2018）

　社会から切り離された学びから, 変化する社会を生きる資質・能力を身に
つける学びへ。教師個人の授業力から, 多様な人材とチームを組み, 学びを
支援するネットワークへ。こうした学校教育観は実は新しいものではありま
せん。1920 年代, 米国の教育学者 E. G. オルセンが提唱した「**地域社会学校**」
には以下の５つの原理が示されています（河野, 1979）。日本でも戦後初期
の教育はこうした考え方の影響を受け, 各地でさまざまなカリキュラムが開
発されました。学校を取り巻く地域社会全体を, 子どもたちとそこで暮らす
人々の学習環境として再発見する営みは, 社会の中の学校の意義を問い直す,
古くて新しい課題といえるでしょう。

①学校は, 成人教育の場を提供することによって成人教育の中心となる。
②学校は, 地域社会の自然的, 社会的資源を利用する。たとえば, 地域社会の文化
　財や視聴覚資料の利用, 地域社会住民の訪問や学校招待, 見学旅行, 調査, 宿営
　などによって教育の内容や方法は豊かになり, 活気づけられる。
③学校は, そのカリキュラムを地域社会の構造・過程・問題の研究を中心に構成する。
　地域社会の自然的基盤, 社会構造, 基本的活動世論, さし迫った課題などの中には,

現代社会の問題が縮図的に反映しているから，これらと取り組む学習は，現代社会と取り組む学習となる。

④学校は地域社会の活動に参加することによって直接に社会を改善するし，またそのことによって，児童・青年と教育の価値を社会に認めさせることができる。

⑤学校は，地域社会の諸教育活動を統合する指導的役割を果たす。成人教育を含めた地域社会の教育計画とその実践の指導である。

5.5　学習環境を活用する授業づくり

　学習環境の何をどのようにデザインするのか。実際の授業を想定して具体的に考えてみましょう。小学校6年生が社会科で初めて歴史学習と出合う単元の最初の2時間を想定します。この単元の目標は，「歴史学習で取り上げる年表の見方や時代ごとの主な人物，出来事などについて知り，歴史学習への興味・関心をもつ」「身近な地域の歴史を調べ歴史に対する興味・関心をもつ」です。いずれもガニェの5分類でいえば「態度」に相当します。多くの教室では，教科書の写真や挿絵を見ながら皆で気づいたことを話し合い，歴史への興味や関心をふくらませていくような学習活動が行われます。

　この目標に対して，受け持っている子どもたちの実態はどうでしょうか。児童の前提条件を確認します。「歴史は難しい」「昔のことには興味がない」と感じる子が多いとします。そうであれば，興味や関心を高める手だてを工夫します。実際に地域の史跡を探検して歩いたり，博物館を訪ねたりしながら歴史に触れる体験ができればよいですが，時間や移動の制約もあります。

　表5-3は，黒上が示した11の学習環境の要素（表5-1）に対して，どのような工夫ができそうか，3つの働きに対応づけて整理した例です。「視点A：学習意欲を高める（興味・関心を高め意欲的に学習に取り組むことを促す）」「視点B：追究を持続させる（高まった意欲を低下させないよう追究活動を支援する）」「視点C：振り返りを豊かにする（具体的に学びを振り返り学んだことの意味づけができるよう支援する）」の3つの視点を設定しました。

　単元の特性から興味をもたせることを優先し，視点Aを中心に検討します。①〜③は，どこの学校でも用意できそうな物を挙げています。2時間と限られた授業時間ですべて活用できるでしょうか。②の大きな年表の掲示は，

表 5-3　学習環境のアイデア

環境 ＼ 機能	A：学習意欲を高める働き	B：追究を持続させる働き	C：振り返りを豊かにする働き
1. 什器			
2. 教材	①**放送番組**を視聴させ歴史学習のイメージを与える	⑩**遺物模型**に触れさせ，気づきを促す	
3. 資料		⑪地域の文化財の紹介**パンフレット**を配布し，情報を与える	
4. 指示			
5. 掲示	②**歴史年表**を教室に掲示し，関心をもたせる		⑮学習成果を新聞にまとめて掲示する
6. メディア	③**図書コーナーを教室後方に設置する**	⑫1人1台の情報端末で情報収集	
7. 道具			
8. 場	④学校周辺の史跡を見学する ⑤校内**郷土資料室**へ連れて行く	⑬端末を持ち帰って家でも取り組めるようにする	
9. 人	⑥**地域ボランティア**の話を聞く ⑦博物館の**出前講座**を利用する		⑯授業参観で調べたことを発表する
10. 時間	⑧単元の配当時間を調整する	⑭**学級便り**等で親子での見学や参考になるウェブサイトを紹介する	
11. カリキュラム	⑨総合的な学習の時間と関連づける	⟶	

今後の学習でも使うものなので，まず取り入れたいところです。③の図書は，教室後方に歴史に関する本を集めたコーナーをつくり，休み時間等に閲覧できるようにします。④〜⑦は，地域や学校の特色次第です。最初から校外学習や出前講座を実施するのは大変そうですが，時代的にもちょうど学習内容に関連させられそうな場合は，⑧単元の時間を少し多めにとるか，⑨総合的な学習の時間と関連づけた単元として，チャレンジしてもよいでしょう。①の放送番組は実体験ほどのインパクトはないかもしれませんが，短時間に子どもたちを引きつける魅力ある教材です。番組を視聴する，歴史年表をみん

なで囲んで眺めてみるなど，学習活動のイメージが見えてくると，「1. 什器」のレイアウトも工夫できるところがあるかもしれません。

　以降の単元では，子どもたちは課題追究を始めます。視点Bの追究を支えるには，⑩⑪のような資料を用意するだけでなく，⑫⑬のように授業時間外でも子どもたちが追究する助けになるメディアや場所を確保したり，⑭で保護者に案内したりしてもよいでしょう。単元の最後，視点Cの振り返りでは，⑮の学習成果の掲示や，⑯授業参観の際に保護者向けに発表することもできます。「ここでこんな工夫ができそうだ」と学習環境の活用アイデアを広げていくと，授業での子どもたちの姿が見えてきます。学習目標に照らした取捨選択は必要ですが，学校の内外の場所や人とのつながりを視野に入れると，学びはよりダイナミックに，社会と結びついたものになります。学習環境をデザインすることは，教師の意図を環境に担わせ，期待する効果が発揮されるように工夫することだといえるでしょう。

章末問題

問1　次のうち「学習環境」にあてはまるものに〇をつけましょう。
　(a) 教室（　　）　(b) 鉛筆（　　）　(c) 職員室（　　）　(d) 時間割（　　）
　(e) ランドセル（　　）　(f) 教科書（　　）　(g) 教師（　　）　(h) SNS（　　）

問2　小学校～高校までの学習環境のうち，印象に残っているものを3つ，思い出してください。それらがどんな機能だったか，表5-2の言葉を使って説明してください。

※さらに深めるには？

ドーリー，S.・ウィットフト，S.／イトーキ オフィス総合研究所（監修）　藤原朝子（訳）（2012）　MAKE SPACE メイク・スペース：スタンフォード大学dスクー

ルが実践する創造性を最大化する「場」のつくり方　CCC メディアハウス

　人々が集い，イノベーションを生み出すにはどんな空間をデザインしたらよい
のでしょうか。空間，家具，さまざまなツールまで，スタンフォード大学のｄス
クールがどのような意図のもとでデザインされたのか解説されています。

佐藤晴雄（2016）　コミュニティ・スクール：「地域とともにある学校づくり」
の実現のために　エイデル研究所

　コミュニティ・スクールについて理論編，データ編，マニュアル編の３部構成
で全国の動向や課題等を包括的に学ぶことができます。

第6章

実践の基礎 (1)
授業を支える指導技術
(教師編)

授業を実施する際，教師はどのようなことに気をつけているのでしょうか。設計した授業を現実の授業に反映するために必要な，教師と子どもたちの日常に隠された技術やルールを理解し，授業に挑む心構えを点検しよう。

Chapter 7

Chapter 8

Chapter 9

Chapter 10

Chapter 11

Chapter 12

Chapter 13

Chapter 14

Chapter 15

設計の基礎
- 授業をつくる (第3章)
- 評価をデザインする (第4章)
- 学習環境とデジタル化 (第5章)

実践の基礎
- 授業を支える指導技術 (第6章)
- 学びを引き出す指導技術 (第7章)

ガイダンス
- 育みたい資質・能力 (第1章)
- 求められる授業力 (第2章)

設計の実際
- 学習目標の明確化 (第8章)
- 深い学びを導く教材研究 (第9章)
- 主体的・対話的な学習過程 (第10章)
- 学びが見える評価方法 (第11章)

情報化への対応
- ICTを活用した学習活動 (第12章)
- 情報活用能力を育てる (第13章)
- 授業の拡張と校務の情報化 (第14章)

授業の実施
- 授業の実施と改善 (第15章)

やってみよう

「授業をしている教師」をイメージして30秒，無言で演技してみましょう。友だちと見せ合ってみて，どんな振る舞いが「教師らしく」見えるのか，話し合ったことをまとめよう。

6.1　教室の中の教師

　授業のねらいを明確にすること，教材について詳しく理解すること，学習活動を用意すること，評価の視点や方法を定めること，学習環境に気を配ること。いずれも授業を設計するうえで大事なことがらです。さあいよいよ，教室に行って授業をしましょう！　……ちょっと待ってください。教室に入って子どもたちにどう声をかけますか？　黒板にはどのくらいの大きさの字で書きますか？　ノートには何をどう書かせますか？　教師はどこに立ち，どのような表情で授業しますか？　教材は何を使いますか？　どのように提示しますか？　筆者はこれまで多くの教師の授業を参観していますが，教室に入っただけで，その教師の授業スタイルや授業力がほぼわかります。「子どもたちにこうなってほしい」「子どもたちにこんな力をつけさせたい」という教師の思いや指導観が，何気ない仕草や口調，子どもたちへの対応，教室の雰囲気に現れているからです。

　休み時間大騒ぎをしている子どもたちが，教師がやってくるとピタッと騒ぐのをやめて席につき，教科書とノートを出し，引き締まった雰囲気で授業が始まる様子を見ることがあります。教師は，笑顔と元気のよい声でぐいぐいと授業を引っぱっていきます。しばらくすると，授業の中に目に見えないルールがあることがわかります。話の聞き方，発表の仕方，ノートの取り方等々，いちいち教師が言わなくても，すべての子どもたちが自ら動いているのです。

　本章では，授業を行ううえで教師が身につけておきたい基礎・基本を，「教師としての立ち振る舞い」「発問・指示・説明・応答」「黒板・資料の提示」「ICTの活用」の4つの視点から説明していきます。

6.2　教師の立ち振る舞い

　「子どもは親の鏡」と言われますが，学校では「児童生徒は担任の鏡」です。学級担任はあまり気づかないのですが，夏休みを過ぎたあたりから，歩き方，話すときの口の開け方，何気ない言葉遣い，服の着方等々が似てきます。1

年も経つと，子どもの行動から学級担任の普段の行動が見えてくるくらいです。授業や学校の中で，ちょっと意識するとよいことをベテランの小学校教師 A 先生の姿から紹介しましょう。

—声

A先生は，実によく通る声で授業をします。大声ではない「張りのある声」です。そして，声に抑揚があります。盛り上げるところや大切なところ，子どもたちをほめるところは「ちょっとキーの高い声で強く」，授業に集中できずたしなめなければならないときは「キーの低い重い声でゆっくり」，机間指導でまだ理解できない子には「優しい声で柔らかく」，ちょっと雑談などで気持ちを休めるときは「明るい声で楽しく」といろいろな声を使い分けます。さらによく口が開いています。皆さんはどんな話し方をしていますか？鏡やビデオで確かめたり，自分の印象や気になる口癖，「えー」「あのー」といったつなぎ言葉を多用していないか友だちに聞いてみましょう。

—目線

大学の授業や講演会などで，先生（講演者）と目が合い「この先生私を見てる」と思うことありませんか？　このような先生は，児童生徒（聴衆者）の姿（目）を常に見て，その反応を感じて話しています。授業中私たちはどこを見て話せばいいのでしょうか？　若手の教師や実習生は，教室の前や後ろのほうだけを見ていることがあります。前3列くらいだけでは，後ろの子の様子に気づけません。後ろのほうだけでは，目の前の子の様子を見落としてしまいます。全体に目を配りたいものです。

大事なことは，「どこを見るか」ではなく，「誰を見るか」「何を見るか」です。「これはこの子とこの子にしっかりとおさえなくては」「この発問ならこの子たちはこんな意見を言うだろう」「この辺であの子は飽きてしまうかな」と，子どもの姿を思い浮かべながら授業設計をすると，自然と多くの子どもたちに目を向けることができます。授業での教師の目線は，教材研究から始まっています。

3───表情

　子どもたちの表情も怖いくらいに教師に似てきます。笑顔の多い教師のクラスはやっぱり自然と笑顔が出ます。あまり表情を変えない教師のクラスの子どもたちは全体的に無表情になります。A先生の授業は，いつも笑顔で始まります。前時の復習を楽しくゲーム形式で答えます。子どもたちも笑顔で明るい雰囲気で授業がスタートします。その後も子どもの意見を引き出し，認めながらの授業ですので，先生の顔も子どもの顔も明るくなります。

　表情と声はセットです。よく通る声は，口を大きく開けることで出ます。すると頬が上がり，明るい表情になります。教師の機嫌や気分で授業をされては子どもがかわいそうです。教師自身が常に明るい表情で授業に臨むことができるよう心身ともに健康な状態を保つことが大切です。

4───服装

　「服装の乱れは心の乱れ」といわれますが，学校では特に敏感にならなければならないことです。子どもたちの服装だけでなく，私たち教師の服装チェックも必要です。中学校や高等学校では，教科により白衣や作業着，ジャージを着ることがありますが，男性はネクタイ着用，女性はそれに準じた清潔な服装が基本です。小学校では，子どもたちと活動することが多いため，ジャージで過ごすことが多くなります。ただし，通勤途中や研究授業，学校行事の際は適切な服装を心がけましょう。ワイシャツを着て，ネクタイを締めると気持ちが引き締まる良さもあります。教師は常に凛とした態度でありたいものです。

5───姿勢

　皆さんは，町中のショーウィンドウに映る自分を見たことがありますか？筆者はふと見た自分の姿にショックを覚えたことがあります。首から上をピョコッと前に出して歩いていたのです。10数年間剣道をやっていましたので，立ち方，座り方，歩き方といった立ち振る舞いはしっかりしていると思っていましたがそれ以来，猫背にならないよう気をつけています。人に不快感や違和感を与えるような動作をしていないかどうか，身振り手振りをチェックしましょう。

A先生の一日は，学年の廊下を歩きながら，子どもたちに声をかけることから始まります。「おはよう」「あら？そのカバンどうしたの？」「そろそろ髪切ってきたら？」「弟元気になった？」。子どもたちも声をかけられるとうれしそうです。先生は歩きながら子どもの体調だけでなく，校舎内の危険箇所の点検や環境を確認します。集会があれば体育館に準備に出かけ，準備物は１階の教材室へ……A先生はみんなに声をかけながら自分も積極的に動きます。積極的な態度，前向きな姿勢は周囲に好印象を与えます。「つらいなあ」「めんどくさいなあ」と思うこともたくさんありますが，誰もがそう思うものだからこそ，人より先に動いてみましょう。学校でそんな姿を一番よく見ているのは実は子どもたちです。動いている教師のところには子どもが集まってきます。そんな教師を子どもは信頼します。

6.3　発問・指示・説明・応答

　水彩絵の具は，赤・青・黄の３つの原色を混ぜ合わせれば，さまざまな色をつくり出せます。黒を加えればほとんどの色を再現できるでしょう。授業で教師が行うことも同じように考えられるでしょうか。岸（2014）は授業中の教師と子どもたちのやりとりを分析するために，表6-1のように発話のカ

表 6-1　教師・子どもの発話カテゴリー（岸，2014）

発言者	分　類	カテゴリー	定　義
教師	授業関連	説明	学習内容についての説明や意見・講義
		発問	学習内容等についての問いかけ
		指示・確認	指示をしたり，確認したりという児童への関わり発言
	運営・維持関連	復唱	児童の発言を繰り返す
		感情受容	児童の態度・気持ちなどを察知・受容し明確化する発言
		応答	児童からの問いかけに対しての応答
		注意	発言・行動に対し，注意したり，修正したりする発言
		雑談	授業内容と関係ない話題すべて
児童		応答	教師の個人への指名に対しての発言
		発言	教師の働きかけに関係なく発言する，自発的な発言

テゴリー分けを提案しています。一斉学習の場面がイメージされると思います。ここでは，授業を実施するうえでの3原色とでもいうべき基本要素である「説明」「発問」「指示」を取り上げてみていきましょう。また，児童生徒の発言や問いかけ等への教師からの「応答（フィードバック）」が授業の質を高めるとともに，児童生徒の考える力，発言する力を伸ばすことにつながりますので，それぞれを考えてみましょう。

■1────発問

　「発問」とは，子どもたちの知識を確かめたり，思考を促したりするために行われる教師からの「問いかけ」です。問いかけることで自分の頭で考えるきっかけが生まれます。発問には「トマトはくだものですか？」のように一問一答で答える**閉じた発問**と，「くだものと野菜のちがいは何だろうか？」のように，さまざまな答えが考えられる**開いた発問**があります。閉じた発問はピンポンのようにさっと投げかけ，まっすぐ打ち返してこれるか（正解かどうか）を確かめます。開いた発問では，バレーボールのように子どもたちが投げかけられた球を回す（考えを練り合う）ところをサポートします。優れた発問とは，1つ問うと次から次へと考えが飛び出し，広がっていく中からその時間の本質的な学習内容が見えてくるものです。導入はピンポンのように軽快に，展開ではバレーボール型でじっくり練り合います。授業の中でもっとも核になる発問を**中心発問**と呼びます。

　中井（2015）は，発問を学習目的別に9種類に分けたリストを示していま

表6-2　発問の種類（中井，2015）

基礎知識………	「出生率はどのような計算式で求めることができますか？」
比較…………	「都市と地方では人口減少にどのような違いがありますか？」
動機や原因……	「なぜ人口減少が起きているのでしょうか？」
行動…………	「人口減少に対して国は何をすべきでしょうか？」
因果関係………	「都市への若者流入は，人口の増減にどのような影響を与えていますか？」
発展…………	「この授業で私が説明したこと以外に少子化の原因はありませんか？」
仮説…………	「子育て支援が進めば，人口の減少が抑制されますか？」
優先順位………	「少子化対策の中で最も有効な方法は何でしょうか？」
総括…………	「A市の少子化対策の事例からどのような教訓が得られますか？」

す（表6-2）。理解してほしいこと，考えてほしいことに対して，どのように問えばよいのかを考えるうえでヒントになるでしょう。

❷────指示

「指示」とは，「～をノートに書きなさい」「～を声に出して言いましょう」のように教師から子どもにしてほしい行動を伝えることです。指示を明確にしないと，子どもたちは何をすればよいのかがわからなくなります。「どこに」「何を」書くのか。「いつ」までにその作業を終えるのか，「どのように」まとめるのか，5W1H が明確な指示を心がけます。

ガニェの9教授事象「6. 練習の機会を設ける」際の指示を考えてみましょう。練習問題を解くだけでも，どの問題をするのか，何分の時間を確保するのか，解き終わった子どもはどうするのか，指示すべきことはいくつもあります。難易度の高いものであれば，教科書やノートを見返しながら取り組ませる場合もあります。グループで活動させる際にはさらに複雑になります。何について話し合うのか，話し合う時間，司会役など役割分担はどうするか，話し合ったことをミニホワイトボードや画用紙にまとめるのか，まとめる際にはどのように書くのか，ここでも指示することはたくさんあります。黒板に指示を書いておく，プリントにして渡すなど，口頭だけでは伝わりきらない場合の代替手段も考えておきましょう。

授業設計の段階では魅力的な学習活動が展開できると思っても，いざやってみると足りない指示があったり，時間が足りなくなったりとトラブルが起きてしまうこともあります。事前に子どもの立場になり，不安なく活動に取り組めるかどうか確認しておきます（第15章のマイクロ・ティーチングを参照）。また，話し合ってミニホワイトボードにまとめる，練習問題に取り組んだら自己採点するといった活動をパターンにして継続的に実施する機会をつくっていくと，最小限の指示でも子どもたちが取り組めるようになります。「何分でできそう？」「どんなまとめ方がよいかな？」のように，指示していた学び方を子どもと話し合うことで主体的に取り組む機会を増やしていくことも，自立した学習者を育てていくうえでは大切です。

3───説明

　「説明」とは，教師が学習内容を子どもがよくわかるように伝えることです。知識や技能，考え方を言葉だけでなく，必要に応じて板書や図表，資料などを組み合わせて伝えます。ただし，教師は単に説明することが仕事ではありません。子どもたちが学習目標に到達するために何を説明し，何を考えさせたり練習させたりするべきかの見極めが重要です。

　「発問」「指示」「説明」を使い分けるバランスは学習内容によります。言語情報や運動技能を身につけさせる授業では明快な説明と指示，閉じた発問による確認が中心です。知的技能や認知的方略，態度のように頭と心を働かせてじっくり取り組む授業では，考える土台を要領よく説明し，吟味された開いた発問にじっくり向き合わせ，自分の考えをまとめるための指示を明確に行います。

4───応答

　「応答」とは，子どもの発言に対する教師の反応（フィードバック）のことです。子どもは，自分の考えや思ったことを先生や友だちに声に出して話したいと思っています。しかし，先生や友だちから冷やかしや否定する言動など，クラスの中に友だちの発言を認める土壌や雰囲気がないと，思ったことを自由に表現しなくなります。日々の教師の反応は，子どもたちのモデルになります。教師が常に子どもの発言をしっかり受け止め，認める反応を示すことが，安心して発言できるクラスをつくります。

　「閉じた発問」の場合，正解であれば大げさなくらい褒めることもできますが，間違いの扱いが難しいところです。まずは，発言を認める反応を示し，どうしてそう考えたのか，根拠になるノートや資料を確かめさせるなど，どこが間違ったのかをクラスで確認し，子ども自身が気づけるよう支援します。「開かれた発問」では，多様な意見を引き出すことができますが，「受け止め」ているつもりが「受け流し」になってしまわないよう，黒板にキーワードを板書する，「さっきの○○さんの考えとちがうところは？」など，子ども同士のやりとりにつなげる応答をしながら深めていきます。

　子どもとのやりとりを楽しめるようになってくると，「もっと話し合いを活発にしたい」「もっと深く考えさせたい」と思うようになります。優れた

教師は，教師側からあえて間違った解釈を投げかけたり，子どもたちと対立した意見を投げかけたり，「本当にそうなのか？」と本質を突き，葛藤を引き起こすような投げかけを行います。このような投げかけを斎藤喜博（1911-1981年）は「ゆさぶり」という言葉で表現しました。教師からの「ゆさぶり」の質が，授業の質を高め，思考を深めることにつながります。

6.4 黒板・資料の提示

Chapter 6

授業を行うにあたって，黒板には何を書きますか。より効果的に授業を進めるために，どんな資料をどのように提示しますか。**黒板は教師から伝えたい情報を整理して示す場であり，子どもたちの意見や考えを交流・共有する場でもあります。**

❶———板書計画

黒板にチョークで文字や図を書くことを**板書**といいます。事前に黒板のどこに何を書くのかイメージ（**板書計画**）をもって授業に臨みます。もちろん，子どもの様子をみて書いて伝えたほうがよいと判断した場合は臨機応変に対応することもあります。西尾と久保田（2009）は，代表的な板書の技術を表6-3の6種類に整理しています。

表6-3 代表的な板書の技術（西尾・久保田，2009より作成）

板書技術	概　要
1. 参加型板書	共通の問題について思考しながら，子どもたち自身が板書する。
2. 思考を深める板書	気づく・比べる・まねるを意識した板書が子どもの思考を高める。
3. 確認や理解を図るための板書	教えたいことを視覚に訴えて対象化し客観化して子どもたちに提示し，共通の確認や理解を図る。
4. 教師のノートとしての板書	板書計画を立て，子どもの意見を的確な言葉で書くことで構造的な板書ができる。
5. ノート用と捨て板用の板書	黒板を2分割して「ノートに書かせる板書」と「説明用としてすぐに消してしまう板書（捨て板）」とに分けて用いる。
6. 学習の流れを明示し，学習活動を支える板書	導入・展開・まとめという学習の流れが明確な板書計画を立てる。

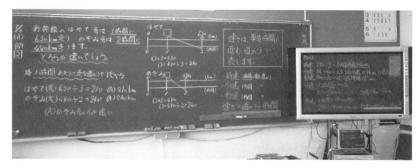

図6-1　構造的な板書の例

　A先生の黒板には，本時の学習のねらいと課題，子どもの考え，そして本時のまとめがうまく整理されています。白，黄，赤の3色を使って，一目で学習内容がわかります。なお，蛍光色等を用いた「色覚チョーク」を使うと多様な色覚特性をもった子どもたちにも読みやすいとされています。小学校では，1時間の授業で何枚分もの板書をすることは稀です。授業のあとで黒板を眺めたときに導入からまとめまでの流れが見える構造的な板書になるよう配慮されていることが一般的です（表6-3の6，図6-1）。その際，単に教科書の内容を箇条書きするだけでなく，矢印や囲み線で物事の関係を図や表に整理して示したり（表6-3の3），吹き出しや，まとめを㋫と略したりするなど，教師によってさまざまな工夫がなされています。

　教師が事前に整理したことを一方的に伝えるだけが板書の役割ではありません。この発問にどんな反応が返ってくるか，子どもの意見にはどんな広がりがあるか予想します。話し合った結果を共有するために，子どもが書くスペースを確保しておく場合もあります。板書を考えることで，授業の流れや提示したい資料がイメージできます。

　なお，誤字脱字や筆順の間違いには注意しましょう。誤字は言うまでもないですが，間違って覚えてしまった筆順には要注意です。筆者も何気なく板書した字の筆順を間違え，子どもから指摘されたことがあります。「おおごめんごめん」なんてごまかしていましたが，恥ずかしいことですよね。せめて担当学年より下の漢字はチェックしておきましょう。

❷────資料提示

　教科書や資料集にある写真，グラフ，挿絵等は，子どもの理解を促したり，考えをもつきっかけになったりするように一つひとつ考えて選択・制作されています。とはいえ，すべてを順番に見せればよいというものでもありません。子どもの興味・関心や実態，地域や学校の特色，教科書が出版されて以降，新たに話題になったことや時事の話題などを踏まえて説明や資料をきっかけにした発問を工夫します。さらに，学校の教材室には，地図，年表，各事象の説明のための掛け図やパネル，地球儀，教材教具，標本等が多くあると思います。第5章で触れたとおり，子どもたちの学習を支えるものすべてが学習環境です。授業を設計する時点でどんな教材を用いるのか十分吟味しておく必要があります。

6.5　ICT を活用した指導

　教師の指導技術は，学習環境の影響を受けます。第5章で示したように，GIGA スクール構想により，教室環境は劇的に変化しました。教師用の提示機器，実物投影機があり，児童生徒は自分の端末（コンピュータ）をいつでも活用できます。第2章で教師に求められる資質能力を紹介しましたが，ICT に関しては「ICT 活用指導力」として表 6-4 にある4分類・16項目があります。教師の ICT 活用は，授業中（分類 B）だけでなく，授業の事前準備や事後評価（分類 A）を含みます。児童生徒の活用では，児童生徒自身が ICT などの情報手段を活用する力の指導（分類 C）と，情報活用の基礎となる知識や態度の指導（分類 D）があります。特に教師の指導技術と関連するのが分類 B です。

　表 6-4 の B-1 にある効果的な資料提示について考えてみましょう。「教科書○○ページの図の右のほうにある△△を見なさい」と指示するよりも，デジタル教科書や実物投影機を活用すれば即座に必要なものを**拡大提示**できます。見せ方にも，一部だけ見せて（一部を隠して）発問する，資料に書き込みながら説明する，部分的に拡大する，映像の場合，途中で止めて考えさせる，音を消して映像に集中させるなど，工夫の余地は大いにあります。市販

表 6-4　教員の ICT 活用指導力のチェックリスト（文部科学省，2018）

A　教材研究・指導の準備・評価・校務などに ICT を活用する能力

 A-1　教育効果を上げるために，コンピュータやインターネットなどの利用場面を計画して活用する。

 A-2　授業で使う教材や校務分掌に必要な資料などを集めたり，保護者・地域との連携に必要な情報を発信したりするためにインターネットなどを活用する。

 A-3　授業に必要なプリントや提示資料，学級経営や校務分掌に必要な文書や資料などを作成するために，ワープロソフト，表計算ソフトやプレゼンテーションソフトなどを活用する。

 A-4　学習状況を把握するために児童生徒の作品・レポート・ワークシートなどをコンピュータなどを活用して記録・整理し，評価に活用する。

B　授業に ICT を活用して指導する能力

 B-1　児童生徒の興味・関心を高めたり，課題を明確につかませたり，学習内容を的確にまとめさせたりするために，コンピュータや提示装置などを活用して資料などを効果的に提示する。

 B-2　児童生徒に互いの意見・考え方・作品などを共有させたり，比較検討させたりするために，コンピュータや提示装置などを活用して児童生徒の意見などを効果的に提示する。

 B-3　知識の定着や技能の習熟をねらいとして，学習用ソフトウェアなどを活用して，繰り返し学習する課題や児童生徒一人一人の理解・習熟の程度に応じた課題などに取り組ませる。

 B-4　グループで話し合って考えをまとめたり，協働してレポート・資料・作品などを制作したりするなどの学習の際に，コンピュータやソフトウェアなどを効果的に活用させる。

C　児童生徒の ICT 活用を指導する能力

 C-1　学習活動に必要な，コンピュータなどの基本的な操作技能（文字入力やファイル操作など）を児童生徒が身に付けることができるように指導する。

 C-2　児童生徒がコンピュータやインターネットなどを活用して，情報を収集したり，目的に応じた情報や信頼できる情報を選択したりできるように指導する。

 C-3　児童生徒がワープロソフト・表計算ソフト・プレゼンテーションソフトなどを活用して，調べたことや自分の考えを整理したり，文章・表・グラフ・図などに分かりやすくまとめたりすることができるように指導する。

 C-4　児童生徒が互いの考えを交換し共有して話合いなどができるように，コンピュータやソフトウェアなどを活用することを指導する。

D　情報活用の基盤となる知識や態度について指導する能力

 D-1　児童生徒が情報社会への参画にあたって自らの行動に責任を持ち，相手のことを考え，自他の権利を尊重して，ルールやマナーを守って情報を集めたり発信したりできるように指導する。

 D-2　児童生徒がインターネットなどを利用する際に，反社会的な行為や違法な行為，ネット犯罪などの危険を適切に回避したり，健康面に留意して適切に利用したりできるように指導する。

 D-3　児童生徒が情報セキュリティの基本的な知識を身に付け，パスワードを適切に設定・管理するなど，コンピュータやインターネットを安全に利用できるように指導する。

 D-4　児童生徒がコンピュータやインターネットの便利さに気付き，学習に活用したり，その仕組みを理解したりしようとする意欲が育まれるように指導する。

図 6-2　ICT を活用した指導

の教材や資料の魅力を引き出し，自分の授業イメージにマッチするように使い方をアレンジしてみましょう。

　前節の黒板の活用の一つに，子どもの考えを共有する方法がありました。1人1台の環境では，児童生徒が端末に書き込んだ意見，考え，作品等を手軽に共有し，友だちと考えを比較・検討できます（B-2）。また，AI ドリル（第14 章参照）による個別学習は，自分の力に応じた課題を自分のペースで行うことができます。採点が自動化されるぶん，学習状況をチェックし，個に応じた指導を行います（B-3）。クラウド上のアプリで子どもたちが協働作業（第12 章参照）をしたり，考えを共有したりすることにも使用できます（B-4）。

　ICT は便利な道具です。一方，日々の先生方の授業を参観する中で，便利であるゆえに指導力の低下につながっているのではないかと危惧を感じることがあります。例えば，教科書の流れに沿って，資料や写真等をただ見せ，説明するだけで，子どもたちが「考える」時間をつぶしてしまっていると思うことがあります。協働学習をするにしても，そのための発問や，指示の明快さが吟味されなければ，作業はしていても，学びとしては深まらないものになってしまいます。

　教師としての振る舞い，発問・指示・説明・応答，黒板の使い方，ICTの活用と基本的な指導技術を紹介しました。授業は一朝一夕でうまくなるものではありません。日々，課題意識をもって授業に臨むことを通して，ポイントをつかめるようになり，「もっとこんなことができないかな」とアイデアが広がっていきます。そんな教師の探求心が指導力の向上を支えています。

章末問題

問1 次の文章のうち，正しいものに○，誤っているものに×をつけましょう。
- （a）（　　）教師は常にスーツを着用しなければならない。
- （b）（　　）指示は必要なことを端的に伝え，何度も繰り返さない。
- （c）（　　）黒板とICTで同じものを示すと学習効果が高まる。
- （d）（　　）発問は授業の導入・展開・まとめのどの部分でも行える。
- （e）（　　）チョークはできるだけたくさんの色を使う。
- （f）（　　）子どもに話しかけるときは，いつも大きな声でハキハキと話す。

問2 実際の授業（小学校〜高校でも大学でもかまいません）を見に行きましょう。教師の振る舞いや，「発問」「指示」「説明」「応答」の仕方，板書の組み立て方，ICT活用の仕方など授業を見る視点を決めて観察し，気づいたことをレポートにまとめましょう。

✳さらに深めるには？

富澤敏彦（2018）　増補 教師のためのきれいな字を書く六度法1週間レッスン 旬報社

　板書の字は正しい書き順で書くことはもちろんですが，きれいな字であることに越したことはありません。整った字を書くための基本的な技法を身につけられます。小学校の漢字も学年別にすべて収録されています。

栗田正行（2017）　「発問」する技術　東洋館出版社

　アクティブ・ラーニングを念頭においたさまざまな発問の仕方や，授業展開への活かし方が紹介されています。

第7章

実践の基礎(2)
学びを引き出す指導技術
(児童生徒編)

教師が理想と考える子どもたちが学び合う授業を実現するためには，互いの違いを認め合い，温かな人間関係をつくり出す学級経営が必須です。そして，学級経営は授業と密接に関わっています。本章では，学びを引き出す指導技術として，学習者中心の授業を成立させるためのポイントを，授業の名人と呼ばれた先人たちの知恵を借りながら，具体的な事例をもとに解説します。

学級経営，机間指導，ノート指導，家庭学習，学び合う集団，インクルーシブ教育システム，児童のICT活用

設計の基礎	実践の基礎

授業をつくる(第3章)　　授業を支える指導技術(第6章)
評価をデザインする(第4章)　学びを引き出す指導技術(第7章)
学習環境とデジタル化(第5章)

ガイダンス

育みたい資質・能力(第1章)
求められる授業力(第2章)

設計の実際

学習目標の明確化(第8章)
深い学びを導く教材研究(第9章)
主体的・対話的な学習過程(第10章)
学びが見える評価方法(第11章)

授業の実施

授業の実施と改善(第15章)

情報化への対応

ICTを活用した学習活動(第12章)
情報活用能力を育てる(第13章)
授業の拡張と校務の情報化(第14章)

やってみよう

あなたが，これまでの過ごしてきた学校生活（特に小学校，中学校）において，もっとも充実していたと感じるのはいつだろうか。また，それはなぜなのか理由を考えてみよう。

　　仲間と学び合う学級・一人ひとりが学ぶ学級

　皆さんが思い描く理想の学級はどのような学級でしょうか。殺伐とした雰囲気の中，教師が一方的に説明し，子どもたちは忍耐強く説明を聞き，ノートを書き続けるという姿を描く人はいませんね。教室は皆で学び合う場所です。その土台として温かな人間関係が欠かせません。子どもたちが互いに信頼し，安心して学び合って学習が進められる，このような学級は，「たまたまクラスの仲が良かったから」できるものではありません。むしろ教師が学習指導，生徒指導のあらゆる場面で働きかけ，つくり上げていくものです。こうした営みを**学級経営**と呼びます。白松（2017）によると学級経営には，授業や教育活動を円滑に行うための「条件整備」としてルールを整える狭い意味での学級経営と，子どもたちの人間関係づくり，集団づくりを含む広い意味があるとしています。本章では広い意味での学級経営が子どもたちの学びをどう引き出していくのかを中心に扱います。

　安心して学び合える学級の中で，子どもたち一人ひとりはどのように学んでいるでしょうか。理解が早い子，時間がかかる子，意見をすぐに言いたがる子，なかなか言い出せない子，自信に満ち満ちた子，自信のない子，実にさまざまです。授業は，学級という集団を相手にしているようでいて，子どもたち一人ひとりの学びと向き合う時間でもあります。J. B. キャロルが提唱した**学校学習の時間モデル**は，ある子どもは成功し，ある子どもは失敗を重ねてしまう現象がなぜ起きるのかを説明しています（Carroll, 1963）。「あの子はできるから」「あの子はできないから」と決めつけてしまっては教師の役割はそれでおしまいです。キャロルは，成績の差は子ども個人の資質（生まれもった能力や知能指数など）が原因ではなく，「良い成績をおさめるために必要な時間を使わなかったこと」と考えました。そうであれば，その子が課題達成に必要な時間をどう確保し，どんな援助（環境，問題，助言など）を工夫したらもっと短い時間で学ぶことができるのかを検討できます。能力から時間へと発想の転換を行ったのです。

$$学習率　=　\frac{学習に費やされた時間（time\ spent）}{学習に必要な時間（time\ needed）}$$

とてもシンプルな式ですが，意味するところは学校学習を根底から覆す力があります。カリキュラムによって一律に決まってしまう子どもの学習時間が一人ひとり実際には異なることを突きつけたのです。次にキャロルは，学習率に影響を与える変数を5つ指摘しました。5つの変数を学習率の式にあてはめると以下のようになります。

A：課題への適性：教科や課題の得意・不得意
B：授業の質：高い質の授業は短時間で十分学ぶことができる
C：授業理解力：教師の意図を理解する一般的な知能や言語能力
D：学習機会：ある課題に対して教師が確保した時間
E：学習持続力：子どもの意欲・集中力，興味・関心

$$学習率 = \frac{D：学習機会 \times E：学習持続力}{A：課題への適性 \times B：授業の質 \times C：授業理解力}$$

この中で教師にできることは何でしょうか。学習に必要な時間を減らすには，授業を工夫することです。学習に費やされた時間を増やすには，興味・関心を高め，学習に使える時間を確保します。

本章ではまず，授業の内外での子どもとの個別的な関わりに関する指導技術を取り上げます。そのうえで，グループや集団として学び合う関係をどうつくるのか，授業の達人の工夫をみていきましょう。

7.2 子どもとの関わり

■1──机間指導

授業中に子どもたちの座席を巡ることを**机間指導**（机間支援）といいます。教育実習生の授業を見ていると，黒板と教卓の間にずっといる実習生がいます。教卓の近くの子どもには個別に様子を見たり，声をかけたりできますが，後方の子どもたちは置いてきぼりです。子どもたちが課題に取り組んだり，ノートに考えをまとめたりしている時間は，教師にとって観察と言葉か

けの時間です。次の場面の用意が気になって子どもの様子を見逃していないでしょうか。とはいえ，机間指導は目的をしっかりともって行わないと，子どもにとって教師がただうろうろしている邪魔な存在になってしまいます。机間指導の目的には，以下の4点が考えられます。

　①自力解決につながる正答例や誤答例等を探す。
　②発表させる前に子どもやグループのさまざまな考えをつかむ。
　③子どもの理解度を探る。
　④下位群の子どもたちに補助指導を行う。

　机間指導をしながら「どの子から発表させようか」「板書に何を拾おうか」「補充問題を出したほうがよいかな」など考えています。子どもたちの思ってもみなかった反応によって当初の授業計画を変更することもあります。一人ひとりの様子をみながら気になる子どもを発見したときには，声をかけてみましょう。ガニェの9教授事象でいうところの「7. フィードバックする」です。自信をもてない子にはできているところを指摘して励ます，書き出せない子にはきっかけになる言葉をかける，浅い意見でできている気持ちになっている子にはもう一歩考える言葉を。机間指導は個に応じる大切な場面です。

❷───ノート指導

　子どもたちは，どのように学習の成果を残していくのでしょうか。例えばノートには，①学習を記録する，②自分の考えを整理しまとめる，③他者の考えを書きとめて学びに生かす，④自分の学習を振り返る，⑤教師が学習状況の評価に生かす等の機能があるとされています（大野，2010；岩瀬・川村，2010等）。例えば④のように学習の振り返りとして，授業を通して何を感じたのか，何を学んだのかを書くことは，授業の意味や自分自身の変容を自覚することにつながります。45分，50分の授業の中で，3〜5分ほど時間を確保するとよいでしょう。ガニェの9教授事象でいえば「9. 保持と転移を高める」の保持につながる働きかけです。子どもたちが本時の学習に対して，さらなる疑問を感じたり，不十分な点があると自覚したりしているならば，

家庭学習へと「転移」することもあるでしょう。なお，子どもたちの振り返りは，子どもたちの理解の具合を見取るだけではなく，教師自身の授業を振り返る際の格好の材料にもなります。

　机間指導の際には，子どもたちのノートから取り組み状況を読み取り，言葉かけにつなげます。タイミングをみてノートを回収し，書かれた内容を確認しながら，個別に褒めるところやアドバイスをすべき点を見つけていきます。小学校高学年を例にすると次のような点を確認します。

①自分の考え，根拠，理由などが書かれているか。
②根拠を示す場合は出典（例「教 p.98」）が書かれているか。
③学習のまとめ（学習課題に対する答え）や振り返り（学習を通して学んだこと，考えたこと等）が自分の言葉で書かれているか。
④学習のまとめや振り返りの文中に，授業で用いたキーワードが入っているか。

　丁寧かつ濃く大きな字で書けているか，配付されたプリントをまっすぐに貼っているかといった見た目からも子どもがどんな姿勢で学びに向かっているのか見えてきます。ノートの様子から次の授業で特に気にかけておきたい子どもが見えてくることがあります。

3———家庭学習

　キャロルの時間モデルにあったとおり，時間割の中だけですべての個人差に完全に対応するのは困難です。放課後の学習機会をもつ場合もありますが，もっとも個に応じた学習時間を確保できるのは家庭学習です。とはいえ，家庭環境は近年多様化しています。家庭環境が厳しい子どもたちが少なからずいることを忘れてはいけません。個人差がかえって開いてしまうことも考えられます。

　小学校段階では，**学習習慣**の定着をまずめざします。低学年等では，家庭の協力は欠かせません。取り組み状況をカードに記録するなどして，継続して取り組むことを支援します。学習習慣の定着は，生涯にわたり子どもの成長，成熟に関係します。家庭学習の内容や方法にはどのようなものがあるで

しょうか。漢字や計算のドリル以外にも，授業の中で残された課題について，各自で考えたり，調べたりする課題は，9教授事象の「転移」の機会になります。すべての授業が時間内に完結するとは限りません。あえて，オープンエンドで終わり，子どもたちが「気になるなぁ。調べてみようかな」という気持ちが芽生えれば，主体的に学ぶ姿につながっていきます。

　他にも，課題を指定しないで自主的に取り組む**自主学習**も考えられます。伊垣（2012）は，自主学習の特長を次の5つに整理しています。

①一人ひとりが自分に合った家庭学習を選べるため，学習に対して，主体的になれる。

②1日の学習，1週間の学習計画について「振り返り」をしながら進めることで，「学び方」を学ぶことができる。

③1冊のノートに努力が積み重ねられ「見える化」されるため，自己肯定感が高まる。

④家庭で自分から勉強する習慣を身につけることができる。

⑤学ぶことが楽しくなる。

　自主学習が前提とする子ども観は，「子どもは，知的好奇心が旺盛であり，自ら学ぶ意欲をもった存在である」というものです。決して，「子どもたちは放っておいたら，何もしない。だから宿題を出す」という考え方ではありません。自主学習では，子ども一人ひとりの内容，ノートの書き方には，さまざまな工夫が見られます。これは，学び方の一つといえ，日々の授業の中でも活かされます。さらに，自主学習のノートを机の上に並べて全員で見て回ったりしてみることで，他者の工夫を取り入れることにつながります（図7-1）。提出された自主学習のノートは，子どもの興味・関心や，がんばって取り組んで

図7-1　自主学習を見合う

いることを見取る宝物です。短くてもコメントを返し，広めたい取り組みがあれば教室に掲示するなどのフィードバックをすることで，主体的に学びに向かう姿勢を高めていきましょう。

7.3 多様な特性をもつ児童生徒の学びを支援する

　子どもたちは多様な存在です。キャロルの時間モデルが示す個人差の背景にある，子どもたちの特性に目を向けてみましょう。他者とのコミュニケーションに困難を感じる，集中することが難しい，読む・書く・計算するなどが極端に苦手といった症状をもつ子どもがいます。脳機能の障害によって，これらの症状が低年齢において発現するものを**発達障害**と呼びます。ASD（自閉スペクトラム症），ADHD（注意欠如・多動性障害），LD（限局性学習障害）などいくつかの種類があります。他にも視覚や聴覚に関する障害，肢体不自由，病弱・身体虚弱など，さまざまな障害があり，特別支援教育として障害に応じた教育が行われています。

　2021 年の時点で特別支援学校に在籍する児童生徒は約 14 万 6,300 人，小中学校の特別支援学級には約 32 万 6,500 人，通級（大部分の授業は通常の学級で受け，一部の時間を障害に応じた指導を受ける）の児童生徒は約 13 万 4,200 人です。特別支援学級や通級の児童生徒は 10 年前と比べると 2 倍以上の増加です。通常の学級において，発達障害の可能性のある児童生徒は，6.5％程度，つまり 40 人学級にたとえると 2〜3 名程度は在籍していることになります。

　日本は 2014 年に国連の「障害者の権利に関する条約」を批准しました。同条約は，「全ての障害者によるあらゆる人権及び基本的自由の完全かつ平等な享有を促進し，保護し，及び確保すること並びに障害者の固有の尊厳の尊重を促進すること」を目的としています。クラスの子どもたち一人ひとりが個性的に学ぶのと同じように，障害のある子どもたちも，将来の自立や社会への参画に向けて，それぞれの困難さに応じて主体的に学びます。「**合理的配慮**」は，障害をもつ児童生徒が平等に学べるよう，必要かつ適当な変更や配慮をすることです。スケジュールが把握できないと不安になる子どもに

対し，見通しが立てられるように，一日の予定や動きをカード等に記入して持たせる等の取り組みがされています。他にも，落ち着くまでに時間を要する子どもの場合には，落ち着ける場所を設置する取り組みもあります。また，障害のある児童生徒とない児童生徒が可能な限り共に学べる環境を整備することを「インクルーシブ教育システム」と呼びます。

　児童生徒の個別の特性に応じてテクノロジを活用することをアシスティブ・テクノロジ（Assistive Technology：AT）と呼びます（中邑・近藤, 2012）。合理的配慮として，障害による制約を最小限にする道具として ATが注目されています。

　皆さんのスマートフォンには「アクセシビリティ」機能として，文字を大きくしたり，色を調節したり，読み上げたり，タッチ操作の代替手段が用意されているはずです。児童生徒用のデジタル教科書にも同様に，色の反転，文字の拡大，読み上げなどの機能があります。児童生徒の特性に合わせてデジタル教科書を紙の教科書の代わりに用いて授業を履修できるように学校教育法の改正もされています（2019 年 4 月 1 日施行）。学び方のカスタマイズといえるでしょう。

　福島県平支援学校の稲田健実教諭は，Dekimouse project の「でき iPad」（図 7-2）を活用した支援を行っています。上肢障害（手や腕の障害）をもつ児童生徒にとってタブレット端末のタッチ操作は困難な場合があります。「でき iPad」を介して大きなボタンとタブレットを接続すれば，ボタンを押すだけでカメラ撮影することができます。ボタンの押す長さなどで複数の動きを設定することもできます。他にもレバー型の機器や筋電位（眉間にしわを寄せるなどの動き）を感知する，呼気やまばたきに反応するものなど，障害の種類や程度に対応したさまざまな機器が開発されています。

　他にも「教育の情報化

図 7-2　でき iPad のセッティング例

に関する手引き」（文部科学省，2020）には，障害種別ごとの活用事例が掲載されていますので，ぜひ参考にしてください。

7.4 学び合う集団をつくる

■1──学級経営から学ぶこと

　学級経営と授業の関係は，良い学級経営ができたあとにのみ，良い授業ができるという積み重ねたブロックのようなモデルではありません。学級経営と授業づくりは車の両輪のように，同時に進めていかなければならないのです。とりわけ，中学校や高等学校においては，教科担当として，授業を通じて，学び合う関係性をつくっていくことを心がけましょう。

　ただし，学級経営の前提として「教師の指示が通る」ことを確認しておきましょう。「鉛筆を置きましょう」「教科書の○○ページを開きなさい」といった教師の指示に対して，子どもたち全員の行動を観察してみます。30人学級であれば，30人全員が教師の指示を聞いて行動したところまで確認します。小さいことかもしれませんが，子どもたちにとってこれは「あの先生は私たち一人ひとりのことを見てくれている」というメッセージになります。指示が通ったことに対して，子どもたちの行動を少々大げさに称賛します。厳しい指導によって，教師の指示を徹底させるのではありません。恐怖政治を敷く前にやるべきことはたくさんあるのです。

　授業の達人と呼ばれた山本昌猷氏は学級経営のポイントとして，「温かい人間関係を築く」「肯定の歴史を積み上げる」「知的風土をつくる」の3点を挙げています（山本，2011）。

○温かい人間関係を築く

　温かい人間関係を築くために，まず必要なことは，子どもたちとの出会いの場で，教師自身が「いじめは許さない」と宣言することです。そして，「いつでも弱い立場の側に立つ」ことも伝えておくとよいでしょう。もちろん，宣言だけではなく，他者を馬鹿にするような言動，身体的特徴をあげつらってからかうような言動を見逃さず，その場できちんと指導することが重要で

図7-3　なくしたい言葉・あふれさせたい言葉

あることは，言うまでもありません。

　掲示物による工夫も考えられます。例えば，「なくしたい言葉・あふれさ
せたい言葉」を出し合い，掲示します（図7-3）。目に見えるかたちで残し，
頻繁に振り返ることで，徐々に子どもたちに意識されていきます。

○肯定の歴史を積み上げる

　子どもたち同士が，互いの違いを認め合い，尊重し合う関係性は，同時に
肯定的なものの見方・考え方を育みます。学級で協力して取り組んだことや，
目標に向けて努力してきたことを肯定の歴史として共有することで，プラス
のパワーに満ちあふれた学級を築きます。

　自尊感情（Self-esteem）という概念があります。自分には価値があると
自分で認められる感情のことです。ナルシズムあるいは自惚れといった自分
への「過信」のことではありません。むしろ，自分には欠点や短所があって
も良いところもあって，自分自身の存在を自分で認められることです。教室
は一人ひとり異なる個性をもった子たちがさまざまな失敗を繰り返しながら
学習していく場です。子どもたちが失敗を恐れるクラスは，手が挙がらず，
他の子どもの顔色をうかがう空気が生まれます。否定的な言葉があふれるク
ラスになってしまう前に，肯定的なメッセージを伝えていきましょう。自尊
感情をもつことが，安心と自信をもって学びに向かう姿勢をつくります。

○知的風土をつくる

　学級は学び合う場です。安心して過ごせることは当然ですが，知的な空間でなければなりません。第5章で取り上げた教室の図書コーナーやさまざまな掲示物は教師からのメッセージです。「ノート鑑賞コーナー」を用意し，子どものノートにコメントを付して掲示してもよいでしょう。教師が素晴らしいと感じた子どもたちの学ぶ姿を撮影・印刷し，掲示しておく方法もあります。

❷────関わり合う場をつくる

　授業の形態は一般的に**一斉学習**，**協働学習**，**個別学習**の3つに分けられます。3つの形態は，それぞれ独立しているというよりも，授業の中で組み合わせて用いられることが一般的です。例えば，学習課題の提示（一斉学習）→自力解決（個別学習）→意見の交流（協働学習）→全体での共有・まとめ（一斉学習）といった具合です。一斉学習の際の指導技術については第6章で，個別の関わりについては本章の前半で触れました。ここでは，残るペアやグループによる協働についていくつかの形態と配慮点を挙げます。

○隣の児童生徒との関わり（ペア学習）

　集団の最小人数である2人で取り組みます。人前で話すこと自体に苦手意識がある場合，隣の人と身構えずに取り組むことができるため，関わり合うことへの心理的なハードルを下げる働きもあります。席の移動を伴わずに短時間でできることから，資料の読み取りや問題の解法等，自分で考えてみる前の段階で，自信がもてない場面で用います。お互いの考え方を出し合う中で，読み取った内容の正誤に気づいたり，解法への道筋が見えたりします。

○4人程度で話し合う

　学級には日常的な班活動を行う4〜5名の小集団がつくられていることが一般的です（**生活班**と呼ぶことがあります）。人間関係がある程度つくられており，座席も近いため，机を移動してのグループ学習に取り組みやすいメリットがあります。グループ学習では，何をどのように話し合うのか，さまざまなアプローチがあります。多様な意見を聞き，自分の考えとの違いやた

くさんの考えを知る**意見交流型**，出された意見や調べた情報を整理し，評価・吟味する**整理・分類型**，積極的に意見を出し合い，建設的な議論の末に新たな考えを生み出すことをめざす**練り上げ型**などです。

　グループ学習を実施する際には，各グループや学習者一人ひとりの学習の状況を把握する，高い人間観察の能力が求められます。教室のあちこちで起こる学習（や問題状況）をしっかりと見取り，子ども理解や次の展開につなげていきます。あるグループが困っているからといって，容易に答えやヒントを伝えるだけでなく，「どんな意見が出てきましたか」「グループでの議論はうまく進んでいますか」といった状況の確認から入るとよいでしょう。質問されることで，子どもたちは一度立ち止まって議論を整理する機会になります。

○相手を自由に選んで活動する

　英語のスキットの練習場面をイメージしてみましょう。2人ペアや3人グループで何度も同じ練習をするだけでは多様な受け答えが身につくでしょうか。あるグループで練習したらまた別の友だちを探して組み直す，学級全体で活動する方法もあります。同時多発的にあちこちで学びが起こります（図7-4）。流動性が確保されることで，多様な関係性のもとで学習が進みます。

図7-4　自由に相手を選んで話し合う

　ここに紹介した以外にもグループの組み方，話し合う際の付せん紙やミニホワイトボード，ICTなどの道具の活用等，グループでの学習を成立させる工夫点は数多くあります（第10章参照）。ただし，ここで強調しておきたいのは，グループで学習すること自体を目的化しないということです。目的

が曖昧なグループ学習では，お互いに意見や考えを伝え合ったとしても，「だから何だろう？」と無力感をもってしまう場合があります。「多様な考え」を受け止めてどうしたいのか，話し合って意見を集約した結果はどうなるのか。明確な授業設計の中にこうした活動を取り入れ，目的を子どもたちと共有したうえで話し合いに取り組みましょう。話し合ったことで得られた気づきやアイデアの価値に気づくことができれば，話し合う行為そのものへの価値も高まっていきます。

　「自分が誰かの役に立っている」「自分は周りから必要とされている」といった感情は「自己有用感」と呼ばれています（北島，1999）。一人ひとりが自分らしく安心していられる環境を保障し（自尊感情を育てる），他者とのさまざまな関わりを通して自己有用感をもつ。学級経営は授業だけで行うものではもちろんありません。それでも授業の中で，子どもたち一人ひとりと関わり，子どもたち同士の関わり合いを支えることができるのも事実です。知識を身につけるだけではない，多様な他者と関わり合い，学び続ける存在として子どもたちを育てるうえで，授業という場の本質的な意義は，こうした経験の積み重ねにあるのかもしれません。

7.5　児童の ICT 活用を指導する

　GIGA スクール構想により，児童生徒に 1 人 1 台のコンピュータ（児童生徒用端末）が配布されました。第 6 章では教師の指導の道具としての ICT を取り上げましたが，ここでは，子どもたちが鉛筆やノート等の文房具のように学びの道具として端末を主体的に活用できるようにするための指導について取り上げます。

　児童生徒が主体的に活用する，とはどういうことでしょうか。はじめは教師の指示のもとに端末を活用していたとしても，いずれ児童生徒が使用する場面（タイミング）や使用するアプリなどを自分（たち）で考え，選択し，行動できるようになることです。そのためには，自らの自由意志に基づいて活用できる学習環境が重要です。

　ここでは，小学校 2 年生を担任する黒羽諒教諭の実践をもとに，端末活用

の初期にどのような指導が行われたのか，5つのポイントを紹介します。

■1───具体的なゴールを児童の姿で設定する

　黒羽教諭は，「教師の意図を超えた活用を行える児童の育成」という目標を立てました。さらにその具体的な姿を「子どもが必要に応じて自分で判断して活用できること」としました。ゴールが明確になると，するべきこと，すべきでないことを判断する軸ができます。例えば，「子どもが必要に応じて自分で判断する」とすると，教師主導型の授業では子どもが判断する場面は生まれません。児童生徒がICTをどう活用することが望ましいか具体的なゴールを一文で記述してみるとよいでしょう。

■2───基本ルールの設定と使用時間の確保

　「端末を壊してしまわないか」「授業中に他のことに端末を使っていたらどうしよう？」。先生方はさまざまな心配をします。黒羽教諭は最小限の基本的なルール（約束事）を確認しました。「大切にやさしく使いましょう」「学習や生活を便利にする道具として使いましょう」などです。「○○しない」「○○してはいけない」という否定形ではない表現で伝えています。また，朝学習や決められた休み時間等，児童が端末に自由に触れられる時間を確保しました。自由に触れられる環境の中で，特別な道具感は薄れていきます。さらに自由な時間に子どもたちが見つけたさまざまな使い方が，他の子どもへも伝播していきます。

■3───遊びから始めてみる，継続できる取り組みを実践する

　図7-5は，「友だちの描いたものを当てる」ゲームで遊んでいる様子です。この取り組みには，学習に使用する基本的な操作スキル（スライドに書く・書いたものを提出する・大型提示装置を使って発表する）の習得が意図されています。楽しい活動にスキル習得を埋め込むことで，早く身につき実際に活用できるようになります。

　どの教科でも，いつでもできる・継続してできる取り組みから始めるのもポイントです。例えば学習の振り返りを端末を用いて記入する取り組みがあります。文字入力，提出する一連の流れを繰り返し体験できます。

図 7-5　クイズのための端末上にドット絵を描く児童
（授業者黒羽教諭による撮影）

4 ——— 使い勝手をよくする環境づくり

　タブレット端末，保管庫，ネットワーク等は，（公立では）教育委員会が整備します。そのうえで，児童生徒の実態に合わせて使い勝手をよくしていきましょう。黒羽教諭は，端末を常に机の横に掛けられる手提げ袋に入れておくように指示しています。日常的な活用を進めるためには，子どもの使いたいと思ったときに使える環境が重要だからです。

5 ——— トラブルを想定し，捉えて次の展開へ

　活用が進むと，「共同編集で友だちの作品を書き換えてしまう」「友だちの様子を撮影してアップする」などトラブルが起きます。しかし，学校は失敗から学ぶ場です。起こりそうなトラブルを想定し，計画的に指導することもできますが，その指導は，児童生徒にとって必要感のあるものになるでしょうか。黒羽教諭は，指導していなかったために起きた結果ではなく，指導するきっかけを得たと捉えました。その結果，クラス全体で対処の仕方を考え，児童が自分事として捉えることができました。

　小学校低学年からこのような指導を受け，ICT を学びの道具として活用できるようになった児童が，中学年，高学年，中学，高校と成長していったとき，どんな生徒になるでしょうか。想像するだけでもワクワクしてきませんか？

［付記］　本章は，以下の拙稿をもとに，加筆修正を行い執筆しています。

小林祐紀・山口眞希（2016）特別活動における人間関係構築のための教師の取り組み（1）：ミドルリーダー教師の学年初期の事例　茨城大学教育実践研究．35, 427-440.

小林祐紀（2016）第9章 学級自治と参加を促すしかけ　茨城大学教育学部学校教育教室（編）現代教育の課題と教員の資質向上（学内テキスト）　pp.82-88.

小林祐紀（2017）第10章 仲間と聴き合える人間関係づくりのための諸方策と授業事例　茨城大学教育学部学校教育教室（編）　教育の現代的課題と教員の資質向上（学内テキスト）pp.83-86.

小林祐紀（2019）第4章 教材研究から学習指導案作成へ　小川哲哉（編）　学校現場の理解が深まる教育実習（現場と結ぶ教職シリーズ16）　あいり出版

小林祐紀・黒羽諒・吉田隼人・中川一史（2021）1人1台端末導入期における小学校低学年の日常的な活用に関する実態　AI時代の教育学会誌．4, 1-6.

章末問題

問1　次の文章の空いているところに適切な言葉を記入しましょう。

（a）学級の人間関係や集団づくりを行うことを（　　　　　）という。

（b）「学習に費やされた時間」を増やすには意欲を高めるだけでなく，（　　　　　）を増やす。

（c）机間指導の際，児童生徒の学習の様子によっては（　　　　　）を変更してもよい。

（d）（　　　　　）では，障害のあるなしにかかわらず共に学ぶ環境を整える。

（e）グループで話し合いをさせる際には（　　　　　）を教師と児童生徒の間で共有する。

問2　本章の学習を通して，仲間と学び合って進める学習にはどのような成果があると考えますか。また，課題があるとすればどのようなことでしょうか。それぞれまとめてみましょう。

✸さらに深めるには？

杉江修治（2011）　協同学習入門　ナカニシヤ出版

　文部科学省が使う教育方法の用語としては「協働学習」ですが，学習指導の理

論としての「協同学習」について，これから実践しようとする人に向けて，その理論，これまでの研究知見，具体的な実践方法が解説されています。

岩瀬直樹（2011）　クラスづくりの極意：ぼくら，先生なしでも大丈夫だよ　農山漁村文化協会

　小学校教諭（執筆当時）の岩瀬氏による自身の学級経営や学習者中心の授業づくり，仕事への取り組み方について書かれています。自分が教師になったときに，やってみたいことを考えながら読んでみるとよいでしょう。

第8章

設計の実際 (1)
学習目標の設定 ……

学習指導案は，基本情報，児童生徒，教材，指導，単元，本時，評価の項目から構成されます。学習指導案に記載する内容で中核的な位置づけになるのは学習目標（単元の目標）です。本章では，学習指導案の構成要素，学習目標の明確化や観点別の整理，学習者の状態の把握について解説します。

> **Key words**
> 学習指導案，学習目標，観点，前提条件・レディネス，学習課題

設計の基礎
- 授業をつくる（第3章）
- 評価をデザインする（第4章）
- 学習環境とデジタル化（第5章）

実践の基礎
- 授業を支える指導技術（第6章）
- 学びを引き出す指導技術（第7章）

ガイダンス
- 育みたい資質・能力（第1章）
- 求められる授業力（第2章）

設計の実際
- 学習目標の明確化（第8章）
- 深い学びを導く教材研究（第9章）
- 主体的・対話的な学習過程（第10章）
- 学びが見える評価方法（第11章）

情報化への対応
- ICTを活用した学習活動（第12章）
- 情報活用能力を育てる（第13章）
- 授業の拡張と校務の情報化（第14章）

授業の実施
- 授業の実施と改善（第15章）

やってみよう

インターネット上で学習指導案を検索してみよう。自分が教師としてその指導案で実際に授業を行っている様子を想像し，どのように進めればよいかわからないところを抜き書きしてみよう。

学習指導案の構成

　本章からは，いよいよ学習指導案を具体的に書く方法を学びます。どのような授業（単元）を行うのか，その背景やねらい，教材に対する考え方，授業の展開などをまとめた授業の設計書を「**学習指導案**」と呼び，主に教育実習や研究授業の際に作成します。授業の構想を学習指導案にまとめることを通して，授業づくりの練習としたり，授業をよりよくする検討材料としたり，授業内容を他者に説明する材料としたりします。

　学習指導案の書き方は，地域や学校によってさまざまです。ネットで検索すれば多くの指導案を見ることができますが，それぞれが違った様式で書かれていることがわかるでしょう。とはいうものの，学習指導案に載せておくべき，共通する項目はおおよそ決まっています。それらの項目を以下に挙げますので，まずは目を通して学習指導案の全体像と構成要素をつかんでください。わからない言葉があっても，本章や以降の章で具体的に説明しますのでご心配なく。なお，本書の巻末には学習指導案のテンプレートを収録しています。

❶————基本情報

　授業を行う日時，学年やクラス，教科名，教室名，授業者の氏名，児童生徒数，学校名など，基本的な情報を記載します。これらの情報は指導案の冒頭で示すのが一般的です。

❷————児童生徒

　子どもたちがどの程度，授業を受ける準備ができているか，関連する単元の習得状況や，教科に対する興味・関心などを，前提テストや事前テストの結果やアンケートなどで把握し，記載します。その他，クラスの雰囲気，グループ学習や利用する教材・機材への慣れの程度などを記載することもあります。

❸————教材

　教材にはどんな内容が含まれるのか，どのような難しさや魅力があるのかを説明します。学習指導要領上の位置づけや，関連する他の単元とのつながりなどを示します。つまり，ここでの「教材」は，教科書やプリントといっ

た道具的なものではなく，単元で扱う題材のことです。学習指導要領の教科ごとの「解説編」には，詳細なねらいや取り扱い事項が書かれていますので参考にします。そのうえで，単元が扱う教材の特色や構造について記述します。課題分析図（第9章）を作成することで，題材の構造をより詳細に見極めることができます。学習内容の構造がわかると，各授業回で扱う内容が相互にどのように関係しているのかを把握できます。なお，この項目は単元観と呼ばれることもあります。

4──────**指導**

単元を通してどのように授業を構成したのか，指導上，どのような工夫や配慮をしたのかを説明します。次の**5**単元を見れば，およその流れはつかめますが，その「意図」を説明します。単元を通した課題を設定したのであればその理由を，単元内の学習活動の段階を工夫したのであればその目的を説明するのです。**2**の学習者の実態や**3**の教材の特徴を根拠にするとよいでしょう。

学校研究の一環として実施される研究授業の場合，学校全体で取り組む「研究の視点」があるはずです。「主体的な学びを引き出す課題設定の工夫」「対話によって考えを深める」「ICTを活用した振り返り」など，授業をつくる際に「研究の視点」をどう検討し，何を提案するのかを説明します。

5──────**単元**

単元名や単元の目標，**単元計画**を記載します。単元の目標は，その単元を通して，学習者に身につけてもらうことを記述します。第4章で紹介した学習目標の5分類を本書では用いますが，一般的には資質・能力の3つの柱と対応させて記載します。5分類と3つの柱の関係は第4章で示しました。「知識・技能」には言語情報と運動技能が，「思考・判断・表現」には知的技能と認知的方略が，「学びに向かう力・人間性」には態度が対応します。本書で扱う5分類で作成しておくと，3つの柱に戻すことはいつでもできますし，3つの柱よりも詳しく，「何ができるようになるのか」を捉えることができます。例えば，小学校理科の単元目標は，表8-1のように単元目標①から③のそれぞれに，5分類を付記しています。③であれば5分類の「態度」に対応させ

表 8-1　単元目標の例「明かりをつけよう」（小学校理科）

①回路に電気を通すと明かりがつくことや，電気を通す物と通さない物があることを説明できる。【言語情報】

②回路の状態を確認し，豆電球が点灯するかを判断できる。【知的技能】

③乾電池をつないで豆電球に明かりがつく現象に関心をもち，進んで電気の回路を調べようとする。【態度】

http://www1.iwate-ed.jp/db/db2/sid_data/es/rika/esri_2015/esri2015302.pdf を改編

て「調べようとする」とするなど，文末表現の違いにも留意しておきましょう。

　単元計画には，単元に含まれる 1 単位時間ごとの学習内容・学習活動や評価について記載します（表8-2）。研究授業として公開する場面では，単元計画の中で**本時**として取り上げる部分をわかるように示します。それにより，今回の授業（本時）の位置づけが読む人に伝わりますので，例えば単元の 2 時間目であったとしても，その前に何を学んできたのか，本時のあとに学習者が何に取り組むのかを参観者が把握できるようになります。

表 8-2　単元計画の例「明かりをつけよう」（小学校理科：単元の一部）

次	時間	学習活動
第 1 次	1	豆電球に明かりがつくつなぎ方について予想して，調べる計画を立てる。
	1	豆電球に明かりがつくつなぎ方を調べてまとめる。（**本時 2/6**）
	1	＋極と－極をつないでも明かりがつかない理由を考え「1 つの輪のように」つなぐ回路についての考えを深める。
第 2 次	2	回路に物をつなぎながら電気を通す物を探し，金属は電気を通すことをまとめる。
	1	豆電球に明かりがつく回路のつなぎ方と，電気を通す物についてまとめる。

http://www1.iwate-ed.jp/db/db2/sid_data/es/rika/esri_2015/esri2015302.pdf を改編

6─── 本時

　1 単位時間の目標（本時の目標）と指導の流れ（**指導過程**）を示す部分です。本時の目標は，単元計画で示した内容と対応するようにします。指導過程は，授業の場面ごとの情報提示や学習活動，予想される児童生徒の反応，そこでどのような指導や支援をするのか，各場面でできるようになったことをどのように確認するのか（評価）を表形式で記載します（表8-3）。

　指導過程は，導入・展開・まとめに分けて整理することが一般的です。各場面の時間配分を記載したり，資料や機器を使う場合は，その使い方などを

表8-3　指導過程の例「豆電球に明かりがつくつなぎ方を調べよう」

	学習活動	主な指導・支援	評価
導入 (5分)	①前時の内容を確認（事象3） ・予想を記入したカードを見る。 ②本時の課題の確認（事象2） ・明かりがつくつなぎ方を見つけるために，実験を行うことを伝える。	・豆電球の明かりをつけて見せ，明かりをつけるための用具の名称を確認し，児童の思考や表現を助ける。	・豆電球に明かりがつくことに関心をもつことができたか（態度）
展開 (30分)	③課題について調べる（事象4,5,6） ・豆電球と乾電池をつなぎ，明かりがつくかどうかを調べ，記録する。 ④実験結果をまとめる（事象6,7） ・予想カードを分けながら，自分の実験結果と比べる。 ・明かりがつくつなぎ方の共通点についてペアで話し合う。 ・明かりがつくつなぎ方について，自分の考えをノートにまとめる。	・実験方法，結果の記録の仕方を確認する。 ・結果を明かりがつくつなぎ方とつかないつなぎ方に分けて整理する。 ・ついた場合とつかない場合の違いに着目させる。＋と－のつなぎ方にも目を向けさせる。	・実験の結果から，つなぎ方を比べて明かりがつくつなぎ方に共通して言えることは何かを考えて表現することができたか（知的技能） ・用具の名称などを，正しく記入できたか（言語情報）
まとめ (10分)	⑤課題についてまとめる（事象9） ・明かりがつくつなぎ方についてわかったことを全体で確認する。 ⑥本時の学習を振り返り，次時について触れる（事象9）	・回路は電気の通り道であることを確認する。 ・今日の学習を振り返り，わかったことを書かせる。	

http://www1.iwate-ed.jp/db/db2/sid_data/es/rika/esri/esri_2015/esri2015302.pdf を改編

書き込んだりする場合もあります。また，各学習活動については，ガニェの9教授事象（第3章で紹介）のどの事象に対応するのかを検討することで，場面ごとの授業者の意図が明確になります。特に学習指導案づくりの練習の際には，表8-3のように指導過程に括弧書きで事象の番号を記してもよいでしょう（一般的な指導案には記載しません）。

7──評価

　本時の授業を通して子どもたちがどのような姿になっていればよいのか，評価の観点と基準を明確にします。本時の目標のどの部分が授業のどの場面で実現するのか，それが実現したかを何から見取り（観察やノートへの記述，発言等），どのような基準で判断するのかを説明します。基準に関しては3～4の段階で示し，もっとも下位の到達状況の子どもたちに対する手だてを

書く場合があります（第11章参照）。

　以上，7項目を紹介しました。学習指導案は，単元の全体について述べてから，今回焦点を当てたい（本時の）1単位時間分の授業について述べることが一般的です。上記の**2**～**5**は単元レベルで情報を記述します。学習指導案の各項目は関連し合っていて，ストーリーを形成しています。例えば，児童生徒の学習への準備状況が思わしくなければ，導入に時間を多めに割いた指導過程にしたりします。なお，**7**の評価は，本時だけでなく，単元の評価を記載する場合があります。

　ここに挙げた項目以外では，授業で用いるワークシートなどの配布物や，板書計画（黒板をどのように使うのか。第6章参照）などをつけ加える場合があります。また，学習指導案には1単位時間分の授業の情報を簡潔に載せるだけの**略案**と呼ばれる書き方があります。その場合は，上記の**1** **6** **7**を中心に記載します。

　授業を公開する場合に用いる学習指導案は授業参観者と授業者との間で，授業に対するイメージを共有できることが重要です。授業後の検討会が実り多い機会となるように，授業をどのような意図で設計したのかが伝わるものにしましょう。

8.2　授業前の子どもの姿を把握する

　授業づくりの際，学習者がどのような状態にあるのかを調べることを，**学習者分析**と呼びます。学習者について把握しておくべき内容の候補を表8-4に示します。分析した結果を，先程の学習指導案の「**2** 児童生徒」に記載します。

　この中で特に重要なのは，授業を受ける前にあらかじめ身につけておいてほしいこと，すなわち「**前提条件**」です。「**レディネス（学習の準備性）**」とも呼びます。子どもたちは，何の知識もないゼロの状態から授業を受けることは稀で，カリキュラムを通して学習が積み重なっていく中に，授業（単元）が存在します。そのため，ほとんどの授業は，あらかじめ学習者が何らかの

表8-4　学習者について把握しておくべき項目（ディックら，2004より作成）

1. 前提条件	授業において学習目標を達成するために，学習者があらかじめ身につけておくべきことを満たしているか。
2. 関連知識	学習者がこれから学習する内容や関連する内容について，どの程度知っている（経験している）のか。
3. 学習意欲	授業に対する学習者の学習意欲はどの程度か。興味はあるか，やりがいはあるか，自信をもって取り組めるかなど。
4. 学業レベル	学習者の他の教科を含めた成績の程度や，学校全体やクラス内の学習者の一般的な知能レベルなど。
5. 学習方法の好み	一斉授業・グループ学習などの好み，利用するメディアの好み，これまでにどの方法が成功したのかなど。
6. クラスの特徴	クラスの全体的な特徴（雰囲気や，他のクラスと特に異なる点など）。個々の学習進度のばらつき度合いなど。

知識や技能等を身につけていることを前提として成り立っています。例えば，社会科の三権分立を学ぶ授業では，国会・内閣・裁判所の役割を知っていることが前提条件です。授業では，導入部分で三権の役割を復習するにしても，中心は三権分立（抑制と均衡の関係）の学習となるはずです。もし国会について知らない学習者がいたとすれば，前提条件を満たしていないので授業についていけない可能性があります。

　前提条件以外にも学習者の状態を把握しておくことで，授業設計に役立つことがあります。例えば，授業に対する学習者の意欲が低い場合，動機づけを意識した導入を行います。授業に関連した豊富な知識をもっているのなら議論をさせてみたり，学業レベルが高いなら余計な説明はせずに練習を増やしたりもできます。進度にばらつきがあれば，自学自習教材を用意して個別学習にする方法もあります。

　インストラクショナルデザインでは，授業を**学習目標（出口）**と**学習者の現状（入口）**のギャップを埋めるものと捉えます（図8-1）。ある状態にある学習者を，学習目標のレベルまで引き上げることが授業の責任です。入口と出口で学習者の状況を把握する評価（事前・事後・前提テスト）の役割については第11章で解説します。一方で，子どもたちには必ず個人差があります（第7章の学校学習の時間モデルを参照）。一人ひとりの個性や個人差をできるだけ把握し，無理のない学習目標を吟味することも，失敗しない授業設計には必要といえるでしょう。

8.3 学習目標を明確にする

　授業（単元）を設計する際,図8-1に示すように,学習者の現状（入口）とセットで考えるべきことがもう一つあります。**学習目標**,すなわち学習者に何を身につけさせたいのか,単元や授業の終わりに学習者にどのようになっていてほしいのかという出口を明確にすることです。学習指導案でいえば,単元目標と本時の目標にあたります。「目標」「評価」「指導」の3つの整合性が大事であることを第4章で示しましたが,この目標がフラフラと安定せず,ぼんやりしたものだと,どんな学習活動を設定しても,どんな指導を工夫しても,それが適切なのかどうか判断できません。学習目標の設定は,授業設計の要といってもよいでしょう。

　学習目標を明確にするには,学習目標の分類を検討したうえで「目標行動」「評価条件」「合格基準」の3つの要素を検討します。**目標行動**とは,学習者が授業後に何ができるようになったのかを,学習者の行動で表すことです。「〜できる」「〜ようになる」を語尾にして記述します。教師の視点で書いたり,学習活動を書くのではありません。例えば,「三角形を教える」のは教師が行うことです。「三角形を学ぶ」のは学習者の視点ですが,学んだ結果として何ができるようになるのかがわかりません。「三角形の定義を口頭で

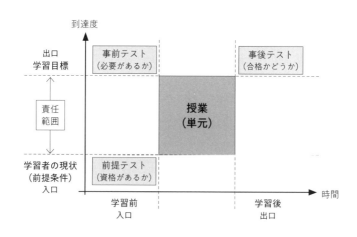

図 8-1　授業（単元）の出入り口と 3 つのテスト

説明できる」「三角形を数種類の図形の中から選択できる」のように，学習者の行動で示すことで，評価をイメージしやすくなります。どのような学習目標においても，学習者を主体にして，学習後に何が身についているのかを述べることは必須です。

　評価条件は，学習目標に示される行動が，どんな条件のもとで評価されるのかを意味します。例えば，英作文で辞書持ち込み可のテストの場合は，英単語の語彙力はあまり重視せずに，作文ができるかどうかに焦点を当てています。水泳でバタ足の習得のためにビート板を使う，インターネットにつながる端末で調べながら，といった条件も考えられます。このように何か限定的な状況や，道具を用いながら，できるようになることが求められる場合があります。目標を検討するうえで，評価条件は忘れがちですが，同時に検討しておくとよいでしょう。

　合格基準は，学習目標に達したかどうかを判断する合格ラインのことです。学習者が授業中にどこまでできるようになっている必要があるのかを検討します。基準はテストの得点やかかる時間のように量的に示せる場合もありますし，「○○について，△△と××の観点から説明できる」のように質的な基準を示す場合もあります。合格基準に達しているかどうかを確認するのが評価の役割ですから，学習目標に詳細に基準を盛り込む必要はありません。評価の方法や基準を具体化することで，目標の記述も具体的になる，といった行き来をしながらまとめます。

　学習目標を考えていくと，目標を複数に分割したい場合が出てくるかもしれません。あれもこれも取り入れた大きすぎる学習目標を設定するのではなく，一つひとつの目標ごとに評価の方法が具体的にイメージできる程度がよいでしょう。

　なお，学校現場の「目標」には，いくつかのレベルがあります。「○○な児童の育成」といった学校における教育目標，学年の目標，クラスの目標と階層構造があります。同様に，各教科の学習指導要領に示される教科の目標は，学年ごとの目標，単元の目標，1単位時間の授業の目標までの階層があります。下位の目標の達成が，上位の目標の達成につながります。上位になるほど抽象度が高くなり，目標というよりは向かうべき方向を示すようになります。学習指導要領の各教科の目標は，教師を主語とした書き方になっている

場合もあります（教育する側の目標）。児童生徒が何ができるようになるのかは，内容ごとの項目に書かれていますので，丁寧に読み取ってみましょう。

8.4 学習目標と資質・能力の関係

　学習目標を具体的にすればするほど，授業で何を教えるべきか，どのように評価するべきかイメージがわいてきたのではないでしょうか。しかしその一方で，第1章で述べたとおり，学校で育てる力は，学力から資質・能力へと変化しています。単元や本時の学習目標は明確になればなるほど，従来の学力とどう違うのかわからなくなりそうです。

　資質・能力と学習目標の5分類の関係は第4章で整理しましたが，その中でも認知的方略に注目してみましょう。認知的方略は，自分自身の学習プロセスを効果的にするための力です。学び方の工夫，あるいは学習スキルと捉えるとわかりやすいかもしれません。学び方の方略を理解し，それを自分の学習に適用できることが求められます。英単語の意味や顕微鏡の使い方といった個別の知識や技能ではなく，それらを学ぶ際，単語を意味のあるまとまりで覚えるとよい，手順の理由まで理解するとよいといった学び方は，他の場面にも応用できます。知らない単語を前後の文脈から推測する，未知の試料を特定する手順を考えるといった問題解決の方略も認知的方略です。さらに，自分の学習状況を俯瞰し，工夫（調整）するメタ認知も認知的方略に含まれます。

　資質・能力では，「生きて働く」知識・技能を身につけることや，「未知の状況にも対応できる」思考力・判断力・表現力等の育成がめざされています。認知的方略に含まれる「学び方」「問題解決」「メタ認知」に着目することは，身につける知識や技能をどう生かすのかを考えることに直結しています。

　「態度」も資質・能力を育てるために重要な観点です。「学びを社会や人生に生かそうとする」学びに向かう力や人間性等と対応することを第4章で示しました。「歴史に興味をもつ」にとどまらず「歴史上の人物の生き方から自分自身に生かそうとする」，あるいは「統計データの分析に意欲的に取り組もうとする」にとどまらず「社会の事象を統計の視点から分析しようとする」のように，学びを生かす視点で態度を考えましょう。学習目標は学び

の入口ではなく出口です。単元でいえば，導入として興味や関心をもつことはもちろん大事なことですが，「出口」に着目するのであれば，授業のあと，どのような態度をもっているのかが重要です。すべての単元で毎度のように人生や社会と結びつけるのは大変と思われるかもしれません。教科書の単元の扉や単元末にあるコラムや資料，活動例には，学んだことが社会とどうつながるのかを考えるうえで格好のヒントが収録されていますので，参考にしてみるとよいでしょう。

　学習指導要領の総則には，「学習の基盤となる資質・能力」として，言語能力，情報活用能力，問題発見・解決能力等が例示されています。教科の目標だけでなく，このような教科横断的な資質・能力を考慮することも，資質・能力の育成につながります。なお，情報活用能力は第 13 章で扱います。

8.5　学習目標と学習課題

　学習目標と混同しやすいものとして**学習課題**を取り上げます。学習課題は「**学習問題**」「**めあて**」，あるいは単に「**課題**」と呼ぶこともあります。学習課題は授業の中で具体的に取り組むことや考える問いを意味します。一方，学習目標は，学習者が学んだあとにできるようになっていてほしいことや身につけるべき知識です。「めあて」に対して「ねらい」と言うこともあります。例えば，「日本の食料自給率が低下している要因について理解する」は学習目標です。「なぜ日本の食料自給率は低下しているのだろうか？」は学習課題です。学習課題に取り組むことを通して，学習目標に到達するという関係になります。学習指導案の中では，学習目標は，単元や本時の目標のところに書きます。学習課題は単元計画や指導過程の中で示します。ガニェの 9 教授事象では「2. 学習目標を知らせる」とあります。学習目標を直接伝える場合もあれば，学習課題を「めあて」として伝えて，授業を通して学習目標（ねらい）に到達させていく場合もあります。

　認知的方略のような学習過程を効果的にするための技能を直接的に学習目標とする機会は多くはありません。態度にしても，関心や意欲をもって学ぶことは大事にされてきましたが，学んだあと，それを生かそうとする姿勢を

期待はしていても，目標とするケースは少なかったといえます。認知的方略や態度は，一朝一夕には身につくものでもありません。1回の授業，1単元で評価をするというよりは，中長期的に育てていく工夫が求められます。その工夫の一つが学習課題を活用することです。

　単元を通した学習課題はどのように設定するとよいでしょうか。「**本質的な問い（Essential Questions）**」という考え方を紹介しましょう（McTighe & Wiggins, 2013）。いずれも1時間の授業ではなく，数時間の単元，あるいは単元や教科を越えて繰り返し考える価値のある問いです（表8-5）。そしてこうした課題に取り組む際には，問題解決やメタ認知などの認知的方略や，学んだことを生かそうとする態度が求められることが想定されます。学習目標を明確にしたうえで，目標に向かう魅力的な学習課題を立てることができると，子どもたちがどのように学習をしていくのかイメージがわき，単元の構想を具体化することができます。

　学習課題を検討する際にもう一つ重要なことは，第9章で紹介する各教科等の「**見方・考え方**」を踏まえることです。学習課題をどのようにしたら解決できるのかを考える際の「考え方」の視点となるのが「見方・考え方」です（第9章参照）。例えば表8-5の「モナ・リザはどんな表情をしているだろうか」であれば，美術科の見方・考え方は「感性や想像力を働かせ，対象や事象を，造形的な視点で捉え，自分としての意味や価値をつくり出すこと」です。「造形的な視点」としては，どんな構図でどこに何が描かれているのか，色調はどうなのか，タッチはどうなのかといったことが挙げられるでしょう。単に感想を言い合うのではなく，見方・考え方を働かせることでより詳しく

表8-5　「本質的な問い」をヒントにした学習課題の例

ポイント	課題例
答えが1つではないオープンエンド	どのようにしたらゴミを減らせるだろうか
思考を活性化させ，議論を産む	いじめはなぜなくならないのだろうか
分析，推論，予測などの思考を含む	バスケットボールの作戦を立てよう
他の課題や教科にもつながる	外国人観光客に地元の〇〇を紹介しよう
さらなる問いや探究を促す	情報技術は社会をどう変えるだろうか
答えるだけでなくその理由が求められる	モナ・リザはどんな表情をしているだろうか
何度も繰り返される	「生命」とは何だろうか

表 8-6　GRASPS の例「もっとも汚れの落ちる洗剤を突き止める課題」（ウィギンズ・マクタイ, 2012）

	例
Goal（何が目的か？）	3 種類の洗剤でもっとも汚れが落ちるものを特定
Role（学習者はどの役割を担うのか？）	消費者調査グループの科学者
Audience（対象となる相手は誰なのか？）	雑誌の検査部門
Situation（どのような状況なのか？）	実験計画を検査部門に伝える
Product（成果物は何か？）	実験計画書
Standards（成果を評価する規準は何か？）	計画書の明瞭さと適切さ

みていく学習につながり，美術科の学習目標につながりやすくなります。

　学習課題をさらに現実的・具体的なものとするには，ウィギンズとマクタイ（2012）の GRASPS の考え方が参考になります。表 8-6 は 3 種類の洗剤があり，どれがもっとも汚れを落とすのかを突き止めるための実験計画書を立案し，レビュー雑誌の検査部門に提案しようという課題における GRASPS の考え方です。このような学習課題は，パフォーマンス課題とも呼ばれます（第 11 章参照）。

章末問題

問1　次のキーワードと説明を線でむすびましょう。

（a）指導過程　　　　（あ）学習する前に，身につけておく必要があること
（b）学習目標　　　　（い）授業中に取り組むことや考えること
（c）評価条件　　　　（う）授業の流れを示したもの
（d）学習課題　　　　（え）学習の結果，身につけてほしいこと
（e）前提条件　　　　（お）学習成果を測る際に前提とすること

問2　自分の受けたことのある，あるいは実施している授業（単元）を 1 つ取り上げて，前提条件，関連知識，学習意欲の 3 つの視点から学習者の状態を分析しましょう。

✺さらに深めるには？

マルザーノ，R.・ケンドール，J. S.／黒上晴夫・泰山 裕（訳）（2013）　教育目標をデザインする：授業設計のための新しい分類体系　北大路書房

　本書の第4章で少し紹介した，教育目標の新分類体系について提案しています。認知的方略に含まれるメタ認知等を学習目標として捉えるうえで参考になります。

西岡加奈恵（2016）　教科と総合学習のカリキュラム設計　図書文化

　学習課題のところで取り上げた，本質的な問いなどについて詳しい説明があります。本書で触れている逆向き設計についても把握することができます。

第**9**章

設計の実際 (2)

深い学びを導く教材研究

子どもたちがこれからの時代に求められる資質・能力を身につけるためには，深い学びの実現が重要です。深い学びをもたらす授業では，習得・活用・探究を行う学習場面で，各教科等の特質に応じた「見方・考え方」を働かせます。しかし，教科書をはじめとする教材研究が十分でないと，単なる教え込みや活動だけの授業となり，深い学びに至りません。本章では，教材研究の方法としての課題分析に取り組み，学びの「深さ」について解説します。

深い学び，
見方・考え方，教科書，
課題分析

やってみよう

興味のあることや人に伝えたいと思っていることを1つイメージしてください。それを他の人に説明する際，伝えるべきことをできるだけたくさん書き出してみましょう。書き出した情報同士がどのような関係なのかつながりも考えてみよう。

9.1 深い学びと浅い学び

　研究授業後に行われる検討会では，校内の先生方が研究授業について討議します。「話し合いの前に自分の考えをもつ時間があったから深まったね」「○○さんは話し合いにうまく参加できていなかった。振り返りをみても浅い理解にとどまっているようで，どうしたらよかったのだろう？」。議論は続きます。

　ここでの「深い」「浅い」は何を意味しているのでしょうか。どのような状態を「深い」というのでしょうか。第3章で取り上げた「主体的・対話的で深い学び」という言葉を噛み砕いてみると，「主体的・対話的」は学びの様子を表しています。対して，「深い学び」という言葉だけではどのような姿かはわかりません。「深い学び」とは，主体的・対話的に学んだ結果として立ち現れる学びのレベルの重要性（学びの程度）を示しています。主体性・対話性ばかりを重視して学びに深まりがないと，表面的な活動に陥ってしまい，浅い理解にとどまってしまうかもしれません。まずは，学びの「深さ」の正体を確かめていきましょう。

■———「深い学び」とは

　学びの「深さ」を明らかにするために，「深い学び」を「浅い学び」と比べて，どのような違いがあるのか検討することから始めてみましょう。表9-1は学習への深いアプローチと浅いアプローチの特徴をまとめたものです（Entwistle et al., 2010）。「関連づける」「原理を探す」「批判的に検討する」

表 9-1　学習への深いアプローチと浅いアプローチ

深いアプローチ	浅いアプローチ
・既有の知識，経験に考えを関連づける	・学習内容を知識の断片とみなす
・パターンや重要な原理を探す	・事実の暗記，手続きをただ実行する
・根拠を確認し，結論に関連づける	・新しい概念の意味を理解しない
・論理や議論を注意深く，批判的に検討する	・学習内容に価値や意味を見いださない
・学びながら理解する実感をもつ	・目的や方略を意識せずに勉強する
・学習内容に積極的に関心をもつ	・学習に過度なプレッシャーや不安をもつ

＊溝上，2014 による Entwistle et al., 2010 の翻訳を一部改編

ことが深く学べた状態であり,「関連づけない」「ただ実行する」「価値や意味を求めない」ことが浅い段階です。

他の考えもみてみましょう。オースベルとロビンソン(1984)は,学習を「有意味な(自分ですでにもっている認知構造と結びつける)もの」と「機械的(結びつけなしにただ覚える)なもの」の軸,「受容的な(理解すべきものを教えられる)もの」と「発見的な(理解すべきものを自分で見つける)もの」の2軸に整理しました。深い学びは有意味であることが前提となります。したがって,①学習内容として示されたことを自身の認知構造(知識の量,明瞭さ,まとまりを含む知識の状態)に関連づける学習(**有意味受容学習**)と,②自ら概念を形成したり問題解決したりする学習(**有意味発見学習**)が深い学びに該当します。

マクタイとウィギンズ(McTighe & Wiggins, 2004)は,先ほどの「原理を探す」にみられるように,知識を他の知識や考え,経験と関連づけて原理化したり,一般化したりすることで深い学びに導くことができるとしています。つまり,深い学びのポイントは知識の「**構造化**」や「**関連づけ**」を学習者自らが行うことにあると考えられます。

「江戸後期,伊能忠敬が詳細な日本地図を作成した」。これは1つの知識です。なぜ作成できたのでしょうか。「全国をくまなく測量したから」。なぜ全国を調査できたのでしょうか。「幕府が許可を与えたから」。なぜ幕府は許可したのでしょうか。「外国から開国を迫る動きがあり,自国の領土を正しく把握したかったから」。伊能は測量の技術をどのように学んだのでしょうか。「高橋至時に師事し西洋の天体観測や測量の方法を学んだ」。こうして1つの知識が次々と他の知識とつながっていくと,当時の時代背景や日本と諸外国との関係性にまで広がっていきます。伊能忠敬が地図を作成できた理由は1つではありません。いくつもの要因が関連し合っています。この関係性を理解することが,構造的に理解するということです。個別の知識を意味もわからず覚えるのではなく,相互に関連づけて理解することが「深い学び」であるといえるでしょう。

❷───学習指導要領にみる「深い学び」

学習指導要領の解説をみてみましょう。第3章で紹介したように「深い学

び」とは「習得・活用・探究という学びの過程の中で，各教科等の特質に応じた『見方・考え方』を働かせながら，知識を相互に関連付けてより深く理解したり，情報を精査して考えを形成したり，問題を見いだして解決策を考えたり，思いや考えを基に創造したりする」こととされています。「知識の関連づけ」「問題を見いだし解決する」といったことは，ここまでに述べてきた学習理論が背景にあります。「習得・活用・探究」という学びの過程は第3章で紹介しました。ここでは，各教科等の特質に応じた「**見方・考え方**」に着目してみましょう。

　国語，算数，理科，社会，…教育課程はさまざまな教科から成り立っています。国語で文の意味を読み取ったり，作文を書いたりするとき，算数で文章題から立式したり，複雑な図形の面積を効率よく求める方法を考えたりするとき，子どもたちはさまざまな思考を働かせます。各教科等の「見方・考え方」とは，「『どのような視点で物事を捉え，どのような考え方で思考していくのか』というその教科等ならではの物事を捉える視点や考え方」のことです（表9-2）。

　ここで注意すべき点は，「言葉による見方・考え方」を働かせる主な教科は国語ですが，国語以外の教科でも「言葉による見方・考え方」を働かせる場面があることです。数学であれば，問題文から式をつくり答えを導き出すときに，問題文に書かれている内容を正確に読み解き，対象と言葉，言葉と言葉の関係から解決のための適切な式をつくることが求められます。つまり，数学でも「言葉による見方・考え方」を働かせる場面があります。

　さらに，実社会に出れば，「いまは理科の時間」「いまは社会の時間」など，学校の授業時間のように教科等が明確に区切られていることはありません。社会や生活で生ずる問題は，特定の教科だけで解決できるものは少なく，複数の見方・考え方から捉えられることが一般的です。教科等の「見方・考え方」は，学校の学びを社会の問題につないでいくための糸口と言い換えてもよいでしょう。子どもたちが学習や人生において「見方・考え方」を自在に働かせることができるようにするためにも，さまざまな教科等で深く学ぶことが重要です。

表 9-2　各教科等の特質に応じた見方・考え方（中央教育審議会，2016）

主な教科等	見方・考え方	イメージ
国語	言葉による見方・考え方	自分の思いや考えを深めるため，対象と言葉，言葉と言葉の関係を，言葉の意味，働き，使い方等に着目して捉え，その関係性を問い直して意味付けること。
社会	社会的事象の地理的な見方・考え方	社会的事象を，位置や空間的な広がりに着目して捉え，地域の環境条件や地域間の結び付きなどの地域という枠組みの中で，人間の営みと関連付けること。
	社会的事象の歴史的な見方・考え方	社会的事象を，時期，推移などに着目して捉え，類似や差異などを明確にしたり，事象同士を因果関係などで関連付けたりすること。
	現代社会の見方・考え方	社会的事象を，政治，法，経済などに関わる多様な視点（概念や理論など）に着目して捉え，よりよい社会の構築に向けて，課題解決のための選択・判断に資する概念や理論などと関連付けること。
数学	数学的な見方・考え方	事象を，数量や図形及びそれらの関係などに着目して捉え，論理的，統合的・発展的に考えること。
理科	理科の見方・考え方	自然の事物・現象を，質的・量的な関係や時間的・空間的な関係などの科学的な視点で捉え，比較したり，関係付けたりするなどの科学的に探究する方法を用いて考えること。
音楽	音楽的な見方・考え方	音楽に対する感性を働かせ，音や音楽を，音楽を形づくっている要素とその働きの視点で捉え，自己のイメージや感情，生活や社会，伝統や文化などと関連付けること。
美術	造形的な見方・考え方	感性や想像力を働かせ，対象や事象を，造形的な視点で捉え，自分としての意味や価値をつくりだすこと。
体育	体育の見方・考え方	運動やスポーツを，その価値や特性に着目して，楽しさや喜びとともに体力の向上に果たす役割の視点から捉え，自己の適性等に応じた『する・みる・支える・知る』の多様な関わり方と関連付けること。
保健	保健の見方・考え方	個個人及び社会生活における課題や情報を，健康や安全に関する原則や概念に着目して捉え，疾病等のリスクの軽減や生活の質の向上，健康を支える環境づくりと関連付けること。
技術	技術の見方・考え方	生活や社会における事象を，技術との関わりの視点で捉え，社会からの要求，安全性，環境負荷や経済性等に着目して技術を最適化すること。
家庭	生活の営みに係る見方・考え方	家族や家庭，衣食住，消費や環境などに係る生活事象を，協力・協働，健康・快適・安全，生活文化の継承・創造，持続可能な社会の構築等の視点で捉え，よりよい生活を営むために工夫すること。
外国語	外国語によるコミュニケーションにおける見方・考え方	外国語で表現し伝え合うため，外国語やその背景にある文化を，社会や世界，他者との関わりに着目して捉え，目的・場面・状況等に応じて，情報や自分の考えなどを形成，整理，再構築すること。
道徳	道徳科における見方・考え方	様々な事象を道徳的諸価値をもとに自己との関わりで広い視野から多面的・多角的に捉え，自己の人間としての生き方について考えること。
総合的な学習の時間	探究的な見方・考え方	各教科等における見方・考え方を総合的に活用して，広範な事象を多様な角度から俯瞰して捉え，実社会や実生活の文脈や自己の生き方と関連付けて問い続けること。
特別活動	集団や社会の形成者としての見方・考え方	各教科等における見方・考え方を総合的に活用して，集団や社会における問題を捉え，よりよい人間関係の形成，よりよい集団生活の構築や社会への参画及び自己の実現と関連付けること。

9.2 教科書・教材の役割

　子どもたちにとって，それぞれの教科等で何を学ぶのかを理解するための入口となるものが教科書をはじめとする教材です。**教材**とは，子どもたちが学習対象に対する興味・関心を高めたり，知識や技能を身につけたり，考えてみたくなるような課題に出合うことができるよう，学習対象となる事実・事物・事件・現象などを具現化したものです。その最たるものが教科書であり，教育活動の中心的な教材として重要な役割を担っています。

■────教科書とは

　教科書は，正式には「**教科用図書**」と呼ばれます。「教科書の発行に関する臨時措置法」第2条では，「小学校，中学校，義務教育学校，高等学校，中等教育学校及びこれらに準ずる学校において，教育課程の構成に応じて組織排列された教科の主たる教材として，教授の用に供せられる児童又は生徒用図書であって，文部科学大臣の検定を経たもの又は文部科学省が著作の名義を有するもの」と規定されています。ここでのポイントは以下の3点です。

●ポイント1：教科書は「教科の主たる教材」である

　教科書はあくまで"主たる"教材であるため，授業をつくる際，学習内容を検討するうえで中心的な役割を担います。ただし教科書しか使えないというわけではありません。「教科用図書以外の図書その他の教材で，有益適切なものは，これを使用することができる」（学校教育法第34条2）とされており，教科書以外の副読本や問題集，資料集などの図書も子どもたちの学習に有益かつ適切なものであれば，**補助教材**として活用することができます。スライドや静止画，動画などのデジタルコンテンツ，模型などを活用する場合もあります。

●ポイント2：教科書は「児童又は生徒用図書」である

　教科書は児童生徒が所有します。発達段階に応じて児童生徒が読んでわかる図書でなければなりません。したがって，教科書会社が作成している「**教師用指導書**」は教科書ではありません。教師用指導書は，教科書の各単元や

教材の内容を具体的に解説したものであり，指導計画や教材研究の資料として提供されています。

●ポイント3：教科書は検定に合格したものである

　教科書検定制度の主な目的は，教育の機会均等の確保や適切な教育内容の保証にあります。教科書の多くは民間の教科書会社によって作成されたものであり，採択される自治体や学校によって使用する教科書が異なります。しかし，文部科学省による厳格な検定を経ている限り，どの教科書も同質で一定の教育水準を満たしたものであるといえます。

２───教科書・教材を効果的に活用するために

　学校教育法第34条には「小学校においては，文部科学大臣の検定を経た教科用図書又は文部科学省が著作の名義を有する教科用図書を使用しなければならない」と規定されています。したがって，教科書には**使用義務**があり，教師は教科の主たる教材として，授業の中で教科書を必ず使用しなければなりません（中学校や高等学校などにも準用）。なお，検定済み教科書の内容をデジタル化した，いわゆる「**デジタル教科書**」については，通常の紙の教科書と同一内容であれば，紙の教科書に代えて使用することができます。

　ここで注意すべき点は，教科書に使用義務があるからといって，「**教科書を教える**」だけではいけないということです。「教科書を教える」とは，教科書に書かれている内容をそのまま読み上げたり，板書したりすることだけで授業を進めることです。教科書に書かれている例題を解かせ公式や文法などを単に覚えさせるだけの授業もこれにあたります。教科書をよく見ると，さまざまな箇所に読者＝子どもたちへの問いかけや学習活動の例が記載されています。写真やグラフなどの資料もただ眺めたり，何の資料かを覚えたりするためではなく，写真から疑問を見つけたり，グラフから変化を読み取って考えたりするために記載されています。

　つまり，「**教科書で教える**」ことが大事なのです。教科書はあくまで子どもたちの学習活動を豊かにするための教材の一つであると捉え，教科書を起点にさまざまな学習活動を展開し，不足する部分があれば補助教材で補いながら授業を進めていきます。そのためには，教科書に記載された文言をただ

説明するだけでは十分ではありません。紙面の問いかけにはどのような意味があるのか，なぜこのグラフが記載されているのか，比較するとより理解が深まる資料はないかなどの十分な**教材研究**が必要です。子どもたちの学習理解度や生活する地域・文化的な特性などを考慮して，教科書の題材をアレンジすることもあります。

　どこまですれば「十分な教材研究」といえるのでしょうか。教師の専門性として，教科書を遙かに上回る知識をもっていることは教材研究の助けにはなります。しかし，学習目標から乖離した知識をひけらかしていても，深い学びにはつながりません。むしろ，学習目標に到達するためには知識がどのように相互に関連しているのか，子どもたちは学習目標に向けてどのように理解を深めていくのかといった学びの道のりを具体的に描けることこそ，本来の意味での教材研究です。次節では，教材研究の方法として「課題分析」について解説します。

9.3 　課題分析の進め方

　課題分析とは，学習目標（授業や教材のゴール）に到達するために必要な要素とその関係を明らかにする方法です。具体的には，「**課題分析図**」と呼ばれる学習内容の関係を表した図を作成し，授業で「何を」「どこまで」教えるのかを明らかにします。そのとき，出口からさかのぼって，入口まで逆行することがポイントです。出口，つまり学習目標にたどり着くための要素を一つずつさかのぼって明らかにすることで，最後には入口（前提条件）がみえてきます。1単位時間の授業あるいは1つの単元を通して，入口（前提

表 9-3　ガニェの5分類と対応する課題分析の手法

ガニェの5分類	学習目標の性質	課題分析の手法
言語情報	名称や単語などの指定されたものを覚える	クラスター分析
運動技能	体の一部や全体を使う動作や行動	手順分析
知的技能	ルールや概念を理解し新しい例に応用する	階層分析
認知的方略	学び方や考え方を意識して工夫・改善する	
態度	個人的な選択や行動を方向づける気持ち	

条件）から出口（学習目標）に到達するまでに何をクリアしなければならないのかを明らかにしていきます（第8章参照）。

課題分析では，ガニェの5分類に応じて異なる手法が提案されています（表9-3）。具体的にそれぞれの手法をみていきましょう。

■1——クラスター分析：言語情報の課題分析

言語情報に関わる学習目標は，指定されたものの名前や定義を覚えることです。効率的に覚えるためには，一つひとつの項目を別々に丸暗記するのではなく，関連のあるものをまとめたり，紛らわしいものを区別したりするのがよいといわれています。知識の関連づけにもつながるでしょう。学習目標を達成するために覚えるべき項目を洗い出し，それらの相互の関係性によってかたまりに分けていく分析手法を「**クラスター分析**」といいます。クラスターとは「房」という意味です。図9-1のように，課題分析図の一番上（茎の部分）に学習目標がきて，学習目標を達成するために覚えるべき項目がかたまりごと（房の部分）に分かれてぶらさがるイメージです。

クラスター分析では，クラスターを水平に配置します。それは，どれかのかたまりを先に学習しないと次のかたまりに進めないといった順序性がないためです。つまり，言語情報における学習は，クラスター分析で分けられたどのかたまりから始めてもよいという特徴があります。なお，課題分析図で書き

図 9-1　クラスター分析の例「日常生活の英単語を書くことができる」

出す内容は，テストをするのであればその範囲を意味します。また，想定する授業時数の中で習得できる程度の数にします。「……等」のような曖昧な表現にしないで，書いたものは責任をもって指導することを前提にします。

❷───手順分析：運動技能の課題分析

　運動技能は，体育のマット運動や家庭科での裁縫や調理，美術のデッサンなど，手や体を動かして何かができるようになることが目標です。運動を伴う課題をどのような手順で実行していくかを分析していきます。このような分析手法を「**手順分析**」と呼びます（図9-2）。

　手順分析では，何をするのかをステップごとに一つずつ，左から右に挙げていきます。ステップに分解すると，必要な知識や技能が見えてきます。それらの中には，状況を見極めるための「言語情報」や，計算などの「知的技能」が含まれる場合があります。ステップを実行するために必要な知識や技能は下にぶらさげて書きます。すると，まず頭で理解しなければならないこと，実際にできるようになるためにすべきこと（練習内容）が明らかになります。なお，練習あるいは授業で教える順番は，手順のとおりとは限らないことに注意しましょう。

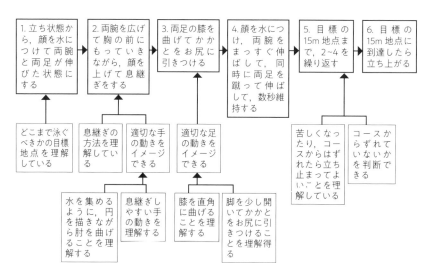

図 9-2　手順分析の例「平泳ぎで 15m 泳ぐことができる」

❸───階層分析：知的技能・認知的方略の課題分析

　知的技能は，算数の計算方法や理科の法則などのルールを学習し，他の練習問題や発展問題を解く場合に適用されます。したがって，学習の順序性がはっきりしており，**上位目標**を達成するための前提条件として何を学んでいる必要があるか（**下位目標**），基礎となる知識を下から上に積み上げて書きます。そして，上位目標を達成するため，どのような課題があるのかを構造的に明らかにしていきます。このような分析手法を「**階層分析**」と呼びます。図9-3は「三角形の面積を求めることができる」の階層分析です。

　三角形の面積を求めるには，平行線，垂直線，面積といった概念を理解していることや，垂直線を引く，面積を求めるといった手続きを実行できることが必要です。教科書の紙面構成はこうしたステップを順に追えるように書かれています。遠山（1980）は，複雑な思考や演算過程を細かく型分けし，もっとも一般的な型を「**水源地**」に，水道管が各家庭に分岐するように発展・特殊な演習に取り組む「**水道方式**」を提唱しました。階層分析とは異なる考え方ですが，学習対象を細分化し，その順序性を分析する点は共通です。教科

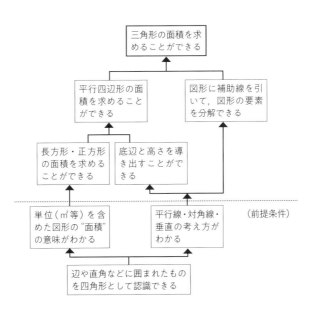

図9-3　階層分析の例「三角形の面積を求めることができる」

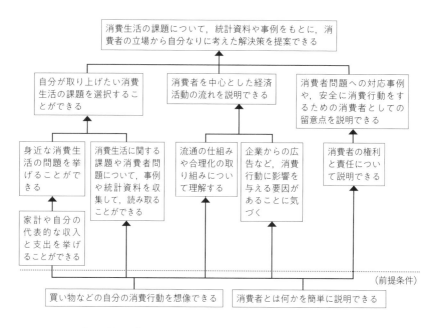

図 9-4　階層分析の例「統計資料や事例をもとに消費者問題の解決策を提案できる」

書の練習問題がどのように配列されているか点検してみるとよいでしょう。

　また，知的技能は，1つのルールを身につけるだけではなく，複数のルールや知識を組み合わせて問題解決に取り組む能力を指す場合もあります。図9-4 は，統計資料や事例をもとに消費生活に関する問題の解決策を提案する課題分析図です。社会科のように複数の事象が関連し合って見解を導き出す際には，何が，どのように関連しているのかを見極めるために階層分析を活用することができます。

　新たな学習や未知の状況に対して問題解決をする際のコツや学び方が認知的方略でした。知的技能と同様に，階層分析を用います。調べ方，質問の仕方，仮説の立て方，学び方などのコツなどが該当します。それ以外にも，自分が何を理解し，何がわからないのか，自分がどのように問題を解決しようとしているのかを自覚するメタ認知(第1章参照)も，認知的方略の一つです。図9-5 は，ベン図を使った情報の比較・分類に関する階層分析図です。こうした情報を整理する際に図示する方法はシンキングツール（思考ツール）と

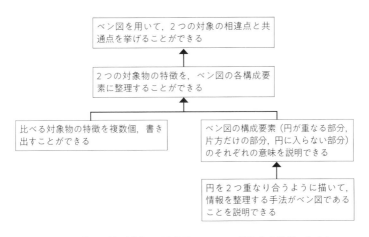

図9-5　階層分析の例「ベン図を用いて2つの対象物を比較できる」

呼ばれています（第10章参照）。どの教科の学びにも応用できる学び方の典型例といえるでしょう。

　知的技能や認知的方略は，子どもたちの見方・考え方を働かせるための重要なカギとなります。「知識を他の知識や考え，経験などとの関係の中に位置づけ構造化する」深い学びとは，言い換えれば，学習対象の「概念」を理解するということです。ある概念を学ぶと他の概念も理解しやすくなり，より高度な活動に取り組むことができるようになります。

4───態度の課題分析

　態度の課題分析では，言語情報や他の技能のような確立された分析手法がありません。それは，態度が学習者の「気持ち」に依存し，「これをクリアすれば気持ちが変わる」といった一定のルールや法則が立てにくいためです。

　例えば，地球温暖化に関するテレビCMでは，温室効果ガスが地球に与える影響を知り，省エネに興味・関心をもち，協力してくれることを期待しています。エアコンの設定温度や入切の頻度をどうするとよいかといった知識を提供してくれることもあります。しかしながら，知識だけではその気持ちをもったとしても，行動に移せるとは限りません。省エネ製品を調べ，製品を交換することによる消費エネルギーの削減と廃棄にかかるエネルギーと

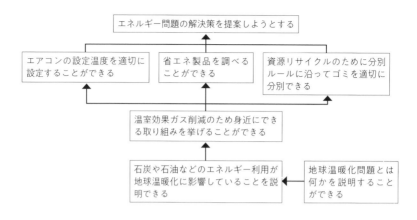

図 9-6　態度の課題分析の例「エネルギー問題の解決策を提案しようとする」

を比較検討するといった知的技能が適切な行動につながりそうです。リサイクル推進の観点からは，ゴミの分別処理を適切に行うといった運動技能も含まれるかもしれません。

　図9-6は，「エネルギー問題の解決策を提案しようとする」という主体的に学習する態度に関する課題分析です。構成要素を積み上げる階層分析に似た書き方をしていますが，検討する際には前提条件からではなく，「エネルギー問題を解決する」ために学習者はどんな方法を提案するか，何を知っている必要があるのかを具体的に考え，その要素を洗い出していきます。態度に関する学習はさまざまな学習目標によって支えられています。「その態度を選択する意味／理由は何か」を問いながら掘り下げていくことで，態度をもつために必要な情報を見つけ，また「その態度を行動に表すときに何ができる必要があるか」を問うことで，態度表明に必要な技能をみつけることができます。

9.4　入口と出口をつなぐ

　課題分析の目的は，1時間の授業あるいは一つの単元の中で，入口（前提条件）から出口（学習目標）に到達するまでに何をクリアしなければならないのかを明らかにすることでした。表9-4は，学習目標の種類に応じた指導

表 9-4　学習目標の種類に応じた指導方略（括弧内は 9 教授事象と対応）

言語情報	・覚えるべきことはすべて提示し，頭の中に整理して位置づけるようにする（4）。 ・新しい情報だけでなく，すでに知っていることとの共通点，あるいは相違点を示す（3・4）。 　○例：地理で前に習った地域と今度の地域の類似点や相違点を強調する。「地域の特徴を捉える視点」を示す。
運動技能	・体を使った練習を繰り返す。複雑な運動の場合，それを構成するステップに分解し，ステップごとに習得させる（6）。 ・自分がうまくできたときの様子をイメージさせて頭の中でリハーサルを行う訓練（イメージトレーニング）をする（5）。 　○例：体育で跳び箱を跳べるようにするために助走，踏切，手のつき方に分けて練習させる。
知的技能	・説明に使った例は練習には使わず，練習に使った例はテストには含めない（6・8）。 ・単純で基本的な事例から複雑で例外的な事例へ進ませる（5）。 ・練習でつまずいたときは，誤りの種類に応じて一段下の課題に戻ってやり方を確認してから再度挑戦させる（6・7）。 　○例：算数の計算方法を学び，練習問題で確かめる。
認知的方略	・学習のコツを新しい場面に使う経験を積み重ねる（6・9）。 ・どのように学んだのか，学びの方法を振り返り，何が効果的で何が失敗だったのかを点検させる（7・9）。 　○例：総合的な学習で調べ方を自分で考えさせ，振り返りをする。
態度	・モデルとなる人間の姿と選択行動を示し，観察学習による代理体験のメカニズムを活用する（4）。 ・態度を行動化する知識や技能を教える（4・5）。 　○例：道徳で教材文や番組の主人公の言葉や行動の背後にある気持ちを考えさせる。

Chapter 9

　方略を整理したものです。課題分析図を手がかりに 9 教授事象（第 3 章）の方略を選ぶことで，出口までの指導法が具体化されます。これにより，入口から出口までの道のりが見えるようになったわけですが，その道のりがあまりに長くなっていないでしょうか。

　残念ながら時間は有限です。入口から出口までの道のりが遠いと，1 時間の授業展開が駆け足になってしまい，子どもたちの学びは一つひとつの課題をこなすばかりになってしまいます。その結果，教師主導の授業になり，子どもたちの主体性や対話の場を損なってしまうかもしれません。

　教材研究をしっかりすることで，授業の内容に無理や無駄がないかを確かめることができます。深い学びをつくり出すためには，知識を闇雲に与えるのではなく，知識の関連づけが重要であることはここまでに述べてきたとお

りです。知識を構造化する，知識を活用して別の問題に適用したり新たな考えを生み出したりする。課題分析は，このような学びの機会を奪ってしまうことを避けるために役立ちます。深い学びの場を生み出す手がかりとなる地図として課題分析を活用し，自信をもって授業に臨むようにしましょう。

章末問題

問1　次の学習目標はガニェの学習目標の5分類のどれに相当しますか？
- （a）サッカーの歴史に興味をもつことができる。
- （b）コンパスと定規で角の二等分線を引くことができる。
- （c）天気に関することわざとその意味を3つ以上説明できる。
- （d）進路をどのように決めたらよいか説明できる。
- （e）中身のわからない水溶液を効率よく見分ける実験手順を提案できる。

問2　教科書（何の教科でもかまいません）を1冊入手してください。単元を1つ選んだうえで，表9-2の「見方・考え方」のリストから対応する教科の記述を参考に，課題分析図をつくってみましょう。

☀さらに深めるには？

鈴木克明（2002）　教材設計マニュアル：独学を支援するために　北大路書房

　本書の原点ともいえるテキストです。自習できる教材づくりを通して，課題分析の仕方やガニェの9教授事象を用いた学習支援について学ぶことができます。

ボーザー，U.／月谷真紀（訳）（2018）　Learn Better：頭の使い方が変わり，学びが深まる6つのステップ　英治出版

　深く学ぶための学び方を6つのステップに分けて解説しています。それぞれのステップがなぜ必要なのか。学習に関するさまざまな研究を紹介しながら説明しているため，本章が扱った「深い学び」や「認知的方略」の背景にある考え方を幅広く学ぶことができます。

第10章

設計の実際 (3)
主体的・対話的な学習過程

本章では，単元構成のポイントを押さえたうえで，新しい学習指導要領でめざされる学びのうち「対話的な学び」と「主体的な学び」を取り上げます。「対話的な学び」については，グループ学習を充実させるためのポイントと，協同関係のデザインや対話を支える道具について学びます。「主体的な学び」については，それを支える内発的動機づけをインストラクショナルデザインで保障していくARCSモデル，学びの責任と自己調整学習について学びます。最後に「主体的・対話的な学び」を具現化する探究型のアプローチを取り上げます。

単元, 主体的な学び, 対話的な学び, 内発的動機づけ, ジグソー法, ARCSモデル, 自己調整学習, プロジェクトベース学習, プロブレムベース学習, デザインベース学習

設計の基礎
- 授業をつくる(第3章)
- 評価をデザインする(第4章)
- 学習環境とデジタル化(第5章)

実践の基礎
- 授業を支える指導技術(第6章)
- 学びを引き出す指導技術(第7章)

ガイダンス
- 育みたい資質・能力(第1章)
- 求められる授業力(第2章)

設計の実際
- 学習目標の明確化(第8章)
- 深い学びを導く教材研究(第9章)
- 主体的・対話的な学習過程(第10章)
- 学びが見える評価方法(第11章)

情報化への対応
- ICTを活用した学習活動(第12章)
- 情報活用能力を育てる(第13章)
- 授業の拡張と校務の情報化(第14章)

授業の実施
- 授業の実施と改善(第15章)

やってみよう

これまで受けた授業の中で，やる気の出た授業とそうでなかった授業を思い出し，その理由も考えてみよう。また，部活動や学校行事など，チームで取り組んだ経験を振り返り，うまくいった，うまくいかなかったエピソードを挙げてみよう。

10.1 単元をどのように組み立てるか

　一般的に授業は，数時間の授業を積み重ねた単元によって構成されていることを第3章で紹介しました。皆さんの経験を振り返ってみても，国語の物語や説明文を1時間で終えることはまずなかったでしょう。数時間，時に十数時間をかけて，物語や説明文を読む段階から，内容について議論していく段階，そして，それまでの学習内容を振り返る段階といった一連の流れがあったはずです。教科書をもとに，**単元**ごとにどのぐらいの時間をかけ，年間の授業時数を組み立てるかを考えます。

　教科書の解説資料である教師用指導書には，単元ごとの目安となる授業時間数や，単元計画，年間計画が例示されています。ここで重要なことは，あくまで「例示」であり，目の前の児童生徒の実態に合わせた単元の展開を考えます。児童生徒の前提条件（第8章参照）を踏まえて授業の進度や課題内容を調節し，単元で掲げた学習目標への到達を保証します。だからこそ，教師用指導書に縛られすぎないようにしましょう。総合的な学習の時間や，高等学校の学校設定教科・学校設定科目のように教科書がない場合もあります。自分で単元をつくることができてこそ，インストラクショナル・デザイナーとしての教師になれるといってもよいでしょう。

　表10-1に，単元計画の例をいくつか示しました。単元には，「第1次」「第2次」といった活動や内容のまとまり（表中の1～5）があり，それぞれに「3時間」「5時間」といったおよその割り当て時間を設定します。第9章で学

表10-1　単元構成の例

例1：トピック（内容）で分ける	例2：課題制作に取り組む
1　単元の導入→課題設定	1　単元の導入→課題設定
2　トピック1の学習	2　課題について情報収集
3　トピック2の学習	3　制作課題に取り組む
4　トピック3の学習	4　制作課題の相互評価・改善
5　トピック1～3を活用した学習	5　課題の発表・振り返り

例3：スキルの習得を中心とする	例4：体験と振り返り
1　単元の導入→課題設定	1　単元の導入→体験活動
2　スキルの習得・練習	2　体験の振り返り→情報整理
3　スキルを活用した課題・演習	3　発表とまとめ

習した課題分析はこのまとまりを考える際のヒントになります。そして第3章で示したとおり，これらの単元の流れにも1時間の授業と同様に，「導入」「展開」「まとめ」があり，ガニェの9教授事象を位置づけることができます。

単元構成を考えるうえで重要となるのが，主体的・対話的な学習過程です。例えば，表10-1の例3であっても，スキルの習得・練習にとどまるのではなく「3　スキルを活用した課題・演習」で対話的な活動を設定します。

本章ではまず，対話的な学びに着目してさまざまな学習活動を紹介します。それらは，1時間でできるものもあれば，活動それ自体が単元の柱になるものもあります。次に，主体的な学びの面から単元を通して児童生徒の意欲を持続させる方法と，児童生徒自身が主体的に取り組む学習活動について取り上げます。

10.2 対話的な学習活動

自分の考えを誰かに伝えたり，他者の考えを聞いたり，話し合ったりすることを通して，自分の考えが変化したり，新たな考えが浮かんだりするような学習活動が「対話」です。

学級で話し合う際の基本的な事項については第7章で取り上げました。ここではまず，対話が成立するための条件について確認したうえで，その具体的な方法と道具を紹介します。

■1──対話が成立するために

グループを組むだけで対話が生じるというのは，きわめて楽観的な捉え方です。実際，グループメンバーからの発言がなく学習が進まない，課題ではなく雑談が盛り上がる，ある特定の児童生徒の発言がグループ全体の意見となるといった状況は往々にして見られます。

ジョンソンら（2010）は，グループが協同して学習に取り組むための5つの基本的構成要素を挙げています。

まずは，①互恵的な協力関係です。グループメンバー一人ひとりの努力によって初めてグループ学習が成功するという共通理解のもと，与えられた責

任を果たし，グループメンバー同士での協力関係を構築していきます。例えば，グループで協力しなければ解決できないような課題に取り組み，グループで成果を完成させるような機会を設定することです。また，グループメンバーの役割を明確にする方法もあります。

続いて，②個人の責任性です。グループの学習であっても，求められるのは活動を通した一人ひとりの成長です。だからこそ，グループメンバー一人ひとりがグループの学習に責任をもてるような支援が重要です。そのために，発表の機会には，ランダムに児童生徒を指名し，誰が指名されても答えられるかどうかを確認するのも効果的です。また，自分が学習したことを他の人に教える機会を設定するのも個人の責任をはっきりさせることにつながります。

そして，③相互作用の促進も必要となります。それぞれのメンバーが課題を達成できるよう，お互いが顔と顔をつきあわせて支え合える環境を整えます。例えば，十分な話し合いの時間を確保すること，グループメンバーが一緒に活動すること，そして，適切な行動が見られればお互いに称賛し合える関係を築くことです。

このような関係づくりには，個々のメンバーの④社会的スキル，つまり話し合うためのスキルが重要です。グループメンバーが協働するためには，(a) 相手をよく知って，信頼し合い，(b) 正確かつ曖昧でないコミュニケーションを行い，(c) 互いに相手を受け入れ，支え合い，(d) 対立を建設的に解決しなければならない，とされています（ジョンソンら，2010）。例えば，(c) に関しては，次のようなコミュニケーションを想定できます（ジョンソンら，2010）。

- 意見やアイデアを分かち合う
- 事実と推論根拠を尋ねる（他の人に質問し，考えや意見を求める）
- グループの学習に方向性を与える
- 皆に参加を呼びかける
- 援助や意味の明確化を求める
- 相手を支持し受け入れていることを表現する
- より具体的な説明を申し出る

・わかりやすく言い換える

・グループの意欲を喚起する

・自分の気持ちを述べる

　最後に，⑤グループの改善手続き，すなわちフィードバックを与えること
です。教師は，グループをまわりながら，メンバーが協力しながら取り組め
ているか，社会的スキルを発揮しながらコミュニケーションを図れているか
等を確認し，必要に応じてアドバイスを行います。次の活動までに改善すべ
き点についてグループに考えさせる機会を設けることも重要です。充実した
グループ学習ができるように丁寧なフィードバックを重ねます。

❷———協同関係をデザインする

　対話を成立させるための5つの条件のうち，「互恵的な協力関係」を明確に
した手法が「ジグソー法」です（アロンソン，2016）。まず，ジグソー・パズ
ルのピースのように組み合わせると問題解決ができるように学習課題を分割
します。それから，ホームグループを離れ，分割された学習課題を取り組む
エキスパートグループに分かれます。エキスパートグループで十分課題を理
解したあと，再びホームグループに戻ります（図10-1）。ホームグループでは，
エキスパートグループで学んだことを他のメンバーに説明します。エキスパー

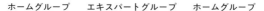
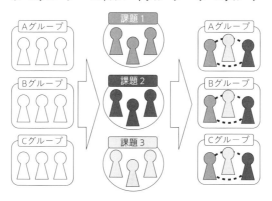

図 10-1　ジグソー法

トグループで学んだ内容は，そのメンバーしか知らないので，問題解決にあたって個々人の責任が明確になります。全員のピースを組み合わせる問題解決を通して一人ひとりが深い理解ができるように，課題の工夫や個人で問いに向かい合う場面を取り入れた手法は**知識構成型ジグソー法**と呼ばれています（三宅ら，2016）。

　また，グループ内の役割分担と責任を明確にするためには，それらを「係」として定義することも有効です。例えば，ジェイコブズら（2005）は，次のような係のバリエーションを紹介しています。

・進行係（コーチ）：活動が課題から逸れていないか，全員が指示を理解しているかを確認する。
・時計係：制限時間に気をつける。
・確認係：グループの全員が理解できているかどうか確かめる。
・応援団（チアリーダー）：全員が参加し，うまくいったときにはお祝いムードを盛り上げる。
・記録係：話し合った内容を記録する。
・レポーター：自分たちの活動を他のグループやクラス全体に報告する。
・教材担当：必要な教材が揃っているか，適切に扱われているか確認する。
・質問係：グループの課題に関して質問することでより深く幅広い内容に入るよう促す。
・まとめ係：話し合った内容の重要なポイントを押さえ，進行に気を配る。
・言い換え係：意見を別の言葉で言い直し，理解を確認する。
・ほめ役：グループ内でよいアイデアを出したり，役割をうまく果たしたりしたときに仲間をほめる。
・展開役：グループで出されたアイデアをすでに学んだことや教室外の状況と関連づける。
・安全担当：危険性のある器具を使うとき，安全手順を踏んでいるよう気をつける。
・あまのじゃく：反対意見や別の可能性を持ち出したり，却下されている反対意見を発掘したりする。
・騒音管理人：声や音が大きすぎないよう気をつける。

・観察係：グループとして協力関係ができているかを記録する。

　このように役割がまったく異なる係を設定すると，グループメンバーが担う責任が明確となり，互恵的な協力関係が築きやすくなります。

❸──対話を支える道具

　対話は，言葉だけで行う場合もありますが，付せん紙やホワイトボードのような道具を使う場合があります。自分の考えや気づきを書き出し，**思考を可視化**することで，意見交流が活発になり，意見がまとめやすくなる効果が知られています（例えば，ちょん，2010；堀・加藤，2006 など）。

　使用例をみてみましょう。図10-2 は，第 6 学年社会科の古墳についての学習での**ホワイトボード**の使用例です。複数の資料から情報を読み取り，学習課題である「古墳の位置からヤマト王権の勢力を調べよう」に対して，読み取った内容をもとに話し合う場面でホワイトボードに書き込みます。このホワイトボードには表面に薄いフィルムがあり，間に地図と表をはさみ込んでいます。

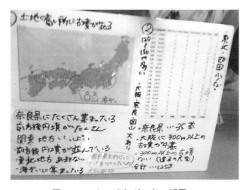

図 10-2　ホワイトボードの活用

　付せん紙はアイデアを出し合うブレインストーミングの場面や，お互いの作品についてアドバイスする活動に便利です。1 枚に 1 つのことを書き，思ったことをどんどん書き出していきます。グループで付せん紙を持ち寄り，似た内容はまとめて囲み，どんなまとまりなのか名前をつけていくと，調べるテーマをしぼり込んだり，問題の構造を見つけだしたりすることができます。

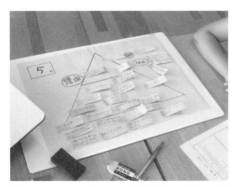

図 10-3　シンキングツールの例（ピラミッドチャート）

このように出し合ったアイデアをグルーピングして意味づけをする方法は，KJ法（川喜田，2017）と呼ばれています。

　情報を整理したり，まとめたりする際に役に立つのがシンキングツール（思考ツール）です（黒上，2017）。2つのものを比べるときはベン図，大事なことを順番にしぼり込みたいときはピラミッドチャート（図10-3），分類するときはXを大きく書いて4つに分けられるXチャートをホワイトボードに貼ったり，書き込んだりしながら話し合います。付せん紙に書いておけば，付せん紙を移動させながら対話することもできます。

　GIGAスクール構想で1人1台の環境が整ったことにより，付せんやシンキングツールをデジタル化した実践も増えています（第12章）。デジタル，アナログ双方のメリット・デメリットを考えてみるとよいでしょう。

10.3　主体的な学習活動

　「主体的」の反対が，「受動的」つまり受け身ということです。教師に言われた指示に意味もわからずただ従うだけでは，主体的な学びにはなりません。「話し合いましょう」「ホワイトボードにみんなでまとめましょう」といった教師からの指示で何かしらの「対話」は生まれるかもしれません。しかし，児童生徒が話し合うことに目的意識や価値を見いだしていない限り，対話は

伝え合う作業にすぎなくなり，考えが深まったり，新しい考えが浮かんだりはしないでしょう。

　主体的な学びを支えるのは，学習に対する興味・関心をもてること，学習に取り組む価値を感じられること，何をどのように学ぶのか，次はどうしたいのかといった学びのコントロール権（学びへの責任と言い換えてもよいでしょう）を自分たちがもっていることです。ここでは，学習への動機づけに関するID理論であるARCSモデル，責任の移行モデル，自律的な学習を支える自己調整学習の3つの理論と具体的な授業方法を紹介します。

🔢───学習への動機づけ

　私たちはどのようなときに学習に対して興味・関心をもつでしょうか。学習に向かおうとする姿勢のことを「動機づけ（motivation）」と呼びます。心理学では「外発的動機づけ」と「内発的動機づけ」に区分しています。

　「**外発的動機づけ**」は，学習成果に対する賞罰や報酬等の外的な要因によって引き出されます。例えば，「テストで良い点をとったらごほうびがもらえる」や「親や教師からほめられたい」から努力するといったことです。逆に「テストの点が悪いと怒られるのが嫌だ」や「自分の友だちは良い成績で自分が比較されて嫌だ」と努力する場合も同様です。いずれにしても，「ごほうび」や「ほめられる」ことがなくなったら，また「怒られたり」「比較されなくなったり」したら，学習意欲が失われる可能性が高くなります。

　それに対して，「**内発的動機づけ**」は，学習内容や学習活動そのものから引き出されるものです。皆さんもある教科が好きだからと積極的に取り組んだ経験があるのではないでしょうか。苦手意識がある場合でも，問題が解けたり学習内容が理解できたりすることがきっかけで少しずつがんばるようになった経験がある人もいるかもしれません。これらは，学習活動そのものから得られる楽しさや達成感によって引き出されるものであるので，持続的な学習が期待できます。

　この内発的動機づけを伴った学習を実現するためのID理論が「**ARCSモデル**」です（ケラー，2010）。動機づけに関する膨大な心理学研究や実践知を統合し，「注意（Attention）」「関連性（Relevance）」「自信（Confidence）」「満足感（Satisfaction）」の4つの段階へと整理しました（図10-4）。

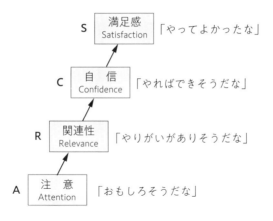

図 10-4　ARCS モデルの 4 要因（鈴木, 1995a より作成）

　まず，児童生徒の意識を教材や活動に着目させる「**注意**」からスタートします。取り組む内容が「おもしろそうだ」と感じたり，問いかけに対し「それはなぜだろう」と思うと，その後の学習につながりやすくなります。

　しかし，学習内容が自分と無関係と思ったり，取り組む価値がないと思ってしまったりすると，学習がストップしてしまいます。学習に取り組む意義や価値を明確にする「**関連性**」が学びを支えます。

　そして，児童生徒が取り組んでできそうだという手応えや見通しといった「**自信**」が学習を導いていきます。意義や価値を理解していても，難しすぎて手が出せないと諦めや不安な気持ちが大きくなり学習につながりません。だからこそ，何ができればよいのか，そのためにはどのような手続きを経ればよいのかを示します。

　うまく学習できたとします。教師が指示したとおりに取り組んだからできた，たまたま成功したといった理由だけで得られる達成感は大きくはありません。自分（たち）が取り組んだ成果だと自覚し，「満足感」を得られることが，次の学習への意欲を持続させます。

　ケラーはその後，ARCS モデルに意志（Volition）を加えた「ARCS-V」モデルを提唱しています。ARCS は学習の流れに沿っていますが，V は学習過程全体を支えます。表 10-2 は，これらの要素をさらに詳しくまとめたものです。

表10-2　ARCS-V の下位分類と手だての例(鈴木, 1995a；ケラー, 2010；中嶌, 2014 をもとに作成)

下位分類	学習意欲を高める工夫の例
A-1. 知覚的喚起	■学習者の興味をひくために何ができるか？ 驚きのある・物珍しさ（新奇性）のある・ユーモアのある事象を提示する，抽象的ではなく具体的に，図などの視覚的手段を用いる
A-2. 探究心の喚起	■どうすれば探究的な態度を引き出せるか？ 好奇心を刺激する，問題の提示や解決への関与，問題を学習者に作成させる，これまでの知識との矛盾を提示，疑問や謎のなげかけ，学習者のなぜを大切に
A-3. 変化性	■どうすれば学習者の注意を維持できるか？ マンネリを避ける，声に抑揚をつける，環境を変える（教室移動），普段と違う授業の組み立て，気分転換を図る，ダラダラ進めずに時間を区切る
R-1. 目的指向性	■どうすれば学習者のニーズを満たすことができるか？ 意義のある目標設定，将来的価値の指摘，今努力することのメリット（有用性や意義）の強調，目的を自分で決めさせる
R-2. 動機との一致	■いつどのようにして学習者の学習スタイルや興味と関連づけられるか？ 学習活動自体を楽しませる，友だちとの共同作業，班対抗の競争，ゲーム化，目標達成の手段を自分で選ぶ，安心感や心地よさを与える
R-3. 親しみやすさ	■どうすれば学習者の経験と授業を結びつけることができるか？ 親近感のもてる（身近な）例，学習者の関心のある得意分野からの例，これまでの勉強とのつながりの説明，比喩やたとえ話，学習者の名前で呼ぶ
C-1. 学習要求	■どうすれば成功の期待感をもつように支援できるか？ ゴールの明示，がんばればできそうな・高すぎず低すぎないゴール設定，チャレンジ精神の刺激，目標との隔たりの確認，評価基準の提示
C-2. 成功の機会	■学習経験がどのように自らの能力に対する信念を高めていくのか？ 一歩ずつでき具合を確かめながら進ませる，リスクのない練習の機会，失敗から学べる環境，過去の自分との比較による成長の実感，やさしいものから難しいものへ
C-3. コントロールの個人化	■成功の結果を自らの努力と能力によるものと認識できるか？ 自分が努力して成功したという実感をもたせる，個別のペースで，学習者が学習方法を制御できる，勉強のやり方やヒントの提供，選択式ではなく記述式のテスト
S-1. 自然な結果	■どうすれば獲得した知識やスキルを活用する機会を提供できるか？ 成果を生かすチャンス（成果活用場面の埋め込み），応用問題への挑戦，設定した目標に基づく成果の確認，子ども同士で教え合う機会の提供
S-2. 肯定的な結果	■何が学習者の成功を強化するだろうか？ ほめて認める，教師からの励まし，何らかの報酬を与える，成果の重要性や利用価値の強調，成果を喜び合う仲間づくり，できたことに誇りをもたせる
S-3. 公平さ	■どうすれば自らの成果を肯定的に捉えるよう支援できるか？ えこひいきなしの公平感を与える，首尾一貫した授業運営を行う，テストに引っかけ問題を出さない，期待（授業中の約束事）を裏切らない
V-1. 実行計画の具体化	■どうすれば学習者は見通しを具体的にもてるのか？ 学習の初めに興味をもった理由や取り組みたいことを宣言させる，学習目標や学習計画を立てさせる，途中で計画や動機づけを見返す機会をもつ
V-2. 適切な制御	■学習者が自らの学びを適切な範囲で進めるには？ 学習の途中でやる気を失う可能性がある要因をあらかじめ伝える，学習計画に無理や無駄がないか点検させる，必要に応じて学習計画や進捗について他者と相談する機会を設ける
V-3. 自己モニタリング	■学習者が自身の状況を把握するには？ 学習の進み具合を点検し残りの計画を具体化させる，計画通りではない場合は計画を見直す，ポートフォリオ等で自分の学習履歴をまとめる

Chapter 10

2───児童生徒が自ら学習を選択できるために

「自己調整学習」（ジマーマン・シャンク，2006）は，児童生徒が自ら学習
をコントロールするというまさに主体的な学習をめざしたものです。図 10-5
には，①予見，②遂行コントロール，③自己省察のサイクルを回していく姿
が示されています。授業との関連で順にみていきましょう。

①予見：授業や学習活動の初めに何を学ぶのか，どのような計画で学んで
　　いくのかを把握します。単元計画を教師が内緒にするのではなく，あら
　　かじめ冊子にして渡したり，教室に掲示したりするなどして共有します。
　　課題の内容や児童生徒の実態にもよりますが，児童生徒と一緒に計画を
　　立てる場合もあります。
②遂行コントロール：学習の途中で自分（たち）の状況を確認すること
　　です。1 時間の授業の最後の振り返りは単に感想を書かせるのではなく，
　　何を学んだのか，次はどうしたいのかを書かせることで，自己調整の機
　　会となります。
③自己省察：単元末の振り返りでは，学べたことだけでなく，どのように
　　学んだ結果なのかといった学習プロセスについても振り返ります。さら

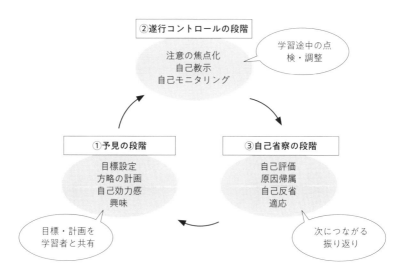

図 10-5　自己調整学習のサイクルと授業の手立て（伊藤，2009 より作成）

に，「次にプレゼンテーションをするときは，話す速さに気をつけて挑戦したい」のように，今後どのように学びたいのか，次の単元や学習機会を想定した見通しを自分事として捉える機会をもちます。

　児童生徒自身が学習を進めていく実践方法を紹介しておきましょう。「**自由進度学習**」（蓑手，2021）では，授業冒頭に学習内容に関するミニレッスン（10分）を行ったうえで，児童生徒がめあてを設定します（5分）。学習としてあてられた20分間は，個人で進めても，友だち同士で学び合ってもよいですし，教科書やドリルを用いてもタブレット等を用いてもかまいません。学習スタイルもメディアも自由に決めることができます。最後の10分間に各自で丸つけをして，めあてが達成できたかどうかの振り返りを行います。

　トムリンソン（2017）は，さまざまな一人ひとりを生かす多様な教え方を提案しています。例えば，「コーナー」は，教室の中で同時にたくさんの異なる活動に取り組む場所を設定し，児童生徒が自分の取り組みたいところで学習を進めます（算数の例：教師が教えるコーナー，証明コーナー，練習コーナー，架空のお店のコーナー，プロジェクトコーナー）。また，「契約」は，習得すべき知識やスキルのリストと課題や教材を準備し，期間内に完了する約束を教師と児童生徒が交わすものです。どの順番で始めるかも，達成できるまでどのぐらい時間をかけるかも児童生徒が決定できます。

　フィッシャーとフレイ（2017）による「**責任の移行モデル**」は，こうした個別の学習と教師の指導を橋渡しするモデルです。学習には4つの段階があることを示しています。

①教師が焦点を絞った講義をしたり，見本を示したりする（焦点を絞った指導）
②教師がサポートしながら生徒たちが練習する（教師がガイドする指導）
③生徒たちが協力しながら問題解決や話し合いをする（協働学習）
④生徒は個別に自分がわかっていることやできることを示す（個別学習）

　①から④へと移り変わっていくのではなく，これらを組み合わせて単元を構成するイメージです。①と②は教師による働きかけ，③と④は児童生徒の

自律的な学習場面です。実際には③の途中でグループに対して②を行うといった行き来が行われます。

10.4 探究と主体的・対話的な学習アプローチ

　対話的な学び，主体的な学びに関するID理論といくつかの方法について取り上げました。これらの手法はもちろん，さまざまな教科の学習で活用することができます。しかしそれだけではありません。対話を支える社会的スキル（コミュニケーション能力）や，自立した学習者として自らの学びをメタ認知し，改善し続ける力は，どの教科の学習においても必要な力ですし，こうした学びを通して育成していくべき力でもあります。第1章で取り上げた21世紀型スキルなどの資質・能力をめぐる議論とも重なります。そして，これらの資質・能力を身につけるための取り組みとして，チームでの問題解決やプロジェクトに取り組む**探究型の学習**が広まりを見せています。なぜそのような取り組みが必要かについて，ダーリング–ハモンドは次のように主張しています。

　　綿密にデザインされたプロジェクト，問題，デザイン課題による能動的で深い学びは，学問における中心的な問いに焦点化し，児童・生徒が「作家，科学者，数学者，音楽家，彫刻家や批評家がする仕事に携わる」（Darling-Hammond, 1997, pp.107-108）ことになる。例えば，理科における探究学習には，学問における発見の核心的な方法として，科学的な調査や実験をデザイン・実践・評価・表現することが含まれる。

（ダーリング–ハモンド，2017, p.185）

　ここで挙げられた理科を例にすると，理科の学習は「科学者」の仕事と同じものでなければならないということです。科学者は，教科書の内容を暗記したり，試験の結果で評価されたりはしていません。調査や実験を行い，対象とする事象を解明し，その成果を論文誌や研究発表で公表することによって対外的な評価を獲得しています。実験等を行わず，教科書だけで進行される理科の授業は，科学者の営みとはかけ離れていることになります。授業で

の学習を現実社会で実際に行われているものと一致させていこうというのが「**真正の学習**」です。探究型の学習は，真正な学びの姿そのものだといえます。

学習指導要領総則では，主体的な学びは，「自己のキャリア形成の方向性と関連付け」られること，対話的な学びは「教職員や地域との対話，先哲の考え方を手掛かりに」といった記述がなされています（第3章参照）。何のために学ぶのか，学びが地域や専門分野とどうつながっているのかを問う意味では，探究型の学習こそがそれらを具現化するアプローチなのです。

ここでは，探究型のアプローチを取り入れた単元モデルとして「プロジェクトベース学習」「プロブレムベース学習」「デザインベース学習」の3つを取り上げます。

プロジェクトベース学習（プロジェクト型学習）は，本物の成果，イベント，聴衆へのプレゼンテーションがゴールとして設定されるような複雑な課題に取り組むものです。例えば，ワシントン州にあるウォータービル小学校では，その地域に住む固有種であるサバクツノトカゲに関するプロジェクトに取り組んでいます（ダーリング - ハモンド，2017）。サバクツノトカゲは，生態が十分解明されていなかったのですが，調査やデータ収集を行う中でこれまで知られていた生態の誤りや新しい発見を得ることができました。最終的にそれらの成果を小学生たちが学会発表するまでに至ったのです。

このプロジェクトの成功の背景には，さまざまな人々からのサポートと対話がありました。調査やデータ収集では，このプロジェクトに関わる大学教員からの指導がありました。また，サバクツノトカゲをいつどこで見たのか正確に記録する必要があります。それには地域の住民が記録用紙を持って協力しました。地域住民が参加する報告会では，その記録用紙に基づいて情報交換が行われました。また，専門的なプロジェクトであるからこそ，「先哲の考え方」とも対話をしなければなりません。先行研究として記された学術雑誌や専門書を理解するために，単語を調べたり，さまざまな情報に当たったりしながら，自分たちが調査した内容の妥当性や新規性について検討する必要が生じるのです。その際に必要となる情報を見極めたり，複数の情報を整理したりする力を情報活用能力と呼びます。これは，第13章で取り上げます。

プロブレムベース学習は，もともと医学教育から始まったものです。研修医が患者の症状や来歴等が記載されたプロフィールをもとに，どのような検査を

行い，病名を明らかにしていくかといった現実の場面に即した問題解決を行うアプローチです。ビジネスや法学でもこのような事例研究が行われています。

この考え方に基づいて米国で小学生向けに開発された教材が「ジャスパーシリーズ」です（鈴木，1995b）。主人公であるジャスパーが直面する問題を数学的な知識を使って解決していくというものです。日本では E テレで放送されている「さんすう刑事ゼロ」が，刑事ドラマ仕立てで日常生活の中にある問題を算数の知識で解決していく点で共通点があります。

デザインベース学習については，建築を例に考えてみましょう。どれほど見た目のデザインが素晴らしかったとしても，強度が不十分であれば建物を建てることはできません。幾何学や物理学の知識が必要となってきます。このように作品をデザインしたり創造したりする取り組みに学問的知識を合わせて組み込む学習のことをデザインベース学習と呼びます。

社会で問題になっているものを取り上げ，さまざまな情報収集や調査を行ったりした結果を，Web サイトにまとめる「全国中学高校 Web コンテスト」も実施されています（http://webcon.japias.jp）。3 〜 5 名のチームで制作活動に取り組みますが，調査内容だけでなく，Web サイトの表現力も評価の対象になります。Web サイトを見る他者との対話力が求められているといえるでしょう。

章末問題

問1　次の動機づけの方法は ARCS モデルのいずれにあたりますか？
　（a）本時のグループ学習で何が達成できればよいかを明示する。
　（b）2 時間連続の学習活動の 2 時間目は特別教室で授業を行う。
　（c）現在取り組んでいる活動が実際の職場でどのように活用されているかを例示する。
　（d）プロジェクト型学習に取り組み，地域の人から学習成果への講評をもらう。

問2　ジグソー法の考えに基づき，組み合わせると問題解決できるような学習課題を考えてみよう。

✳ さらに深めるには？

ダーリング - ハモンド，L.／深見俊崇（編訳）(2017)　パワフル・ラーニング　北大路書房

　人はいかに学習するかという考え方に基づいて，どのような学習活動や取り組みが必要となるかについて膨大な研究からポイントを抽出しています。また，本章で紹介した探究的な学習アプローチが読解（国語・外国語），算数・数学，理科の教科でどのように展開されているかも学ぶことができます。

ジョンソン，D. W.・ジョンソン，R. T.・ホルベック，E. J.／石田裕久・梅原巳代子（訳）(2010)　学習の輪：学び合いの協同教育入門　二瓶社

　協同学習の成立した背景，グループ学習を充実させるための具体的なアプローチについて学ぶことができます。

第**11**章

設計の実際 (4)
学びが見える評価方法

学習指導案をつくる際に，評価は後回しにされが
ちです。「目的・指導・評価の一体化」の言葉通り，
授業をつくるうえで何をどう評価するのか見通し
をもって取り組むことで，目標や指導の方向性が
クリアになります。本章では，教育評価のもつ意
味を再確認し，学習過程における評価場面，評価
者の役割，ルーブリック等，学習の質を見極める
ための評価方法について解説します。

Key words

相対評価, 絶対評
価, 目標に準拠した評価 (到
達度評価), 診断的・形成的・総
括的評価, 自己評価, 相互評価,
規準と基準, ルーブリック, 教育
データ, パフォーマンス課
題, ポートフォリオ

設計の基礎
- 授業をつくる(第3章)
- 評価をデザインする(第4章)
- 学習環境とデジタル化(第5章)

実践の基礎
- 授業を支える指導技術(第6章)
- 学びを引き出す指導技術(第7章)

ガイダンス
- 育みたい資質・能力(第1章)
- 求められる授業力(第2章)

授業の実施
- 授業の実施と改善(第15章)

設計の実際
- 学習目標の明確化(第8章)
- 深い学びを導く教材研究(第9章)
- 主体的・対話的な学習過程(第10章)
- 学びが見える評価方法(第11章)

情報化への対応
- ICTを活用した学習活動(第12章)
- 情報活用能力を育てる(第13章)
- 授業の拡張と校務の情報化(第14章)

やってみよう

この1か月の生活（学校での学習や研修を含む）中で，もっとも「学べた！」と
実感できたときはどんな場面だっただろうか。その実感を他の人に説明するには
どのような方法がよいか考えてみよう。

　高校生の頃の筆者の恥ずかしい話から始めようと思います。筆者は，試験の際，絶対に実現しないとわかっていましたが，何度か自分以外の皆が体調不良であれば，自分以外にインフルエンザが蔓延しないか等と，さもしいことを願っていました。もちろん，このような不純なことを考えずに目標に向かって，努力を積み重ねた人も多くいるでしょう。しかし，同窓会で，友人に正直に話したところ，似た気持ちだった人も少なくありませんでした。これには当時の教育評価の主たる考え方であった「相対評価」の影響があったのかもしれません（もちろん個人的な責任が大きいのは当然ですが…）。

　相対評価をよく表す指標に「偏差値」があります。偏差値は，学力などが集団の平均からどの程度隔たっているかを数値で示したものです。つまり，一定の集団内で他者と比較して，自分の位置がわかる指標です。背景には，集団の数が大きい場合，その値の散らばり具合は正規分布に従うといった統計学の考え方があります。しかし，実際には，1クラス程度の場合，上位層と下位層に2極化している場合など，正規分布にならない場合があります。

　相対評価において，自分の成績を高めるためには，2つの方法があります。1つ目は，自分自身が努力し他のメンバー（集団構成員）よりも良い点数をとることです。しかし，他のメンバーもがんばって良い点数をとれば，自分の成績は変わらないか，かえって下がってしまうこともあり得ます。相対評価では，5段階でいえば，「1」と「5」の評価を受ける者は7%，「2」と「4」は24%，「3」は38%というように割合が決まっているため，到達具合にかかわらず成績を振り分けます。もう一つの方法は，自分以外のメンバーの成績が下がるように足を引っぱることです。例えば皆の学習意欲を削ぐために，率先して学習意欲が低いように振る舞う人がいるかもしれません。教育の営みにおいて，他者の失敗を望むことは，およそ受け入れられるものではありません。2002年以降，学校教育で相対評価は使用されなくなりました。ただし，入試の選抜や教員採用試験のように一定の人数の合否を判定する必要がある場合には，相対評価を用いる場合があります。

　相対評価の対義語は絶対評価です。絶対評価は，評価者が定めた何らかの基準のもとで評価します。この「何らかの基準」は，ある学習を設計した際

に定めた目標に対して，子どもたちが到達できているのかを判断するために用意されます。このことを**目標に準拠した評価（到達度評価）**といいます（田中，2008）。学校教育の場合，学習指導要領に目標は定められていますから，それを具体化したものが評価の規準になるわけです。したがって，学校現場で「絶対評価」と呼ぶ場合，目標に準拠した評価を意味することが一般的です。

　絶対評価の場合，何らかの基準に従うわけですから，結果的には全員が「5」になることも，全員が「1」になる可能性もあります。学習指導要領には，目標は書かれていますが，どの程度できていれば「5」なのか「4」なのかといった具体的な基準まで示されているわけではありません。「5」は何を意味するのか，「3」はどんなレベルなのか，説明が求められます。

　学習目標について，第8章で「目標行動」「評価条件」「合格基準」の観点から目標を明確化する手法を取り上げました。学習目標は一定の到達水準を示したものですから，学習の結果は「できた（水準に達した）」「できていない（達していない）」のいずれかです。しかし，誰もが突然，「まるでできていない」から「できた」に移るわけではありません。「できていない」にしても，手も足も出ない段階から，一歩踏み出した状態，おおむね理解できているが間違いもあるといった，いくらかの段階が考えられます。評価を検討することは，こうした**学びの質的な成長**（変化）を捉える方法を見つけることでもあります。「成功的教育観」（第4章）からすれば，児童生徒の学びの段階を適切に見極め，到達水準まで引き上げていくことが評価の本質的な役割です。本章では，評価を授業に具体的にどう位置づけるのかみていきます。

11.2 何のためにいつ評価するのか

　まず，単元を通して，いつ何を評価するのかを確認してみましょう。評価は実施するタイミング（学習のどの段階で実施するのか）によって，その意味も方法も変わります。

　教育目標の分類（第1章参照）を示したB. S. ブルームによる「**完全習得学習（マスタリーラーニング）**は，学習の到達目標を明確にしたうえで，適切な場面で評価を行い，すべての学習者が完全に学習できることをめざしました（ブルーム，1986）。ブルームは，評価の場面を図11-1の3種類に分類しています。**診断的評価**は，学習前や単元の導入で準備状況（**レディネス**）を確認するために実施します。この既習の内容を確認する行為は，**前提テスト**と呼びます。一方で，授業で学習する内容をほとんど理解しているのであれば，その授業を子どもたちが受ける意味がなくなってしまいます。授業で学習する内容を含む**事前テスト**を実施し，到達目標のレベルを調整する場合もあります。地理の学習の前にその土地に行ったことがあるかを尋ねるといった生活経験の確認も診断的評価には含まれます。診断的評価から得られる情報は，教師が授業で指導すべきことを調整するうえで有用なだけではなく，学習者である子どもたちにとっても，学習後に自分自身の成長を自覚することにつながったり，不十分な点に関しては，これからの学習の動機づけにつながったりする役割もあります。

　形成的評価は，日々の授業の理解度などを確かめ，指導に活かす「学習のための評価」です。子どもたちが学びを形成していく過程での評価という意味で，形成の手助けをすることが主目的です。教師は授業をしながら子どもたちがどの程度理解しているのか，どのようなことを考えているのかを表情，

図 11-1　評価を行うタイミングとその役割

発言，ノートの記述などから絶えず推し量っています。見取り評価（**見取り**）とも呼ばれており，高い授業力量をもつ，優れた教師たちは，自明のごとく行っている教育技術の一つです。場面や方法を明確に定めることが難しいため，**インフォーマルな評価**と呼ばれることもあります。

「主体的・対話的で深い学び」では特に形成的評価が重要です。一斉学習を中心とした授業に比べると，「主体的・対話的で深い学び」は，協働学習や個別学習のように子どもたち自身で主体的に取り組む時間が長くなります。形成的評価を実施することで子どもたちがどのような学びの状況であるのかを，するどく観察し，その後の授業計画を修正したり，課題解決のためのヒントを与えたりするなどの教育的行為（**手だて**）を講じることができるのです。観察だけでは見取ることが難しい，長期にわたる学習の過程や変容を見るためには，**ポートフォリオ**が利用されます。

総括的評価は学習の最後に身についたかどうかを測るための評価です。子どもたちにとっては，単元の導入場面で確認した学習目標を達成できたのか，あるいは不十分な点があったのか，あったとすればそれはどのような事柄であるのかといったことを確認し，次の学習に向けた課題を把握するための情報を得ることができます。教師にとっては，これまで単元を通して組織的に行ってきた，授業実践の成果を確認する，振り返りの機会となります。

授業実践の成否を評価する原則として，**学習者検証の原理**があります（鈴木，2004）。授業が成功したかどうかは，学習者に評価をして確かめるしかないということです。他の教師や専門家がよい授業だねと言ってくれても，授業を実施して評価を行い，学習者が身につけるべきものを身につけられたのかどうか評価をするまでは本当のところはわかりません。つまり，よい授業かどうかは，実際に学習者の成果でもって検証しないとわからないということです。成功的教育観（第4章参照）のもとで到達目標を明確にし，目標の種類に応じた評価の方法と場面を設定します。授業が何のためになされているのか，改めて明確にすることができるのが，評価をデザインする意義だといえるでしょう。

11.3 学習者による評価

　評価は，教師だけの仕事ではありません。子どもたちが評価の主体になる意味について考えてみましょう。子どもが自分自身のことを評価することを自己評価，子どもたち同士で評価し合うことを相互評価といいます。主体的な学び，対話的な学びとそれぞれ関連します。

■──自己評価

　自己評価ができるためには，**メタ認知**，つまり自分自身の学習状況を把握できることが条件となります。ガニェの5分類でいえば認知的方略の目標に相当します。特定の教科でできるようになるというよりも，さまざまな教科や総合的な学習などの学習活動の中で，自己評価の機会を確保します。第10章で紹介した**自己調整学習**は，自己評価を繰り返して学習者として自立するためのモデルです。そうはいっても自分で自分を評価するのですから，「自分はがんばった！　満点！」といった自己満足に陥りがちな子どもや，「なんて自分はダメなんだろう……」と教師の見取りよりも低く自己評価する子どもがいます。自己評価の妥当性を高めるためには，学習経過を記録した**ポートフォリオ**や，タブレットのカメラ等で自分のパフォーマンスを記録しておくなど，自己評価の根拠になる資料を用意します。評価する際も「◎○△」といった曖昧な評価よりも，基準を明確にしておくことで，どうだったらよいのかを考えることができます。

　鳥取県岩美町立岩美中学校の岩﨑有朋教諭（当時）は，単元学習の導入時に，この学習を通してめざすべき目標および単元の学習計画を子どもたちと確認し合っています（図11-2）。その際，子どもたちに自身に，現時点で自分ができること，できないことを確認させています。診断的評価として自己評価を行うことで，子どもたちは，学習前の自分の状況をメタ認知できます。

　単元の途中，形成的評価の場面では，ノートやワークシートに学習の振り返りを書く場合があります。その際，本時で達成するべき目標に対応して振り返ります。なお，単元途中の自己評価の情報は，子ども一人ひとりの学習状況を教師が把握する材料にもなります。進度や用意する教材を調整するために用いることができますが，最終的な成績評価の材料にすることは避ける

自然と人間　ルーブリック表　　　3 年　　組　　番　　氏名

○学習過程

場面	観点	A（熟達）	B（標準）	自己評価 (A・B・C)
導入	質問づくり	・質問を 3 つ以上考え出している。	・質問を 1 つ以上考え出している。	
	質問の決定	・閉じた・開いた質問について，正しく判断し，分類している。 ・班員と合意形成しながら質問の優先順位づけをしている。	・質問を分類している。 ・質問の優先順位づけをしている。	
展開 1	マッピング作成	・カードを色分けして，分類しながらマッピングをしている。	・教科書，たの理を参考にしながら，テーマに沿ったマッピングをしている。	
展開 2	マッピング修正	・質問について解説できる根拠をマッピングの中から複数求めようとしている。 ・複数の質問に対応できるように，いろんな視点から修正を加えている。	・質問について解説できる根拠をマッピングの中から求めようとしている。 ・マッピングの足りない部分を補おうとしている。	
展開 3～4	根拠の準備	・観察実験の計画を立て，正しく結果を得るための配慮点も挙げている。 ・1 つの根拠について，複数の書籍や Web から比較検討している。	・観察実験の計画を立てている。 ・書籍や Web の資料から解説の根拠を見いだしている。	
展開 5～6	根拠の準備	・手順や途中の過程なども撮影し，映像資料としての結果も合わせて得ている。 ・映像と文字を組み合わせて，よりわかりやすいまとめをつくっている。	・観察実験を実行し，必要な結果を得ている。 ・観察実験の結果から解説につながるまとめをつくっている。	
展開 7～8	根拠の点検	・カードの配置変更などを含め，複数の質問の解説に対応できるマッピングに仕上げている。	・マッピングを見返し，質問の解説として使えるものに仕上げている。	
展開 9	質問への回答	・根拠の出処も示しながら，複数の根拠を添えて自分の考えを伝えている。	・根拠を添えて自分の考えを伝えている。	
まとめ	未来への志向	・今できる行動と，将来に向けての行動など，より具体的に考えをもっている。	・そう考えた根拠を添えながら，自分なりのこれからについて考えをもっている。	

○基本的な学習スキル

観点	A（熟達）	B（標準）	実施日（評価）
尋ねる	わからないところは積極的に人に聞き，教えてもらったこと反復することで理解の確認をとっている。	わからないところは，できるだけクラスの人に聞き，教えてもらったことを理解しようとしている。	／（　）・／（　） ／（　）・／（　） ／（　）・／（　） ／（　）・／（　）
教える	自分の考えを図示したりしながら伝え，相手が納得できるわかり方になるまで丁寧に教えている。	教科書などを示しながら，自分の言葉で教えている。	／（　）・／（　） ／（　）・／（　） ／（　）・／（　） ／（　）・／（　）
手伝う	他のメンバーがやりやすいように自分からできることを見つけて手伝っている。	他のメンバーの要望に応じて手伝っている。	／（　）・／（　） ／（　）・／（　） ／（　）・／（　） ／（　）・／（　）
関わる	グループの活動がうまくいくように，自分から他のメンバー全員に積極的に声をかけている。	グループの活動がうまくいくように，他のメンバーと話をしようとしている。	／（　）・／（　） ／（　）・／（　） ／（　）・／（　） ／（　）・／（　）
発言する	グループの考えがよりよくなるために，自分の考えを積極的に発言している。	グループの話し合いのときに，自分の考えを少しでも発言している。	／（　）・／（　） ／（　）・／（　） ／（　）・／（　） ／（　）・／（　）
調べる	1 つの根拠について，複数の情報源から比較検証しながら調べている。	書籍や Web を使って，解説の根拠を調べている。	／（　）・／（　） ／（　）・／（　） ／（　）・／（　） ／（　）・／（　）
書く	調べたり，考えたりしたことを，あとで見やすいように整理しながらノートやプリントに書いている。	調べたり，考えたりしたことを自分の言葉でノートやプリントに書いている。	／（　）・／（　） ／（　）・／（　） ／（　）・／（　） ／（　）・／（　）

図 11-2　単元計画と自己評価シートの例

Chapter 11

べきです。教師の顔色をうかがいながらの振り返りでは，適切なメタ認知に
も，教師にとって授業を調整する材料にもならなくなってしまいます。

　最後の総括的評価においては，子どもたち一人ひとりが，単元を通した自
分の学習を振り返ります。何を学べたのか，単元を通した課題に対して自分
の到達状況をまとめます。どのように学べたのか学び方を振り返ったり，次
の単元でどのように学びたいかを考えたりすることは，認知的方略を意識し
た自己調整の機会となるでしょう。

❷───相互評価

　学級内，あるいは学年内で学習者同士がお互いに評価し合うことを**相互評
価**と呼びます。互いのよさを認め合えることと，自分自身の学びの参考にす
ることの２つの目的があります。プロジェクトベース学習（第10章）の単元
の中でも，学習成果を発表する場面や作品などを制作する場面で用いられま
す。個人で何か制作している場合は個人間で，グループで取り組んでいる場
合は，グループ間で実施します。人に何かを伝えたり，提示したりする発表
場面では，どの程度相手に伝わったのか，工夫した点は効果的だったかなど，
受け手からの評価により，自分の発表や作品等を改良するポイントを見つけ
だすことができます。口頭でフィードバックを返してもよいですし，「アドバ
イスカード」のように紙に書かせたものを発表者に手渡す方法もあります。

　相互評価をする側の視点にたってみましょう。友だちの発表や作品を見る
ことで，自分にはなかった工夫や，「自分も○○さんみたいに説明してみた
いな」といったモデルを見つける機会になるかもしれません。つまり，相互
評価は相手にアドバイスをするだけではなく，自分自身にとっても新たな発
見を期待できるのです。ガニェの９教授事象でいえば，「7. フィードバック
する」や，「5. 学習の指針を与える」を学習者同士で見つけていくことが相
互評価のおもしろさです。

　ただし，単に感想や質問を言い合うだけでは，具体的な改善点を見つける
には至らないかもしれません。対話が成立する条件として，第10章で取り
上げた「互恵的な協力関係」や「社会的スキル」を培う機会として，どのよ
うなやりとりを求めているのか事前にシミュレーションし，支援が必要か検
討するとよいでしょう。加えて，自己評価の考え方で示したように，評価の

観点とその基準を意識させることがアドバイスを具体的かつ意味のあるものにするために重要です。次節で紹介するルーブリックを子どもたちに公開し，相互評価の道具として使ってもらうという方法があります。

11.4 学びの質を言語化する

　自己評価にしても相互評価をするにしても，相対評価をする必要はありません。絶対評価として，どのような観点でどんな基準で評価するのか，つまり学びの質を言葉に表します。学習目標に対して，学習者はどの位置にいるのか，物差しをつくるのです。この目標と物差しの関係に対して，評価の「規準」と「基準」という 2 つの用語が使われています。読みが同じなので紛らわしいので口頭では訓読みをして区別することがあります。英語ではそれぞれ Criterion と Standard が対応するとされています。

・**規準（のりじゅん）**：評価のよりどころになる学習目標を具体的に示したもの
・**基準（もとじゅん）**：規準をどの程度達成できたのかを判定する物差し

　つまり，規準は本時の目標と同じものであり，基準はその規準に到達しているかどうかを何段階かに分けた物差しと言い換えることができます。一般的には A：十分満足できる，B：おおむね満足できる，C：努力を要する，の 3 段階で表記します。学習指導案には C を記載せず，C を B に引き上げるための教師の手だてを記入する書き方もあります。
　具体例を示しましょう。小学校 6 年生の社会科で明治維新を扱う場面です。学習指導要領では「黒船の来航，廃藩置県や四民平等などの改革，文明開化などを手掛かりに，我が国が明治維新を機に欧米の文化を取り入れつつ近代化を進めたことを理解すること」が対応します。ここでは，江戸と明治の町並みの絵を比較して，何が変わったのかに気づき，追究課題を見つける場面としましょう。町を歩く人たちの服装，髪型，乗り物，建物など絵にはさまざまな違いが描かれています。わずか 20 年ほどでこれほど変化したこ

とに驚き，なぜこんなに急速に世の中が変化したのか疑問をもつ場面です。「散切り頭」「街灯」などの単語を覚えるだけなら，言語情報が学習目標になります。追究課題を見つけることをめざすわけですから，認知的方略を想定した階層分析を考えます（第9章を参照）。前提条件として「江戸から明治にかけて世の中が大きく変わったこと」を挙げておきます。社会科の技能として「資料を比べて違いに気づく」「変化したところを表に整理できる」などが考えられます。一方で，変化の原因を考えるためには，「変化の原因となる社会的背景」として外国との関係や国内の情勢などが背景知識になるでしょう。学習目標（評価規準）としては「江戸時代から明治時代にかけて変化した事物に気づき，その原因を考える問いを立てることができる」とします。ここでの評価基準はどうなるでしょうか。何がどう変化したか説明できない段階から，変化を説明できること，変化の要因について推測して問いを立てられる，の3段階としてみました（表11-1）。

　このように評価基準の段階を質的な言葉で表現し，表形式にしたものはルーブリックと呼ばれています（スティーブンス・レビ，2014）。度合いを示す尺度として上記はA・B・Cの3段階ですが，S（素晴らしい）を加えた4段階などさまざまな書き方があります。子どもが作成したプレゼンテーションや新聞といった成果物は，スライドのデザイン，構成など複数の観点が想定されるため，ルーブリックも複数行になります。もちろん，Cと判定して終わりではなく，授業では必要な手だてを講じます。

　なお，ルーブリックに記載した基準を重視するあまり，教師の想定を超えた発想を見落としてしまう可能性もあります。S評価を設け，緩やかな表現にして多様なアイデアを認める余地を残しておく，子どもと一緒にルーブリックの文言を話し合ってから学習活動に取り組むなど，その扱い方はさまざまに工夫できます。表11-1であれば，「変化を受け入れた／変化を引き起こし

表11-1　評価基準の例

A（十分満足できる）	B（おおむね満足）	C（努力を要する）
江戸から明治にかけて変化した事物を指摘し，変化の要因を外国との関係や国内情勢などと結びつけた問いを立てることができる	江戸から明治にかけて変化した事物を指摘し，何がどのように変化したのか説明できる	江戸から明治にかけて変化した事物を説明できない

た人の立場になって想像する」「これまでの学習事項をもとに問いを立てる」「どのように調べられるか学習計画を説明できる」といった学習の質をさらに深めたり，今後の展開につながったりするような記述も考えられます。

11.5 長期的な取り組みを評価する

企業で新しい事業を起こすことをイメージしてみましょう。何週間，何か月かの時間をかけ，さまざまな情報を収集し，仲間と協力しながら企画を立てます。でき上がったサービスや商品を市場に提供し，その売り上げをもって事業の成否は評価されます。

これに対し，短時間で頭の中の知識だけを使い，1人で回答するペーパーテストは，学校でしか通用しない，いわゆるテストのためのテストではないかという批判があります。仕事や生活上の課題を解決し，よりよく生きていくことをめざす「資質・能力」を重視する考え方からすれば，テストに合格することは目的とはいえないでしょう。実社会にできるだけ近い文脈の課題に取り組み，実社会で求められるのに近い状況や基準で評価することを**真正な評価**と呼びます。

「パフォーマンス評価」は，その一つの方法です。リアルな文脈の中で複雑で総合的な課題（パフォーマンス課題）に取り組ませ，学んだことを活用できたのかを評価します。知識や技能が身についたかを断片的に切り出して確認するのではなく，まとめて総合的に確認するのです。課題は例えば，社会科では「民主的な国家を提案しよう」，算数では「お楽しみ会のコーナーで使う部屋を選ぼう（広さを調べよう）」のようになります（西岡，2016）。学習者のパフォーマンスは，単純に正解・不正解だけで評価することはできません。これまでの知識を活用できているか，自分の考えを論理的に表現できているか，といったいくつかの評価項目（観点）に基づいて，学習成果の質を見極めることが重要です。ここでもルーブリック評価が用いられることが一般的です。

パフォーマンス課題は限られた試験時間の中だけで完結しない場合があります。むしろ，時間をかけて，仲間と議論しながら取り組むプロジェクト型

の単元のゴールをパフォーマンスとみてもよいでしょう。学習の過程をみることで，資質・能力の一つである「学びに向かう力」を評価できる場合があります。課題解決のために集めた資料，途中の振り返り，作文など学習の記録になるものは，ポートフォリオに貯めておきます。しかし，単に貯めておくだけでは評価の道具にはなりません。集めた資料をどんな観点，基準で見るのか（ルーブリックはここでも役立ちます），誰がいつ見て，どのように活用するのかといった，ポートフォリオに基づいた評価の実施計画を十分に検討しておきます（シャクリーら，2001）。

11.6　教育データの活用と情報の取り扱い

　GIGA スクール構想による学習環境の変化（第5章）は，評価にも影響を及ぼしています。子どもたちの学習過程や学習成果をデジタルで蓄積できるようになったのです。例えば前節のポートフォリオ評価も，紙のファイルではなく，オンライン上に蓄積するeポートフォリオに取り組む学校も増えてきています（図11-3）。写真や動画，調べたウェブサイトなど，紙の上では残しづらいものを記録できます。それらをつないでプレゼンテーションや動画にして他者に学習の成果や経過を伝えることにも活用できます。他にも，アプリやデジタル教科書の操作・閲覧記録，ドリルの正誤情報のように自動

図 11-3　eポートフォリオに記録する（福島県新地町立駒ケ嶺小学校）

的に収集される情報も含めた**教育データ**をどう蓄積・活用するのかが課題となっています。

　学習に関するデータだけでなく，子どもたちの欠席状況や心理的な状態等の校務や生活に関するデータを蓄積し，組み合わせることも試みられています。その際，教育データを利活用する目的は「データをもとに，一人一人の児童生徒の状況を多面的に確認し，学習指導・生徒指導・学級経営・学校運営など教育活動の各場面において，一人一人の力を最大限引き出すためのきめ細かい支援を可能とすること」とされています（文部科学省，2021）。病院のカルテのように児童生徒の状況を可視化するシステムがすでに開発・運用されています（図11-4）。しかしながら，教育データの利活用は，始まったばかりであり，関連する技術も日進月歩です。今後，学校だけでなく家庭学習や地域での学びも連携する将来像を描いた「**教育データ利活用ロードマップ**」が公表されています（デジタル庁，2022）。

　教育データは学習・学校生活に関わる**個人情報**です。児童生徒が安全・安心して端末やクラウドを利用できるよう，**情報セキュリティ**に関する理解を高めることが求められます。情報活用能力（第13章参照）には，情報セキュリティが学習事項に含まれます。例えば，1人1台端末や学習者用デジタル教科書，ドリル型教材などのコンテンツ，教育向けクラウドサービスなどを利用するには，それぞれアカウントが必要です。共通のID・パスワードで

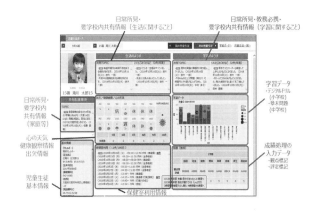

図 11-4　大阪市の取り組み例：児童生徒ボード（文部科学省，2021，p.12）

利用するシングルサインオン（SSO）を採用する学校も増えていますが，いずれにしてもアカウントの概念や，他者と共有しない，パスワードなどの認証等，基本的な考え方を身につけ，安全に利用できるような指導は必須です。

　各教育委員会では「教育情報セキュリティポリシー」を策定しています。学校教育に関係する者が遵守すべき基本理念を確実に共有し，それぞれの学校の環境整備，導入しているサービスに応じて最新技術を適宜取り入れながら，情報資産を守っていくことが求められています（情報資産は重要性等によって分類されています。詳細は，文部科学省，2022, p.12 を参照）。今後ますます一人ひとりの教師が日常的に，情報セキュリティに関する感度を高くしておくことが肝要といえるでしょう。

章末問題

問1　次のキーワードと説明を線でむすびましょう。
  (a) 到達度評価　　　　（あ）学習をする前の学習者の準備状況
  (b) ポートフォリオ　　（い）目標に準拠して評価すること
  (c) パフォーマンス評価　（う）学んだことをリアルな場面で評価すること
  (d) レディネス　　　　（え）学習後に成果を確かめること
  (e) 総括的評価　　　　（お）学習の経過を記録したもの

問2　インターネット等で学習指導案を探してみましょう。「評価」の項目を見たあと，①目標とどう対応しているのか，②授業のどの場面で評価されるのか，分析してみましょう。③3段階の基準が設けられている場合，本章のルーブリックのところで示したもう一段階上の「S」評価がどんなものになりそうか検討してみましょう。

☀さらに深めるには？

トムリンソン，C. A.・ムーン，T. R.／山元隆春・山崎敬人・吉田新一郎（訳）（2018）　一人ひとりをいかす評価　北大路書房

診断的評価，形成的評価，総括的評価の３つの場面で具体的な評価方法と前提となる考え方を取り上げています。一人ひとりの多様性をどう受け止め，学習の経過をどう把握し，一定の到達基準への道のりを支援することと，自立した学習者を育てることを両立する方法が豊富な具体例とともに解説されています。

ヤング, S. F.・ウィルソン, R. J.／土持ゲーリー法一・小野恵子（訳）（2013）「主体的学び」につなげる評価と学習方法：カナダで実践される ICE モデル　東信堂

　Idea（知識），Connection（つながり），Extensions（応用）の３段階でルーブリックを作成する手法と，それを授業や教育課程にどう活かすのかがまとめられています。

Chapter 11

第 **12** 章

情報化への対応 (1)

ICT・デジタル教材を活用した学習活動

授業の魅力・効果・効率を高めるために ICT やデジタル教材を活用することは有効です。ICT の特徴を理解し、学びのスタイルに応じた適切な活用をすることで、その良さをさらに引き出すことができます。本章では、対話的な学び・深い学びを実現するために ICT をどのように活用すればよいか、さまざまな活用場面を交えて解説します。

教育の情報化, SAMR モデル, 大型提示装置, 実物投影機, 一斉学習, 個別学習, 協働学習, デジタル教科, 先端技術, デジタルコンテンツ

設計の基礎

- 授業をつくる(第3章)
- 評価をデザインする(第4章)
- 学習環境とデジタル化(第5章)

実践の基礎

- 授業を支える指導技術(第6章)
- 学びを引き出す指導技術(第7章)

ガイダンス

- 育みたい資質・能力(第1章)
- 求められる授業力(第2章)

授業の実施

- 授業の実施と改善(第15章)

設計の実際

- 学習目標の明確化(第8章)
- 深い学びを導く教材研究(第9章)
- 主体的・対話的な学習過程(第10章)
- 学びが見える評価方法(第11章)

情報化への対応

- ICTを活用した学習活動(第12章)
- 情報活用能力を育てる(第13章)
- 授業の拡張と校務の情報化(第14章)

やってみよう

今年、小学校に入学する子どもたちが100歳になったとき、人類はどのようなテクノロジを用いて、どのような生活をしているか想像してみよう。そして、あなたの想像した社会を生き抜くために、どのようなチカラを子どもたちに身につけさせたらよいかを考えてみよう。

12.1 ICT 活用と授業・学習観の変容

1872（明治5）年の学制公布から約150年間で，さまざまな技術革新が進みました。近年ではコンピュータやインターネットなど情報技術の進化のスピードは目覚ましく，例えば Apple 社の iPhone が 2008 年に発売されてから 10 年ほどの間で，スマートフォンは私たちの生活に欠かせないものとなりました。多くの人たちにとって，ICT（Information and Communication Technology：情報通信技術）なしの生活は，もはや想像ができないでしょう。

一方，学校現場は明治から大正にかけて整えられた環境がいまだに主役です。この 100 年，ほとんど変わっていません。今後，IoT（Internet of Things：モノのインターネット化）や AI（Artificial Intelligence：人工知能）が急速に発展し，グローバル化や人口減少もいっそう進む近い未来において，教育のあり方だけがこれまでと同じというわけにはいかなくなるでしょう。

学校現場に ICT を導入し，教育の質を高めることを「教育の情報化」と呼びます。文部科学省(2020)の「教育の情報化に関する手引」の第1章では，「教育の情報化」は以下の3つの要素から構成されると説明されています。

1. **情報教育**：子供たちの情報活用能力の育成
2. **教科指導における ICT 活用**：ICT を効果的に活用した分かりやすく深まる授業の実現等
3. **校務の情報化**：教職員が ICT を活用した情報共有によりきめ細やかな指導を行うことや，校務の負担軽減等

情報教育については第13章で詳述します。校務の情報化は第14章で取り上げます。本書ではここまで，学習環境の ICT 化（第5章），教師の ICT 活用指導力（第6章），児童生徒の端末利用の指導（第7章），教育データの活用と情報セキュリティ（第11章）と各所で ICT が教育・学習にどのような影響を与えているのかを取り上げてきました。本章では，教科指導における ICT 活用に着目し，具体的な学習活動を紹介します。

ICT 活用は，第5章で紹介した GIGA スクール構想の進展により，大きく変化しています。「多様な子どもたちを誰一人取り残すことのない公正に

個別最適化された学びや創造性を育む学びに寄与する」（文部科学省，2019）ことを目標に，児童生徒向けの1人1台端末，高速大容量の通信ネットワーク，クラウドサービスを活用できるようになりました。ICT は「便利な道具」として活用するだけでなく，ICT がないとできない授業・学びの実現へと進んでいます。

　ICT 活用の変化を示すモデルとして，プエンテドゥラ（Puentedura, 2010）が提唱した「SAMR（セイマー）モデル」があります（図 12-1）。これまで我が国で行われてきた ICT を活用した授業は，主に教師が ICT を活用することで紙媒体の教材をデジタルに置き換える「S（Substitution）：代替」や，授業を大きく変えることなくデジタルのよさを活かす「A（Augmentation）：拡大」を中心としていました。「ICT はあくまで道具。教師がそれをどう活かすのかが大事」といった主張の背景には，教師が想定すべき授業観が変わる可能性は含まれていませんでした。

　つまり，教材や道具をデジタル化するだけで，授業が変わることはありません。GIGA スクール構想で実現した1人1台の環境をフル活用するには，第 9 章の「深い学び」や第 10 章の「主体的・対話的な学習過程」で示した授業・学習観の変化を理解したうえで，児童生徒が ICT を活用した学習活動のあり方自体を「M（Modification）：変更」させる必要があります。その

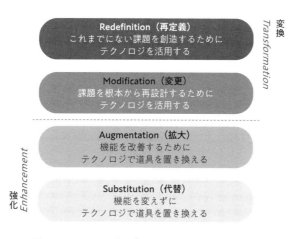

図 12-1　SAMR モデル（Puentedura, 2010 より作成）

際，児童生徒は ICT を文房具のように日常的に使いこなし，多くの情報を分析・判断する情報活用能力（第13章参照）を発揮するでしょう。さらにその先には，デジタルがないと実現しえない課題や学習活動に取り組む「R (Redefinition)：再定義」の段階があります。第14章では，ICT を活かすことで授業や学校の枠を超えた取り組みを紹介します。本章では A から M の段階につながる児童生徒による ICT 活用の実際をみていきましょう。

12.2 ICT を活用した学習活動

　ICT の特長は，「時間的・空間的制約を超えること」「双方向性を有すること」「カスタマイズが容易であること」です。いつでもどこでも学べたり，遠隔地との交流ができたり，一人ひとりに合った教材を配信したりするなど，ICT があることで学びの可能性は大きく広がります。

　一般的に学習形態は，クラス一斉に学ぶ（**一斉学習**），子どもたちが個別に学ぶ（**個別学習**），グループ等をつくり集団で学ぶ（**協働学習**）の3つの形態があるとされています（第7章参照）。図12-2は，全国20校のモデル校で1人1台のタブレット端末，全教室に大型提示装置（電子黒板やプロジェクタ），無線 LAN などを整備した環境でどのような取り組みがなされるのかを実証した「学びのイノベーション事業」の成果です（文部科学省，2014）。ICT の活用場面が10種類に整理されています。GIGA スクール構想により，こうした先行事例を全国の学校で実践できるようになりました。

■───一斉学習における ICT 活用
　一斉学習では，音声や動画などの視覚的にわかりやすい教材を大型提示装置上で提示し，部分拡大や書き込みなどの機能を使って，見せたい部分に**焦点化**を図ります（**A1：教師による教材の提示**）。子どもたちの興味・関心を高めたり，学習課題にしっかり注目させたりすることができます。デジタル教科書，動画など提示に使える教材（コンテンツ）は豊富にありますし，プレゼンテーションソフトで自作する教師もいます。

　実物投影機や端末のカメラ機能で子どものノートを撮影・拡大提示すると，

一斉学習	個別学習	協働学習
挿絵や写真等を拡大・縮小、画面への書き込み等を活用してわかりやすく説明することにより、子どもたちの興味・関心を高めることが可能となる。	デジタル教材などの活用により、自らの疑問について深く調べることや、自分に合った進度で学習することが容易となる。また、一人ひとりの学習履歴を把握することにより、個々の理解や関心の程度に応じた学びを構築することが可能となる。	タブレット PC や電子黒板等を活用し、教室内の授業や他地域・海外の学校との交流学習において子ども同士による意見交換、発表などお互いを高め合う学びを通じて、思考力、判断力、表現力などを育成することが可能となる。
A1：教師による教材の提示 画像の拡大提示や書き込み、音声、動画などの活用	B1：個に応じる学習 一人ひとりの習熟の程度に応じた学習	C1：発表や話し合い グループ活動や学級全体での発表・話し合い
	B2：調査活動 インターネットを用いた情報収集、写真や動画等による記録	C2：協働での意見整理 複数の意見・考えを議論して整理
	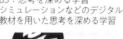	
	B3：思考を深める学習 シミュレーションなどのデジタル教材を用いた思考を深める学習	C3：協働制作 グループでの分担、協働による作品の制作

B5：家庭学習 情報端末の持ち帰りによる家庭学習	B4：表現・制作 マルチメディアを用いた資料、作品の制作	C4：学校の壁を越えた学習 遠隔地や海外の学校等との交流授業

図 12-2　ICT を活用した学習場面例（文部科学省，2014 より作成）

前時の振り返りや本時の学習の整理に使うこともできます。算数の授業でコンパスを使って図形を描く場面では，子どもが実際に黒板の前に出て実演します（図12-3）。手の動かし方の様子が全員に見えるように，向きに注意して大きく映し出します。描いている様子をリアルタイムに共有できるため，針の置き場所や手の回し方などをみんなで共有し，子どもたち同士の教え合いにつながります。

図 12-3　実物投影機で発表する

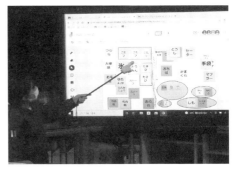

図 12-4　クラスで考えを共有

　児童生徒が端末上で表現した自分（たち）の考えや作品を大型提示装置に写して共有し，プレゼンテーションしたり，考えをクラス全体に共有したりできます（図12-4）。ICT の特徴を活かして従来の授業を効果的にする SAMR モデルの A 段階の活用です。なお，端末を大型提示装置に接続する映像端子の種類（HDMI や VGA），大型提示装置の入力チャンネルの設定の仕方，無線で送信する場合にはその手順を確認し，確実に操作できるようにしておきましょう。

❷────個別学習における ICT 活用

　個別学習は，1人1台の環境が整ったことでさまざまな学習活動ができるようになりました。

　ドリルなどの学習履歴を記録できるソフトウェアを使うと，個々の子どもの学習ペースや理解度に応じた教材を提供することも容易になります（図12-5）。すでに単元内容を理解している子は発展的な問題にチャレンジし，前提条件に達していない子には単元や学年をさかのぼってつまずきを解消し

ます（B1：個に応じる学習）。
教師は子どもたちの学習進捗状
況を常に端末上で確認し，学習
が滞っている子や基礎的な問題
でつまずいている子に対してピ
ンポイントで指導できるように
なります。これまで40人近く
の児童生徒を同時並行にみてそ
れぞれの学習進捗状況に応じた

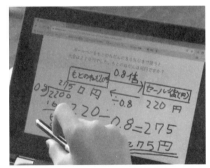

図12-5　ドリル学習に取り組む

対応は困難でしたが，個別の学習進捗状況を可視化することで，個に応じた
指導が実現しました。近年ではAIを活用し，児童生徒の学習状況に応じて
出題する適応学習型の教材も登場しています（第14章）。

　児童生徒が疑問や関心について深く調べるために，インターネットやデジ
タル教材などによる情報収集をします（B2：調査活動）。コンピュータ室の
パソコンがインターネットにつながったのは2000年前後のことです。いわ
ゆる「調べ学習」として検索したことをまとめる活動は，総合的な学習の時
間や社会科などで行われてきました。課題を設定し情報を集め，整理・分析
し，新聞やプレゼンに表現する探究活動の道具としてコンピュータは便利な
道具です。1人1台の環境が整備されたことで，コンピュータ室に行かなく
てもその場で調べられるようになりました（図12-6）。ただし，検索して何
かを見つけたからといって，意味もわからず写しているのは，ブルームのタ
キソノミー（第1章）でいえば「理解する」の段階も踏んでいないことにな

ります。わからない言葉をさら
に調べる，キーワードを抜き出
す，要約するといった過程を通
して，知識のつながりを自分の
ものにします。

　次に，他の情報と比較した
り，関連を分析したりすること
で，自分なりの理解へとステッ
プアップできます。その結果を

図12-6　端末で情報収集

図 12-7　デジタルで制作する

図 12-8　撮影し振り返る

プレゼンテーションや動画にまとめます（B4：**表現・制作**）。図 12-7 では国語で気に入った和歌を選び，図書資料などで調べた内容をスライドにまとめています。デジタルでの制作活動は，何度も書き直したり，スライドの順番を入れ替えたりするなどの**試行錯誤**がしやすいこと，写真・動画・音声などマルチメディアデータを取り入れられるといった特徴があります。

　なお，端末に搭載されているカメラ機能は情報収集に便利なだけでなく，学びの振り返りに活用することもできます。友だちとお互いに撮影し合ってみると，自分の様子を振り返るだけではなく，友だちがどこに着目していたかに気づいたり，友だちのどの部分を撮影したらよいかを考えることで作業の勘所に気づいたりすることもあります（図 12-8）。

　算数・数学で数式や図形を操作する活動では，どのような手順で進めていったのかを見ることで思考の流れを読み取ることができます（B3：**思考を深める学習**）。シミュレーション型の教材の中でも操作履歴を保存・再生できるものであれば，再生しながら「ここでこう考えて…」とあとで説明するときにも有用です。図 12-9 は算数の「並べてあるマッチ棒の数を数える」問題です。縦から数えたり，横から数えたり，子どもたちの数え方にはさまざまな方法が考えられます。この際，ICT を活用すると

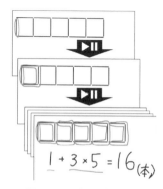

図 12-9　思考の可視化の例

どのような順序で数えたのかを，一つずつ再現することができます（**思考の可視化**）。従来ならば，数えられた児童が式を書いて説明するか，黒板や実物投影機上でもう一度解き直しながら説明していました。しかし，この方法では途中で別の解法を思いついてしまうかもしれません。記録したものであれば，流れを再生しながらブレずに説明することができます。他の考えと比べることもずっと容易になるでしょう。

個別学習における端末利用は，授業時間外に実施されることがあります。端末を家庭に持ち帰り，課題やドリル教材に取り組む，プレゼンテーションを制作するなど，家庭でも利用されています（**B5：家庭学習**）。コロナ禍で学校が休校になった際には，多くの学校が**オンライン授業**の実施に取り組みました（図 12-10）。いつでもどこでも学べる環境は，さまざまな状況に置かれている子どもたちの学びを保障するだけでなく，学校を新たなかたちに進化させる可能性があります。詳しくは第 14 章で取り上げます。

図 12-10　家庭からオンライン授業

❸──協働学習における ICT 活用

コンピュータを介した協働的な学びは，1990 年代から CSCL（Computer Supported Collaborative Learning）の実践・研究の蓄積があります。M. スカーダマリアと C. ベライターによるナレッジ・フォーラム（Knowledge Forum）® では，電子掲示板に自分の考えを書き込んだり，他の参加者とコメントし合ったりできます（Scardamalia & Bereiter, 1994）。コメントには「○○さんの意見との違いは…」などの書き出しを与えたり，コメント同士の関係性を視覚的に表したりすることによって知識の構築を支援しました。

1 人 1 台の環境が整ったことで，さまざまな協働場面に活用できるようになりました。例えば，子どもたちが自身の端末上でそれぞれの考えを書き込むことによって，クラス全員の考えを大型提示装置やクラウドサービス上で共有します（**C1：発表や話し合い**）。端末に書き込んだ意見や考え，作品な

図 12-11　クラスの考えを共有

図 12-12　クラス全体で同時編集・共有

どを共有することで，友だち同士で比較・検討できます。紙のノートではみんなで回し読みをしたり，児童生徒が歩きまわって見合う方法もありますが，ICT を使うと，提出した人から自由に友だちの考えを見たり，友だちの意見や考えにコメントをつけたりすることもできます。クラス全員で議論したい意見を取り上げて提示したり，2つ3つの意見をピックアップして比較を促したりするなど，学習の幅を広げることにも役立ちます（図 12-11）。

　図 12-12 では，自分の考えを書きながら同時に，クラス全体の意見を**クラウド上で共有**しています。クラウドを使うと，個別にそれぞれ取り組んできた活動を，クラス全員あるいは別の場所にいる子どもたちも**同時に共有**できます。各自が他の子どもたちの多様な学びを共有しながら，同時に自分の考えを新たに捉えなおす機会にもつながるでしょう。SAMR の M（変更）の段階です。

　グループで意見を整理する際にクラウドを使用することもできます。第10 章でグループ活動の際，付せんやミニホワイトボード，シンキングツール等を使って多様な考えや情報を整理する方法を紹介しました。図 12-13 は，社会科の授業支援ツールのロイロノートを使って宮城県の3つの市町で「ほや」について調べた情報を整理しているところです（**C2：協働での意見整理**）。それぞれに調べたことを送りあって1つの画面にまとめて比較することができます。付せんでも近いことができますが，デジタルの場合，調べた際の資料を貼り付けておいたり，一度整理したものを複製して各自でさらにまとめなおすなど，より柔軟な使い方ができます。

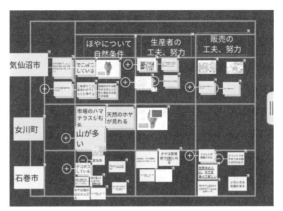

図 12-13　みんなの情報を整理

　対話的な学びを実現するためには，あえて端末をグループの中心に置いて，みなで肩を寄せ合って活動を行う場合もあります。図 12-14 は特別活動の時間に，子どもたちが班対抗の綱引きで自分たちの作戦を話し合っている場面です。各班に用意した端末には自分たちの綱引きの様子を撮影した動画のほか，他クラスの様子，全国大会に出場している選手のものまで保存されています。自分たちのペースで何度も繰り返し再生・停止し，動画を見比べながら，反省点を見いだしたり，次戦に向けた作戦を立てたりしました。

　クラウドを使うと，プレゼンテーションなどを制作する活動も変わります（C3：協働制作）。以前は，グループでプレゼンテーションをつくるにしても，

図 12-14　端末を囲んで意見交換

図 12-15　スライドの協働制作

各自でスライドをつくり，あと
で1つのファイルにつないでい
ました。クラウドでは，1つのファ
イルをオンラインで共有し，同
時に編集することができます（図
12-15）。お互いの作業がリアルタ
イムに反映されるため，スライ
ドの内容や構成，デザイン等に
ついて話し合いながら制作でき
ることで，効率的になるだけで

図12-16　海外の学校との交流

なく，内容の一貫性や論理性を意識しやすくなります。

　ICTがないとできない学びとして，他地域，外国などとつながる「C4：
学校の壁を越えた学習」があります。インターネットを介して地域の違い，
言葉や文化の違いに触れることは，多様なものの見方や考え方を身につける
ことにつながります（図12-16）。稲垣（2004）は，「学校間交流学習」と呼び，
交流相手とのコミュニケーションの確立，共に学び合う仲間としてのコミュ
ニティの形成，共通のテーマについて意見交換を深め，協働制作等のコラボ
レーションを実現するまでのステップがあることを示しています。

12.3　デジタル教材と先端技術の活用可能性

　インターネット上には膨大な教材や資料（デジタルコンテンツ）があります。以前はDVDやビデオ，さらにさかのぼればフィルムなど，映像や音声を通して教育の改善を図る視聴覚教育では，多くの優れた教材が開発されてきました。また，テレビやラジオなどの放送メディアでは，NHKなどが教育向けの番組を制作してきた長い歴史があり，その活用は放送教育として授業での利用から番組そのもののあり方まで研究が蓄積されています。現在では，これらの教材の多くはオンラインで利用できます。NHK for Schoolのサイト（図12-17）では2022年現在，番組だけで2,000本以上，短時間の動画クリップは7,000本が配信されています。教師が提示するだけでなく，児

図 12-17　NHK for School の Web サイト

童生徒が調べる際の情報源としても活用することができます。子どもの情意や思考を揺さぶるメッセージ性の強い番組と個別の多様な興味関心に応える豊富な映像データベースを自由に組み合わせる**メディア・ミックス**（水越,1988）による授業が1台の端末で実現できるようになりました。

　デジタル教科書も，1人1台環境が整備されたことにより，これまで以上の普及が予想されます。教師が提示用に見せる「**指導者用デジタル教科書**」には，教科書内容に関連づいた動画やアニメーション等のデジタル教材が多数収録されています。一方，学校教育法等が一部改正され，2019年4月から児童生徒が自身の端末で使う「**学習者用デジタル教科書**」は，紙の教科書との併用や，特別な支援を要する児童生徒が**合理的配慮**（第7章参照）の観点から使用できるようになりました。学習者用デジタル教科書には次のようなメリットがあります。

・直接画面に書き込み・消去・やり直しができるため，試行錯誤しやすい
・ペア学習やグループ学習の際，デジタル教科書に直接，線や文字を書き込んだ内容を見せ合うことができる
・ピンチイン・アウト操作による拡大表示や，図版や写真だけを拡大表示できるため，細かい箇所まで観察できる
・機械音声読み上げ機能により，読み書きが困難な児童生徒の学習を助ける
・文字の間隔，書体，紙面の色調など，紙の教科書の利用が困難だった障

Chapter 12

図 12-18　震災遺構の VR 教材

　害のある児童生徒が教科書にアクセスしやすくなる
・授業や家庭学習で用いる教科書の持ち運びの通学上の負担が軽減される

　一方，紙の教科書からデジタル教科書への置き換えに対し，視力や姿勢等の健康面への影響を懸念する声もあり，さまざまな調査研究による検証が進められています。

　VR（仮想空間）や AR（拡張現実），ドローン，AI（人工知能）いった先端技術の活用もこれからの学びを広げていく可能性があります。図 12-18 は，東日本大震災で津波の被害を受け，現在では震災遺構となっている荒浜小学校の映像を 360 度カメラで撮影し，VR 教材化したものです。メタバースをはじめとする VR・AR 技術は，仮想空間内に学校や教室をつくり，特別な支援を要する子どもたちや遠方にいる友たちと臨場感をもった相互のやりとりができるようになります。また，これらの技術は時間的・空間的制約を越えることができるため，過去の遺跡と現在の街並みを比較・検討し，新たな発見を導き出すといった学びにも活用できます。

　情報技術は今後もますます進化していくと考えられます。これまでの学びのスタイルが一変するようなテクノロジが登場するかもしれません。授業の中でこのような学習場面やデジタル教材の活用を意図的に位置づけ，主体的・対話的で深い学びの実現に活かしていきたいものです。一方で，児童生徒が自分たちの学びを深めるために ICT の使い方を工夫しようとすることを受け止め，励まし，自在に選択・活用できるようにしていくことも，教師の役

割です。改めて第2章で示した「TPACK」や，第6章の「教員のICT活用指導力」を振り返り，教師に求められる資質・能力を考えてみましょう。テクノロジの変化に関心をもち，教育の改善に役立てていこうという姿勢が，学び続ける教師には求められているといえるでしょう。

章末問題

問1　次の各学習スタイルにおいて，図12-1を参考に学習場面を一つずつ選びましょう。そして，それぞれの場面で，自分ならどのようにICTを活用して，授業を行いたいか，その方法を具体的にまとめましょう。

学習スタイル	学習場面	ICTの活用方法
（a）一斉学習	教師による教材の提示	
（b）個別学習		
（c）協働学習		

問2　授業でICTを活用することの意義や目的を300字程度で論述しましょう。

※ **さらに深めるには？**

久保田賢一・今野貴之（編著）（2018）　主体的・対話的で深い学びの環境とICT　東信堂

　ICTの活用を初等中等教育だけでなく，高等教育（大学など）や図書館，市民活動まで幅広く捉え，そこでの学びの変容において育成すべき資質・能力を14名の研究者がそれぞれの立場から解説しています。

ケリー，K.／服部桂（訳）（2016）〈インターネット〉の次に来るもの：未来を決める12の法則　NHK出版

　AI（人工知能）やVR（仮想現実）など，テクノロジが目まぐるしく進化する中，今後30年間でわれわれの未来がどう変化するのかを12のキーワードから読み解

きます。予測困難なこれからの社会を生きる子どもたちにどのような能力を身につけさせるべきかを技術的な側面から考える一助となるでしょう。

第13章

情報化への対応(2)
教科を横断した情報活用能力の育成

情報技術の発展により，社会の情報化はますます進んでいくことが予想されます。情報社会を生きる力である「情報活用能力」は，すべての教科・領域の学習に関わる資質・能力です。情報活用能力とはどのような力なのかを確認したうえで，さまざまな教科・領域で育てていくにはどのような授業や学習活動をデザインすればよいのかを取り上げます。

Key words

情報技術，情報社会，情報活用能力，探究，情報モラル，プログラミング

設計の基礎
- 授業をつくる(第3章)
- 評価をデザインする(第4章)
- 学習環境とデジタル化(第5章)

実践の基礎
- 授業を支える指導技術(第6章)
- 学びを引き出す指導技術(第7章)

ガイダンス
- 育みたい資質・能力(第1章)
- 求められる授業力(第2章)

設計の実際
- 学習目標の明確化(第8章)
- 深い学びを導く教材研究(第9章)
- 主体的・対話的な学習過程(第10章)
- 学びが見える評価方法(第11章)

情報化への対応
- ICTを活用した学習活動(第12章)
- 情報活用能力を育てる(第13章)
- 授業の拡張と校務の情報化(第14章)

授業の実施
- 授業の実施と改善(第15章)

やってみよう

あなたは普段，旅行の計画を立てるときにどのような段取りで進めますか？　その際，インターネットをどのように活用していますか？　いくつかのステップに分けて段取りを書き出し，ステップごとにどんなことに注意して取り組めばよいのか整理してみよう。

13.1 情報社会を生きる力

狩猟社会から農業社会へ，農業社会から工業社会へ。私たちの暮らし方や働き方は長い時間を経て発展を続けてきました。20世紀に入り，コンピュータが開発されました。膨大な量の計算やデータ処理を人間では到底できない速さで処理してくれます。計算速度は凄まじい勢いで高速化し，コンピュータ同士がネットワークで結ばれたことにより，社会インフラや，人と人とのコミュニケーションの道具としても使用されるようになりました。皆さんが手にしているスマートフォンの処理能力は，70年前のコンピュータの1億倍以上にもなります。

情報技術が社会生活のあらゆる部分を支え，大量の情報が日々，生産・消費され続ける「情報社会」を私たちは生きています。情報技術の普及により，私たちの生活はより便利に，快適に，効率的になりました。その一方で，SNS上のコミュニケーションのトラブル，セキュリティの危険性など，新たな課題も生じています。大量かつ真偽が曖昧な情報が氾濫する社会を生きていくには，情報を見極めたり，複数の情報から判断したりする力が求められます。さらに，得られた情報をもとに新たな情報をつくり出し，社会に発信していく力を身につけることで，あなた自身が情報社会に参画していくことができます。「情報活用能力」は，ますます進展する情報社会を生きていくための力です。今の子どもたちが社会に出て活躍する頃には，情報技術はさらに進化しているはずです。学校教育の段階で何を学ぶべきか，そのために，いつ，どのような学習活動を設定すればよいのか，考えていきましょう。

13.2 教科を横断して情報活用能力を育成する

「情報活用能力」はどのように定義されているのか確認してみましょう。小学校学習指導要領解説の総則編には次のように説明されています（文部科学省，2017）。中学校，高等学校，特別支援学校も同様です。

> 世の中の様々な事象を情報とその結び付きとして捉え，情報及び情報技術を適切かつ効果的に活用して，問題を発見・解決したり自分の考えを形成したりしていくために必要な資質・能力

　少しかみくだいてみます。例えばある企業の株価は，その企業の業績，新たな商品やサービスの発表，国や地域の経済状況，消費者の動向など，さまざまな情報が反映されています。これらの情報はメディアやネットワークを通じて瞬時に共有され，株価を上下させます。株価は，「情報とその結び付き」によって変動しているのです。次に，「情報及び情報技術」とあるように，情報と情報技術は区別されています。株価，業績，消費者動向といった事象が「情報」であり，ネットワークやスマートフォンといった「情報技術」が，これらの情報をより速く，より広範囲に結びつけています。

　ランチを食べる店を探す，読みたい本を見つける，旅行の計画を立てる，進路や職業を選択するといった私たちの行動の多くは，情報を収集し，それをもとに思考・判断し，何らかの行動に移す情報行動です。昼食を選ぶくらいなら，町を歩き，目に入った情報に従ってもよいでしょうし，スマートフォンで検索した結果を信じてみてもよいでしょう。たとえ，自分の口に合わなかったとしても，残念な思いをするだけです。しかし，レポートを書くために根拠となる情報を集めるとき，職業選択に迷ったとき，災害時に真偽不明の情報に接したとき，私たちは慎重に判断すべきです。SNS 上で交流するとき，ネットの向こうにどんな人がいる可能性があるのか，むやみに個人情報を発信しないこと，金銭トラブルやコンピュータウィルスに感染するリスクがあることなどは知っておくべきでしょう。情報活用能力は，情報社会を生きる私たちが日常生活を安全に，よりよく生きていくための資質・能力として，すべての校種において系統的に育成することとされています。

　情報活用能力の要素をもう少し詳しくみていきましょう。「教育の情報化に関する手引」（文部科学省，2020a）では，情報活用能力を資質・能力の 3 つの柱に合わせて表 13-1 のように整理しています。ただし，表の中身をみていくと，A-2 と B-1 や C-1，A-3 と C-2 のように重なりがあります。表 13-2 は，学習内容のかたまりごとに整理したものです。2 つの表を見比べるだけでも，情報活用能力にはさまざまな内容が含まれることがわかります。同手引には

表 13-1　資質・能力の 3 つの柱からみた情報活用能力（文部科学省，2020a）

分類		
A. 知識及び技能	1　情報と情報技術を適切に活用するための知識と技能	①情報技術に関する技能 ②情報と情報技術の特性の理解 ③記号の組合わせ方の理解
	2　問題解決・探究における情報活用の方法の理解	①情報収集，整理，分析，表現，発信の理解 ②情報活用の計画や評価・改善のための理論や方法の理解
	3　情報モラル・情報セキュリティなどについての理解	①情報技術の役割・影響の理解 ②情報モラル・情報セキュリティの理解
B. 思考力，判断力，表現力等	1　問題解決・探究における情報を活用する力（プログラミング的思考・情報モラル・情報セキュリティを含む）	事象を情報とその結び付きの視点から捉え，情報及び情報技術を適切かつ効果的に活用し，問題を発見・解決し，自分の考えを形成していく力 ①必要な情報を収集，整理，分析，表現する力 ②新たな意味や価値を想像する力 ③受け手の状況を踏まえて発信する力 ④自らの情報活用を評価・改善する力　等
C. 学びに向かう力・人間性等	1　問題解決・探究における情報活用の態度	①多角的に情報を検討しようとする態度 ②試行錯誤し，計画や改善しようとする態度
	2　情報モラル・情報セキュリティなどについての態度	①責任をもって適切に助法を扱おうとする態度 ②情報社会に参画しようとする態度

表 13-2　情報活用能力の想定される学習内容（文部科学省，2020a）

想定される学習内容	例
基本的な操作等	キーボード入力やインターネット上の情報の閲覧など，基本的な操作の習得等に関するもの　等
問題解決・探究における情報活用	問題を解決するために必要な情報を集め，その情報を整理・分析し，解決への見通しをもつことができる等，問題解決・探究における情報活用に関するもの　等
プログラミング（本事業では，問題解決・探究における情報活用の一部として整理）	単純な繰り返しを含んだプログラムの作成や問題解決のためにどのような情報を，どのような時に，どれだけ必要とし，どのように処理するかといった道筋を立て，実践しようとするもの　等
情報モラル・情報セキュリティ	SNS，ブログ等，相互通信を伴う情報手段に関する知識及び技能を身に付けるものや情報を多角的・多面的に捉えたり，複数の情報を基に自分の考えを深めたりするもの　等

これらをさらに細分化した「体系表例」があります。

　一方で，学習指導要領の総則には次のような記述がすべての校種にあります。

> 各学校においては，生徒の発達の段階を考慮し，言語能力，情報活用能力（情報モラルを含む。），問題発見・解決能力等の学習の基盤となる資質・能力を育成していくことができるよう，各教科等の特質を生かし，教科等横断的な視点から教育課程の編成を図るものとする。

　「**学習の基盤となる資質・能力**」ですから，あらゆる教科・領域の学習に関わる力です。そして，「**教科等横断的な視点**」とあるように，一部の教科で指導しておしまいではなく，中学校，高校においてもさまざまな教科で育成することが求められています。つまり，情報活用能力には特定の教科で教える内容もあれば，教科を横断的に指導するものもあるということです。

　そこで，各地域・学校では，表 13-1 や 13-2 の整理や体系表例をもとに独自の体系をつくっています。例えば仙台市では，表 13-2 にならって「活動スキル」「探究スキル」「プログラミング」「情報モラル」の 4 つの領域を設定し，表 13-3 のような「おすすめ単元表」を作成しています。さまざまな教科で育成できることがわかります。なお，この 4 つの領域はそれぞれ独立しているというよりも，組み合わさっています。例えば，社会科で課題を設定して探究する単元があります。検索やプレゼンテーションにまとめる際には基本的な操作技能に加えて，著作権などの情報モラルを意識することも必要です。統計資料のように膨大なデータを処理する際には，プログラミング的な思考を働かせて分析の仕方を工夫することも考えられます。とはいえ，実際に指導する際には，どの部分のどんな力を伸ばそうとしているのか，教師は意識して授業をつくり，年間指導計画に位置づけていくことが求められます。

　児童生徒の基本的な操作技能や端末の使用ルールに関する指導については 7.5 （97 ページ）で取り上げました。次節からは，すべての校種，教科に関わる探究スキルに着目した授業設計の方法と，充実化が図られたプログラミング教育の具体例，児童生徒の生徒指導の面からみても緊急性の高い情報モラル・情報セキュリティについて取り上げます。

表13-3 仙台市のおすすめ単元表（小学校）（仙台市教育センター，2020より作成）

要素	概要	学習内容	関連する単元等	
			低学年	
活動スキル	コンピュータや図書などのさまざまな情報手段を活用するための基礎的な知識・技能	A1: 記録と編集 A2: PCの操作 A3: ウェブ検索 A4: 図書利用 A5: インタビュー A6: アンケート A7: メモ A8: 口頭発表	○情報を集めたり，発信したりすることに関わる基本的な活動を，マナーを守って行うことができる。 生活1年「がっこうたんけん」(A1,A5) 生活1年「きれいにさいてね」(A1) みノ 国語2年「いくつあつめられるかな」(A7) 国語2年「たからものをしょうかいしよう」(A8) ○端末の基本操作	
			国語1年「としょかんはどんなところ」(A4)	
探究スキル	収集した情報を精査し，整理・分析し，まとめ・表現する際に働く思考・判断・表現力	B1: 取捨選択 B2: 読み取り B3: 創造 B4: 伝達内容の構成 B5: 表現の工夫 B6: 受け手の意識 B7: 学習計画 B8: 評価と改善	○情報を編集（整理・分析や表現）する際，与えられた視点や観点のもとで工夫して取り組むことができる。 生活1年「あたらしい1年生をしょうたいしよう」(B6) 国語2年「同じところ ちがうところ」(B2) みノ 国語1年「子どもをまもるどうぶつたち」(B2) 国語2年「あなのやくわりを考えよう」(B4,B6) 生活2年「まちたんけん」(B7,B8) たく57「ワニとキュウリ，何が同じで何が違う？」(B2)	
			生活科・総合的な学習の時間（B1〜B8）「情報活用能力をチェックしよう」	
プログラミング	問題解決の手順を理解し，コンピュータの特性を活かして思考・判断・表現する力	C1: 物事の分解 C2: 情報の分類 C3: 情報の関連付け C4: 問題解決の手順 C5: 試行錯誤 C6: データの傾向 C7: 情報技術の将来	○問題の解決には手順があることを理解する。 国語1年「みんなにはなそう」(C4) みノ 国語1年「じゃんけんやさんをひらこう」(C3) 算数2年「わかりやすくあらわそう」(C2) 音楽2年「おまつりの音楽をつくろう」(C1,C5)	
			音楽1〜6年「音のスケッチ」(C1,C5)・	
情報モラル	情報社会や情報手段の特性の理解と，安全かつ適切に情報手段を活用しようとする態度	D1: コミュニケーション D2: 法と権利 D3: 健康と安全 D4: ルール，マナー D5: セキュリティ D6: 個人情報 D7: 情報社会の将来	○自他の情報を大切にし，ルールを守って安全に情報手段を使用しようとする。 国語2年「本でしらべよう」(D1) 道徳2年「たんじょう日カード」(D1) 学活2年「家での過ごし方を考えよう」(D4) みノ ○安全な扱い方	
			隙間時間の10分指導・児童会による主体的な活動	

★単元は例であり，他の単元を関連付けることもできます。★「たく」は「仙台版たくましく生きる力育成プログ
★「みノ」は「みやぎ情報活用ノート」活用可能な単元例です

	中学年	高学年
	○情報を集めたり，発信したりする際にコンピュータを含む情報手段を目的に応じて活用することができる。	○情報を集めたり，発信したりする際，情報手段の特性を意識して活用することができる。
	国語 3,4 年「ローマ字」(A2) みノ 国語 3 年「メモをとりながら聞こう」(A7) 社会 3 年「店ではたらく人」(A5) 国語 4 年「調べたことをほうこくしよう」(A6,A8) 理科 4 年「夏の星 月や星の動き 冬の星」(A3)	国語 5 年「和の文化について調べよう」(A4,A8) 社会 5 年「米づくりのさかんな地域」(A3) みノ 理科 5 年「台風と天気の変化」(A3) 家庭 5 年「上手に使おう物やお金」(A3) 図工 6 年「My キャラが動き出す」(A1) 国語 5 年「知りたいことを聞き出そう」(A5) ○社会「日本地図の学習」(A2) (Web 教材)
	国語 2 ～ 6 年「図書館へ行こう」(A4)	
	○情報を編集（整理・分析や表現）する際，学びの見通しを持って視点や観点を理解し，試行錯誤することができる。	○情報の収集・編集（整理・分析や表現）・発信の過程を組み立て，目標を意識して評価・改善することができる。
	国語 3 年「自分の考えをつたえよう」(B4) 国語 3 年「外国のことをしょうかいしよう」(B4,B6) 社会 3 年「市のうつりかわり」(B5) 国語 4 年「みんなで新聞をつくろう」(B5) 社会 4 年「自然災害からくらしを守る」(B7) みノ たく 44「情報はすべて正しいの？」(B1)	国語 5 年「新聞記事を読み比べよう」(B2) 社会 5 年「これからの食料生産とわたしたち」(B1,B4) 国語 6 年「町の未来をえがこう」(B3,B4) 家庭 6 年「くふうしよう おいしい食事」(B3) みノ 理科 6 年「水溶液の性質とはたらき」(B2,B7) 社会 6 年「私たちの生活と政治」(B2)
	○問題解決や表現活動の際，コンピュータに与える論理的な手続きやデータをさまざまに工夫できることを体験的に理解する。	○コンピュータを使った問題解決や表現活動を通して，情報技術の価値を社会や自らの将来に関連付けて考えることができる。
	算数 3 年「わかりやすく整理して表そう」(C2) みノ 算数 4 年「グラフや表を使って調べよう」(C6) 図工 4 年「ゆめいろらんぷ」(C5)	算数 5 年「偶数と奇数，倍数と約数」(C3)「図形の角」「正多角形と円周の長さ」(WEB 教材へ) (C3,C5) 社会 5 年「情報を生かす産業」(C7) 算数 6 年「データの特ちょうを調べて判断しよう」(C6) 理科 6 年「電気と私たちのくらし」(WEB 教材へ) (C4,C5) 図工 5 年「技術の発達と表現の広がり」(C5) 理科 6 年「動物の体とはたらき」(C4) みノ
	総合的な学習の時間	
	○情報手段の利便性と危険性を理解し，自他への影響を考えて使用しようとする。	○情報社会の価値や課題を認識し，情報手段を適切に活用しようとしている。
	道徳 3 年「ひみつの手紙」(D4) 国語 4 年「くらしの中の和と洋」(D1) ※ H30 仙台市情報モラル実践ガイドより＜小学校実践一覧へ＞ 保健 4 年「よりよく成長するための生活」(D3) みノ 道徳 4 年「やめられない？とまらない？」(D3)	社会 5 年「情報を生かすわたしたち」(D5,D7) 道徳 5 年「その遊び方，だいじょうぶ？」(D6) 国語 6 年「情報を活用するときに気を付けよう」(D2) 道徳 6 年「あなたはどう考える？」(D3,D7) 国語 5 年「テクノロジーの進歩について考えよう」(D7) たく 94「ゲーム・スマホ・携帯と上手に付き合っていこう」(D4)
	※ H30 仙台市情報モラル実践ガイドより＜児童生徒の主体的な取組による情報モラルの啓発活動例＞	

13.3 探究する単元の設計と情報活用能力

　学習者が課題を設定し，その解決に必要な情報を集め，整理・分析し，解決策を試み，結果を発表するまでの流れを**探究活動**と呼びます。2008年の学習指導要領解説の総合的な学習の時間編（文部科学省，2008）には，探究のプロセスが図13-1のように表現されています。このように学習を一連の流れで示す考え方には，2つのルーツがあります。

　一つは，米国の教育学者，J. デューイの反省的思考の段階です。①問題状況，②問題の設定，③問題を解決する仮説の提示，④推論による仮説の再構成，⑤実験と観察による検証，この流れを探究と捉え，人々の思考の基本形だとしました（デューイ，1950）。デューイの思想を受け継いだキルパトリック（1967）は，「**プロジェクト・メソッド**」に具体化しました。学習者が目標を立て，学習計画を立案し，遂行した結果を振り返るプロセスは，まさに探究活動そのものです。現在でも，**プロジェクトベース学習**（Project-Based Learning）として，学習者中心の教育手法の主流の一つとして広く行われています（第10章参照）。

　もう一つが，図書館利用における**情報リテラシー教育**の流れです。課題に対して必要な図書資料を探し，図書から情報を見つけ，自分の考えをつくり出し，レポートやプレゼンテーションにまとめるといった一連の学習プロセスを遂行するには，情報を検索し，読み取り，判断し，表現するまさに情報

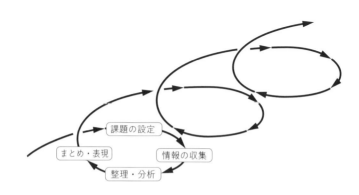

図13-1　探究活動のプロセス（文部科学省，2008）

活用能力の探究スキルが求められます。このプロセスについてはアイゼンバーグとバーコウィッツ（Eisenberg & Berkowitz, 1999）による Big 6 モデルやクルトーら（Kuhlthau et al., 2007）の 7 段階のモデルなど，さまざまなモデルが示されてきました。日本でも塩谷（2014）が「つかむ」「さがす」「えらぶ」「まとめる」の 4 段階のモデルを示しています。

　2018（平成 30）年改訂の高等学校学習指導要領では，「総合的な学習の時間」が「総合的な探究の時間」と名称変更され，さらに教科の中でも「理数探究」「古典探究」「地理探究」といった科目が設定されました。探究は，「主体的・対話的で深い学び」がめざす姿そのものといってもよいでしょう。ここでは，探究スキルを育成する際の具体的な単元設計方法として，プロジェクトベース学習の考え方をもとに情報活用の流れを単純化し，総合以外の教科でも実践しやすいモデルとして提案されている「**情報活用型プロジェクト学習**」（稲垣，2020）を紹介します。

　図 13-2 が情報活用型プロジェクト学習の単元モデルです。プロジェクトの「ミッション」とは，「我が家の食生活の見直しプランをつくる」「新入生に学校の魅力を伝える」といった学習者にとって学ぶ目的意識が明確になる学習課題（第 8 章参照）です。教師から提示する場合もありますが，魅力的で挑戦しがいのあるミッションを子どもたち自身で設定することもあります。ミッション達成に向けて解決すべき課題を具体化したうえで，さまざまな情報源から情報を収集し，集めた情報について思考を働かせながら整理・分析し，プレゼンテーション等の成果物に表現します（編集）。表現したものをミッションで設定した相手に向けて発信し，その結果を振り返り，学習成果を評価する。この一連のプロセスにおいて教科のねらいを達成しながら，

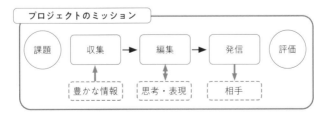

図 13-2　情報活用型プロジェクト学習の単元モデル

表13-4　情報活用型プロジェクト学習を構成する学習活動

収　集	編　集	発　信
A. 課題づくり	J. 集約	W. 発表・イベント
B. 図書	K. 比較	X. 展示・公開
C. ウェブ	L. 関連づけ	Y. 対話
D. アンケート	M. 論理	Z. 振り返り
E. インタビュー	N. 創造	
F. 観察・実験	O. 表・グラフ	
G. 体験	P. レポート	
H. 統計資料	Q. 新聞	
I. 映像	R. ポスター・パンフレット	
	S. プレゼンテーション	
	T. 動画	
	U. 工作・プログラム	
	V. 劇	

探究スキルとしての情報活用能力の育成を図ります。

　収集 - 編集 - 発信の3ステップをもう少し詳しくみていきましょう。表13-4のように26種類の学習活動を想定しています。1つの単元ですべての活動を実施するわけではありません。収集場面でいえば、課題によって図書資料が向いている場合、ウェブ検索が向いている場合、インタビューするべき対象者がいる場合があります。ウェブ検索でいえば、検索キーワードを工夫すること、見つけたサイトの中から信頼性を考えて情報を選ぶこと、インタビューであれば質問を考える、答えに対してさらに詳しく知るために質問を重ねるといった具体的な目標が情報活用能力として考えられます。そしてこれらを学習者自身で組み合わせて、学びの見通しを立てるメタ認知に関する力も情報活用能力の一つです。これらはガニェの学習目標分類（第4章）でいえば、いずれも認知的方略に相当します。情報活用能力の中でも活動スキルおよび探究スキルは学び方の力でもあるわけです。

　例として、小学校4年生の社会科の単元「安全なくらしとまちづくり」を取り上げます。交通事故や犯罪、火災などの災害から地域の人のくらしを守るために、警察署や消防署、地域の人々がどのような工夫をしているのかを学びます。ミッションは、低学年の子どもに校区の安全について伝えることとします。成果物は、校区の安全マップや地区ごとの危険や注意事項、対策などを説明するプレゼンテーションが考えられます。課題は「〇〇町にある危険と、

安全に暮らすための工夫を調べよう」のように具体的なものにします。ここからは子どもの目線になって探究の流れをシミュレーションしてみましょう。

　まず，情報の収集から考えます。子どもたちは実際に校区を歩いてまわり，危険なところがないか，看板や工夫されているところがないか探索します（G.体験）。警察署や消防署に見学に行く際，あるいは町内会長に話を聞くといった場面でも，なんとなく質問するのではなく，校区に多い事故や危険は何か，安全を守るためにしていることなど具体的な質問をします（E.インタビュー）。自分たちのクラスや下級生に対して調査を行い，危ないと思ったところはなかったかなどを聞いてもよいでしょう（D.アンケート）。

　次に，集めた情報を整理する段階です。起きている危険，その対策として工夫されていることを結びつけながら地図上に整理します（L.関連づけ）。下級生に伝えるプレゼンテーション（S）を作成するために，危険，対策，アドバイスなどの情報を適切な順序で構成します（M.論理）。

　最後の発信する場面では，作成したプレゼンテーションや防犯マップを使って下級生に発表します（W）。質疑や感想などの対話（Y）から伝えられたことを確認します。単元の最後には，他の班が作成した異なる地区の情報なども統合しながら，地域の安全を守るために誰が，どのような努力をしているのかを各自で文章等にまとめます（Z.振り返り）。

　このように探究の流れを子どもの目線に立って具体化したうえで，教師として指導すべき情報活用能力を検討します。その際，あらかじめ身につけておいてほしい部分（9教授事象でいえば「3. 前提条件を確認する」）と，この単元で指導すべき部分（「5.学習の指針を与える」）を明確にします。例えば，インタビューの活動でいえば，質問を考えることができそうであれば「前提条件」であり，インタビューのメモの取り方に不安があれば新たな「学習の指針」として指導します。

　教師のもう一つの役割は，十分な探究活動が可能となるように子どもたちを誘い，学習環境を整えることです。「○○町にある危険」に突然，子どもたちがタイミングよく興味をもつことはないでしょう。火事などのニュース映像を見せる，防犯ポスターを紹介するなどのきっかけのつくり方が考えられます。学習環境には校外学習の手配，対象となる下学年の担当教員との調整，調べる際の図書資料，ICT環境の準備などが想定されます。

13.4 プログラミングの指導

　次に，プログラミングについて取り上げます。小学校段階から指導することとなりましたが，誰もがシステムエンジニアやプログラマーをめざすわけではありません。では，なぜ義務教育に取り入れられたのかといえば，コンピュータがどんな仕組みで動いているのかを知り，人工知能やロボットなど，新たな情報技術が生活や仕事にどのように影響を及ぼしていくのかを考えられることが，どんな職業につくにしても必要な社会になったためです。

　プログラムは，身近な生活でたくさん使われています。電子レンジの出力調整，コンビニのレジの計算，図書館の蔵書管理といった何かしらの「問題」を効率よく解決するための手続き（アルゴリズム）と捉えれば，探究的な問題解決のプロセスの一手段としてプログラミングを位置づけることもできます（草野，2018）。問題解決の手順を論理的に組み立て，試行錯誤しながら解決に向かう思考の働きを「プログラミング的思考」と呼びます（文部科学省，2018）。これには，手順に分解する，部分を組み合わせて全体を構成する，頭の中で試行（シミュレーション）するといった思考が含まれます。

　実際にプログラミングをする際には，古くは S. パパートが開発した LOGO

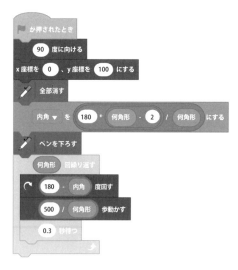

図 13-3　Scratch を用いたプログラム例

や MIT メディアラボによる Scratch など，子どもたちが扱いやすいプログラム言語や環境が開発されています。図 13-3 は，Scratch 上でのプログラム例です。どのような動きになると予想できますか？　今，みなさんの頭の中でプログラムをたどりながら働いた思考が試行（シミュレーション）です。他にも，ロボット型の教材を動かしたり，BBC（英国放送協会）が開発した micro:bit のように LED を光らせるなど，体験できる教材も充実しています。

「小学校プログラミング教育の手引（第三版）」（文部科学省，2020b）には，プログラミングに関する学習活動が以下の6種類に分類されています。

A　学習指導要領に例示されている単元等で実施するもの
B　学習指導要領に例示されてはいないが，学習指導要領に示される各教科等の内容を指導する中で実施するもの
C　教育課程内で各教科等とは別に実施するもの
D　クラブ活動など，特定の児童を対象として，教育課程内で実施するもの
E　学校を会場とするが，教育課程外のもの
F　学校外でのプログラミングの学習機会

A は先ほど示したプログラムのような多角形の作図（5年算数）や，電気の性質(6年理科)で取り上げます。また，総合的な学習の時間においても「情報化の進展と生活や社会の変化」を扱う際に実施することができます。また，近年ではプログラミングを対象とした塾や NPO などの民間の教育サービスの人気も高まっています。「社会に開かれた教育課程」として，こうした学校外の教育リソースと連携を進める（分類では E や F）も，情報社会で学び続ける人を育てる方法の一つです。

13.5　情報モラル・情報セキュリティの指導

情報技術は便利な道具であると同時に，さまざまなトラブルの原因にもなります。10年前と今では流行っている SNS が違うように，学習すべき内容が比較的早いペースで変動します。小学校1年生のときにしっかり学んだと

しても高校3年生になれば情報社会はずいぶん変化しているため，安全に利用するための知識は常にアップデートしていくことが求められます。一方，SNSが変わっても，「情報の受け手を意識して発信すること」や「他者の権利や法律を守ろうとすること」といった技術の変化にそれほど左右されない態度もあります。「**情報社会で適正な活動を行うための基になる考え方と態度**」（文部科学省，2017）が，情報モラル・情報セキュリティです。

　文部科学省（2007）による「情報モラル指導モデルカリキュラム」では，情報モラルを図13-4に示す5つの要素に分けて，小学校から高校までの指導事項を整理しています。情報セキュリティや個人情報の取り扱いなど，知識として理解しておくべきこともあれば，ルールを守る，他者を尊重するなどの態度的なもの，適切な行動をとるための判断が求められるものが含まれます。これらを指導するには，道徳，国語，特別活動，社会科，技術・家庭科，情報科とさまざまな教科で横断的に扱います。先程の探究スキルは「学び方」を教科横断的に取り入れるための単元設計がポイントでした。情報モラル・情報セキュリティでは，どの内容をいつ教えるのかを考慮して年間計画に位置づけます。

　情報モラル・情報セキュリティの指導法として玉田と松田（2004）は「**3種の知識**」の考え方を提唱しています。「**道徳的規範知識**」「**情報技術の知識**」

図13-4　情報モラルの5つの要素（文部科学省，2007）

「合理的判断の知識」の３つを組み合わせることで，情報モラルに関する問題状況に対して適切に判断できる力の育成ができるとされています。加えて，SNS上のやりとりで誤解を生まないためには言語表現のスキルが求められますし，学級で１人１台の端末やスマートフォンを使う際のルールづくりを話し合う際には，合意形成をどう図り，ルールを運用するかといった，より主体的に情報社会に関わっていく態度も重要です。

　情報モラル・情報セキュリティの指導を行ううえで留意しておきたい点を２つ挙げます。一つは，児童生徒の実態を把握することです。発達段階だけでなく，スマートフォンの所持率，よく使用されているアプリやサービス，起きているトラブル，いじめを含む人間関係上の課題などをアンケートや聞き取りによって定期的に確認します。情報モラルは子どもたちの安全・安心に関わる事柄を扱います。市販の教材や映像資料などのデジタルコンテンツも豊富に提供されていますが，授業を行う際には，児童生徒がその教材をどう受け止めるのか慎重に検討することが重要です。

　もう一つは，子どもたちが情報モラルについて主体的に考えられるように指導することです。「正しい使い方はこれ」「こんな使い方は危険」といった表面的な知識の伝達や怖がらせるだけの指導では，情報社会と適切に関わっていく態度の形成にはつながりません。最新の技術やサービスについていくのがやっとの大人が，デジタルネイティブな子どもたちに説教するのもナンセンスです。学習者参加型の学びを通じてデジタル社会をつくる主体を育てる「**デジタルシティズンシップ**」という考え方も広がりつつあります（坂本ら，2022）。

　従来，情報モラル・情報セキュリティは主に家庭の問題とされ，スマートフォン，SNS，オンラインゲームのトラブルへの対処などは，学校で扱う話ではないといった意見さえありました。しかし，GIGAスクール構想により児童生徒が自分のコンピュータを日々の授業で，また端末を持ち帰って使うようになりました。教師からすると，家庭など学校外の見えないところで起きていたトラブルが，急に目の前の問題として対処を求められるようになったのです。とはいえ，環境は大きく変わりましたが，教えるべき知識や身につけさせたい態度が丸ごと変わったわけではありません。見えていなかったところのトラブルを減らしつつ，図13-4にある「**公共的なネットワーク社**

会の構築」を実現する好機とするために，児童生徒・教員・保護者で目の前の問題について対話を重ね，これからの情報技術・情報社会と適切に付き合っていく方法を見つけていくことが大切です。

章末問題

問1　次の文のうち，正しいものに〇，誤っているものに×をつけましょう。
　(a) 情報活用能力は，コンピュータの操作に詳しくなることだ。　（　　）
　(b) 情報技術は進歩が速く，毎年教える内容を見直したほうがよい。（　　）
　(c) 情報活用能力は，どの教科の教員も育成しなければならない。　（　　）
　(d) 小学校の情報科ではタイピングとプログラミングを指導する。　（　　）
　(e) 情報モラルはスマートフォンの危険性だけでなく利便性も学ぶ。（　　）

問2　あなたが今，困っていることを解決するために探究する計画を立ててみ
　　　ましょう。本章の表13-1の語句を使って，どのように問題を解決するか
　　　情報の収集，編集，発信のそれぞれの場面ごとに文章でまとめましょう。

☀さらに深めるには？

日本図書館協会図書館利用教育委員会図書館利用教育ハンドブック学校図書館
（高等学校）版作業部会（編）(2011)　問いをつくるスパイラル：考えることから探究学習をはじめよう！　日本図書館協会

　探究学習の中でも最初の「問いをつくる」に重点を置いたガイドブックです。「テーマを決めて調べる」活動を学びとしてしっかり深めるためのヒントが豊富に紹介されています。

金 洋太（2022）　子供の探究する力を伸ばすプログラミング教育：micro:bit で
STEAM教育　ラトルズ

　小学校のさまざまな教科でプログラミングを使ったどんな問題解決ができるのか，豊富な事例が掲載されています。家庭やワークショップで取り組むヒントもあります。

第14章

情報化への対応 (3)

テクノロジによる授業の拡張と校務の情報化

学校教育現場へのICTの導入が進み，子どもたち一人ひとりが情報端末やさまざまなクラウドサービスを学びの道具として利用できるようになりました。本章では，「授業」の枠を超えて，テクノロジが子どもたちの学びをどう支えていくのかを紹介します。反転授業や適応学習など，新たな学びの姿と校務の情報化による働き方改革が実現する，これからの学校像を考えてみましょう。

Key words

1人1台, EdTech, 学校と家庭の学習連係, 反転授業, クラウドの活用, 個別最適な学び, 遠隔・オンライン教育, 校務の情報化

設計の基礎
- 授業をつくる(第3章)
- 評価をデザインする(第4章)
- 学習環境とデジタル化(第5章)

実践の基礎
- 授業を支える指導技術(第6章)
- 学びを引き出す指導技術(第7章)

ガイダンス
- 育みたい資質・能力(第1章)
- 求められる授業力(第2章)

設計の実際
- 学習目標の明確化(第8章)
- 深い学びを導く教材研究(第9章)
- 主体的・対話的な学習過程(第10章)
- 学びが見える評価方法(第11章)

情報化への対応
- ICTを活用した学習活動(第12章)
- 情報活用能力を育てる(第13章)
- 授業の拡張と校務の情報化(第14章)

授業の実施
- 授業の実施と改善(第15章)

やってみよう

今，あなたが使っているスマートフォンやパソコンに代表される身近なICTに，初めて触れたのはいつだったか思い出してみよう。小中学生の頃，パソコンやタブレットはどんな学習で使ったかを思い出してみよう。あなたが教師になったとき，子どもたちはどのようにICTを使って学んでいるか想像してみよう。

　初等中等教育の学校現場における ICT の活用が，子どもたちの学びに対する興味・関心や学習の効率・効果を高めることを第 12 章で紹介しました。GIGA スクール構想（第 5 章）により，1 人 1 台の環境が整い，子どもたちの学習の道具，言い換えれば文房具の一つとして日常的な活用段階に入っています。

　テクノロジの発達は高度になるだけでなく，従来高額だったものを安価にする方向の進化もあります。例えば明治時代にまだ高価だった紙のノートは今ではたやすく手に入るようになりました。MIT のニコラス・ネグロポンテ氏を中心に進められた OLPC（One Laptop Per Child）プロジェクトは，「100 ドル PC」を開発し，主に開発途上国を中心に 300 万台以上の端末を子どもたちに配付しました（http://one.laptop.org）。日本でも，安価なノート型 PC はすでに小学生が入学時にプレゼントされるランドセルよりも安くなっています。家庭で端末を用意し，学校に持ち込むことを BYOD（Bring Your Own Device），学校が指定した機種を家庭で用意することを BYAD（Bring Your Assigned Device）と呼びます。国内では私立学校が先行して BYOD/BYAD を導入しました。GIGA スクール構想による端末整備，BYOD/BYAD などの組み合わせにより，公立学校を含む，ほぼすべての学校で 1 人 1 台の環境が実現しつつあります。

　図 14-1 をみてみましょう。2 人の子どもがキーボードつきのタブレットのような端末を操作している様子が描かれています。この絵が描かれたのは 50 年も前のことです。1970 年代に，アラン・ケイは，すべての子どもたちが使えるノートサイズのコンピュータとしてダイナブック（Dynabook）構想を提唱しました（Kay, 1972）。そしてコンピュータは，子どもたちの可能性を引き出す道具である

図 14-1　ダイナブック構想（Kay, 1972）

と提唱しました。その背景には，J. ピアジェに代表される構成主義の考え方があります。子どもたちがさまざまな道具を使い，試行錯誤しながら，自ら学習を組み立て学ぶ。その道具の理想像をコンピュータに託したのです。

　皆さんが小中学生の頃，学校で「コンピュータを使って学ぶ」といえば，コンピュータ室が主流だったのではないでしょうか。調べ学習をしたり，タイピングの練習をしたりした記憶もあると思います。コンピュータ室にはデスクトップＰＣが据え置きされ，複数の学級で同時に使うことは難しく，その場所に行かないとインターネットが使えませんでした。つまり，場所や時間の制限があり，子どもたちがその主体性や必要感に応じて活用するというよりも，教師が必要と感じたときに使わせる環境でした。

　子どもたちが学習の道具として自分のコンピュータをいつでもどこでも使える環境は，教師が「授業でそれをどう効果的・意図的に活用するか」以上の可能性があります。コリンズとハルバーソン（2012）は，教育におけるテクノロジの価値を次の３つに整理しています。

　①**カスタマイズ**：学習者が学ぶ内容や学び方を柔軟に選ぶ
　②**インタラクティブ**：学習者の行動にフィードバックが即座に行われる
　③**学習者コントロール**：学習者が学びたいときに自分のペースで学ぶ

　子どもたちの学びの道具としてテクノロジを導入することは，「授業」「教師」「学校」の意味や役割すら変えていくのかもしれません。学級，学年進行，標準化されたカリキュラム，時間割といった基本的な仕組みは，ここに挙げたテクノロジの価値と相容れない面があります。

　授業や学校という枠組みにとらわれず，テクノロジを活用して新たな教育サービスを生み出している一連の動きは EdTech（エドテック：Educationと Technology の造語）と呼ばれ，多くの新興企業が参入しています（佐藤，2018）。最新の技術をひっさげて登場する EdTech のサービスは目新しく，これまで学校ができなかったことが実現するのではないかといった期待が高まります。一方で，民間サービスとして相応のコストがかかることから，教育に対してより多く支出できる家庭の子どもばかりがよりよい教育機会を得ることになり，格差の拡大につながるのではないかといった懸念もあります。

学校にとってテクノロジは，授業の魅力を高め，効果・効率を改善する頼も
しい助っ人であると同時に，学校外の学習を充実させ，教育機会の公平性を
突き崩す危険な存在なのかもしれません。

　本章では，授業あるいは学校を超える取り組みを，その背景となる理論と
ともに紹介していきます。

14.2　授業と家庭学習をつなぐ

　1時間の授業は単元のまとまりを見通したうえで設計するものであること
を示してきました（第3章，第10章）。同じ単元の授業は週に数回ある場合
もあれば，1回以下の場合も教科によっては起こりえます。授業と授業の間
をつなぐICTの可能性に着目してみましょう。

　「宿題」は，教師から子どもたちに家庭での学習を与えるものです。小学
校では漢字練習や計算練習，教科書の音読などが思い出されるでしょう。中
学校や高等学校では，問題集を解き自分で丸つけをして，間違った問題を解
き直してから提出することもあります。言葉の意味調べなど，予習的な内容
が宿題になることもあったことでしょう。他にも「自主学習」「自学」など
と呼びますが（第7章参照），自分の興味・関心に応じて調べたことをまと
めたり，読んだ本の感想を書いたりといった授業外で学んだことをノートに
まとめ，提出する課題を出している学校もあります。

　「宿題」に着目して授業のあり方を考え直した方法が「**反転授業**（Flipped
Classroom）」です。「授業と宿題の役割を「反転」させ，授業時間外にデジ
タル教材等により知識習得を済ませ，教室では知識確認や問題解決学習を行
う授業形態」（重田, 2014）と定義されています。国内の小学校では, 2012年,
宮城県富谷町立（現在は富谷市立）東向陽台小学校での東北学院大学との共
同研究による算数の比例の単元の実践が最初といわれています。従来の算数
の授業では，子どもたちは授業で初めて学習内容に出合い，既習事項を利用
して例題を解き，整理し，最終的に解決方法を理解します。反転授業では，
家庭学習として，教師が作成した動画教材を端末で視聴し，例題の解決方法
などについてノートに整理します。動画で説明を見るため，わからないとこ

ろは繰り返し見る，途中で止めてノートに整理するのも自分のペースで行います。先に挙げたテクノロジの3つの価値でいえば，説明場面を動画化し，家庭で視聴することで学習者コントロールを実現したことになります。翌日の授業では，最初の5分間程度で子どもたちの家庭学習の状況を把握し，適応問題や発展問題に取り組みます。

　反転授業により，知識・技能の習得は家庭学習に移行し，授業では活用・探究のための課題解決学習やペア，グループによる協働学習といった学習活動が中心になりました。図14-2はガニェの9教授事象と反転授業を対応させたモデルです。子どもたちは，家庭では一人でじっくり考え，学校ではみんなで議論しながら，問題へのアプローチの仕方を吟味したり，より上手な解き方を考えたりします（稲垣・佐藤，2015）。

　1人1台の環境は，反転授業のように授業と授業，家庭学習との連続性を高めることに大いに役立ちます。子どもたちはクラウドサービスを通して教室からでも家庭からでも同じ教材にアクセスして授業の続きに取り組んだり，同じ場所にいなくてもWeb会議システム上に集まって議論を深めたり，その過程や結果をオンラインで共同編集したりできます。児童生徒の学習にとって，授業が果たすべき役割の問い直しが始まっています。

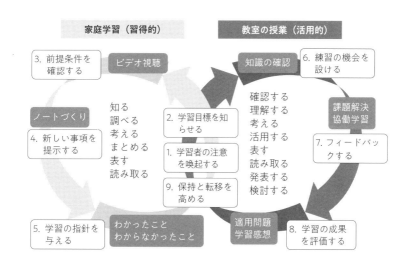

図14-2　ガニェの9教授事象と反転授業の関係モデル

14.3 個別最適な学びを実現する

　子どもたちの学習に対する興味，学習進度などの特性は，元来，一人ひとり異なるものです。L. J. クロンバックは，学習者の認知特性や興味関心などのさまざまな個人差（適性）と教材や教授法の選択（処遇）には相互に関連がある適性処遇相互作用の概念を提唱しました。多様な子どもたちに対し，ICT の活用の仕方，つまり処遇も個別に最適化できると考えられます。

　「個別最適な学び」は，「『令和の日本型学校教育』の構築を目指して〜全ての子供たちの可能性を引き出す，個別最適な学びと，協働的な学びの実現〜」（中央教育審議会，2021）において，「指導の個別化」と「学習の個性化」に整理され，子どもが自己調整しながら学習を進めていけるように指導することが重要と提言されました。加藤らが 1980 年代に展開した「個別化・個性化教育」の蓄積があります。

　「指導の個別化」とは，一人ひとりの特性や学習進度，到達度等に応じて指導法や教材，学習時間等を柔軟に提供したり，支援が必要な子どもに対して重点的な指導を行ったりすることを指します。その源流は 1950 年代にまでさかのぼることができます。行動主義の心理学者である B. F. スキナーが提唱したプログラム学習では，①積極的反応，②即時確認，③スモールステップ，④自己ペース，⑤学習者検証の 5 つの原理が示されました（Skinner, 1958）。テクノロジの 3 つの価値でいえば，学習者コントロールにインタラクティブが加わったかたちです。スキナーはこのプログラム学習を組み込んだティーチング・マシンによって一斉学習中心の学校教育を変えようとしました。

　その後，コンピュータの普及により続々と開発された CAI（Computer Assisted Instruction）教材にもプログラム学習の考え方は引き継がれました。1人1台の端末が整備されたことで，コンピュータ上のドリル教材をいつでも使用できるようになりました。さらに現代では，AI 等を活用し，学習者の学習履歴をもとに次に学ぶべき題材やさかのぼって復習すべき題材を特定し，学習者にレコメンド（推薦）する仕組みを備えているものがあり，適応学習（アダプティブラーニング；Adaptive Learning）と呼ばれます。

　図 14-3 のように一人ひとりの学習状況を可視化できるアプリケーション

図14-3　個別の学習履歴を把握する

もあります。子どもたちがどの問題に取り組んだのか，その結果はどうだったのか，どれだけの時間をかけたのかなどをAIが分析して提示します。個別の学習履歴を，教師はほぼリアルタイムで把握することができるので，それぞれの子どものつまずきを的確に把握し，個別の指導に役立てることができます。また，グラフィックスや音楽などの表現が高度化したことや，レベルアップ，コイン集めなどゲーム要素を応用すること（ゲーミフィケーション；Gamification）によって，学習者がより熱中して取り組めるような工夫もされています。

「**学習の個性化**」とは，子どもたちがそれぞれの興味関心や将来に向けたキャリア形成の方向に応じて異なる目標に向かって探究するといった，一人ひとりの学習活動や学習課題に取り組む機会を提供することを指します。

1人1台の端末を通して児童生徒はインターネット上にある無数の教材や情報に出合うことができます。Google等で検索するだけでなく，YouTubeのような動画サイトで興味関心のあるものを探し，視聴できます。NHK for SchoolではEテレで放送されている番組や関連する動画クリップが豊富に用意されています。以前であればクラス一斉で同じ番組を視聴することしかできませんでしたが，今では個別の興味関心に応じて映像から学ぶこともできます。進路・キャリアに関する情報を入手する際にインターネットが有用であることは皆さんもこれまでの進学・進路決定の際に経験してきたはずです。

学習者用デジタル教科書（第9章）と一体的に活用することで子どもたちの学習の充実を図ることができる補助教材に，**デジタル教材**があります。デジタル教科書は紙の教科書と同じ内容であることが検定制度上，規定されて

Chapter 14

いますが，デジタル教材はその限りではありません。例えば立方体の見取り図と展開図の関係をアニメーションで示す動画や，声優による物語文の朗読音声データなど，紙では扱うことができなかった教材を含みます。また，教科書本文にある言葉や図表を基点に，収録された資料集や百科事典のような内容にも，インターネット上の多様で膨大なデジタルコンテンツにもアクセスすることができます。子どもたちは自分の興味関心に応じて教科書の紙面を飛び出し，もっと深掘りしたいことや発展的に知りたいことに自ら選択して触れ，考え，まとめ，表現できる学習環境を手に入れたのです。

14.4 遠隔・オンライン教育の広がりと学びの保障

　新型コロナウイルス感染症の爆発的拡大で全国的に学校の長期休校措置が行われた 2020 年，大学だけでなく初等・中等教育の学校現場でも「子どもたちの学びが止まってしまう」ことが大問題になりました。文部科学省(2020)は「「学びの保障」総合対策パッケージ」を公表し，GIGA スクール構想の加速，家庭のパソコンやタブレット，スマートフォンの活用，「子供の学び応援サイト」の構築・公開など，テクノロジを活用した「学びを止めない」方策を打ち出しました。全国の学校では，学校ホームページを通じて連絡事項や学習課題の提示や，NHK for School の動画による家庭学習が推奨されました。

　インターネット等を利用し，離れた場所で教育を受けられる仕組みは一般的に，**遠隔教育**，あるいは**オンライン教育**と呼ばれます。遠隔教育には，Zoom 等の Web 会議システムを使ってリアルタイムに教師と学習者がやりとりする**同期型**，動画や教材を Web や専用の LMS（学習管理システム）上に置き，学習者の任意のタイミングで学習する**非同期型**があります。コロナ禍で通学が難しい状況の中，教育を学習者に届ける**学びの保障**の手段として，同期・非同期のさまざまな手法が広がりました。この経験は，1 人 1 台端末の活用を進めていくうえで大きな財産になっています。子どもたちが登校する毎日でも，健康観察をアンケートシステムで集めたり，Google Workspace for Education などの授業支援ツールを利用して協働学習したり，全校集会を各教室に配信したりといったことが日常化しました。

こうした知見やスキルは，疫病や自然災害時の休校対応，学校の日常のデジタル化だけでなく，学校に来ることが難しい子どもたちに学びを届ける手段としても活用され始めています。不登校や長期入院せざるをえない児童生徒が，Web 会議システムや協働学習ツールを使うことで，家庭や病院からでも教室の授業に参加することができます。通信制高校では，希薄になりがちな生徒同士のコミュニケーションを活発にしたり，スクーリング以外でも対話的に学んだりできるようになりました。さらに，地方では少子化による学校の統廃合が進んでいますが，地理的要因等で学校存続を選択する場合には，一部の授業を遠隔合同授業とすることで子どもたちが多様な見方・考え方に触れる機会を保障し，小規模校のデメリットを最小限に抑えるといった取り組みも始まっています。

14.5 校務の情報化を推進する意義

　子どもたちの学びがテクノロジによって深く豊かになる可能性が高くなるのに合わせて，その実現に向けて教師に求められる指導力が多様化・高度化していることを第 2 章・第 6 章で触れました。子どもたちが自己調整しながら個別の目標に向かって学ぶ際の支援，社会課題と結びついた教科横断的な学習目標の設定など，授業を創る・学びを支援するといった教師本来の仕事に注力できる環境は必須です。しかしながら事務処理や**校務分掌**，生徒指導や保護者対応など，授業とは直接関わらない業務が山積し，むしろそちらに時間がかかってしまう現実があります。

　一般に学校における教師の業務全般を**校務**といいます。2006 年度に実施された「校務情報化の現状と今後の在り方に関する研究」では，校務を「学校事務のこと」と定義しました。表 14-1 に示したとおり，授業以外に多くの業務があることがわかります（日本教育工学振興会，2006）。そのうえで，校務の情報化の目的を，①業務の軽減と効率化，②教育活動の質の改善，③保護者や地域との連携，④情報セキュリティの確保と定めました。それから 15 年以上の時が流れました。現在では成績処理や通知表作成などを中心にデジタル化が進んでいます。成績処理等の教務，健康診断等の保健，指導要

Chapter 14

表 14-1　校務情報化調査研究委員会における校務の定義（日本教育工学振興会，2006）

		学校の業務		
		校務（学校事務）	事務以外の実務	授業
実務者	教員	(1) 教員事務 ・教務関連事務（成績処理，通知表作成，教育課程編成，時間割作成等） ・学籍関連事務（転出入関連事務， ・指導要録管理，出欠管理等） ・保健関係事務（健康観察・報告等） ・各種報告書作成 ・各種お便り作成等	(4) 教員事務 ・見回り ・点検作業等	(7) 授業 ・授業 ・課外授業
	管理職 （校長等）	(2) 管理職事務 ・業務報告 ・稟議 ・予算要求　等	(5) 管理職実務 ・見回り ・点検作業 ・教職員管理・指導等	
	事務官・ 現業職員	(3) 事務官・現業職員事務 ・出退勤管理 ・出張申請 ・預かり金管理 ・献立作成・報告 ・物品購入・管理 ・各種情報処理　等	(6) 事務官・現業職員実務 ・現業業務 ・見回り ・保守点検等	

録等の学籍，事務などを相互に連携しながら扱える**統合型校務支援システム**の導入が進んでいます。

　子どもたちの成績や保健などの情報は，高度な個人情報であるため，安全なシステムを導入するとともに，教育情報セキュリティポリシーを遵守して利用することが求められます（第 11 章参照）。

　とはいえ，民間企業などと比べると校務の情報化はまだまだ遅れをとっています。公立学校では校務支援システム導入の予算化が進まないことが要因で市町村差が生じています。また，校務支援システムにアクセスするために校内ネットワークを利用することが必須な設計になっているために，やむを得ずデータを USB メモリ等で持ち出した末に，紛失したり盗難にあったりという事件が後を絶ちません。国は政府として高いセキュリティをもったパブリッククラウド（専用のハードウェアなどを必要とせず，企業でも個人でも利用したい人が必要なときに必要なだけ自由にサーバーやネットワークリソースを使えるシステム）の利用を促進しています。

校務の情報化の一番の目的は**教師の働き方改革**です。事務処理を軽減し効率化を図ることで時間的余裕が生まれます。教師が子どもたちと共に過ごす時間や教材研究を深める機会を確保したり，迅速かつ確実に情報を共有して協働性や心理的安全性を高めたりするために，校務の情報化の推進は遅滞なく進められるべきなのです。

14.6 学校外の学びの変化と学校・教師の役割

　教育のデジタル化の波は，学校の中よりむしろ，その外側で先行して広がりました。従来から学習塾や通信教育などの民間の教育サービスは学校の学習を補完してきました。これらは「学校」ではないため，テクノロジに対してもそれが有効なものであれば，貪欲に取り入れています。学習塾は一斉学習を中心としたものから，AI を取り入れたドリル教材を用いた個別指導と有名講師による映像配信の組み合わせへと移行しています。通信教育は紙の教材や添削結果を郵送していたものが端末上での学習へと様変わりしています。

　こうした変化は大学などの高等教育で先行しています。MOOC（Massive Open Online Courses）は，大学などの講義の動画を世界中に配信する仕組みです。米国で始まりましたが，インターネット上のことですから日本を含め世界中の人々がアクセスすることができます。日本でも，2013 年から東京大学が参入し，日本語版 MOOC「JMOOC」がスタートしました（深澤，2015）。講義の配信だけでなく，テストや課題の提出，採点，参加者間の交流ができるものもあります。修了証の発行や学位まで取得できるプログラムも登場しています。物理的なキャンパスをもつ大学の存在意義が問われています。

　これだけ学校の外で学習できる環境が整うと，学校で 1 人 1 台の活用を推進し，校務支援システムで働き方改革を実現したとしても，将来，教師という職業はなくなってしまうのではないか，学校は不要になるのではないかと思われるかもしれません。これに反論できる理由を 2 つ示します。

　一つは，子どもたちに育むべき資質・能力の多様性です。先に紹介した，適応学習は，ガニェの学習目標の 5 分類（第 4 章）でいえば，「言語情報」「知的技能」に関する学習内容が中心です。個別の知識の記憶や，知識の階層構

造が明確な知識の習得は，適応学習に向いています。一方で，認知的方略や態度を学ばせることはできるでしょうか。教材に（人工知能に？）指示されるがまま学ぶだけで，複雑な課題を解決するための学び方や，主体的に学ぼうとする態度を身につけることは難しいのではないでしょうか。

　もう一つは，学びは個人で完結するものではないということです。第10章で取り上げた対話的に学ぶ手法や，第12章のICTを使ったコミュニケーションのように，他者との関わり合いを通して学ぶ機会があるのが学校の学びです。社会に出ると，個人で何かを学んで成果を出す以上に，他者と役割分担しながら協力し，問題を解決してより大きな成果を挙げることが求められます。

　「主体的・対話的で深い学び」は，このような時代にも通用する学校の存在意義を賭けた学びの姿なのかもしれません。そして，反転授業の例からも授業外，学校外の学びは学校の学びと敵対するものではなく，むしろ上手に連携することで，学校の学びをより充実したものにできる可能性があります。

　これからの学びを実現していくための教師の役割についてブランソンによる「学校の情報技術モデル」をみてみましょう（Branson, 1990：図14-4）。ブランソンは，教師の役割が「口頭継承」，つまり教師からの知識の伝達を主としたものから，現在のモデルとして，教師が知識の伝達や生徒間のやり

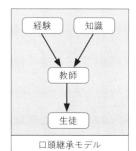
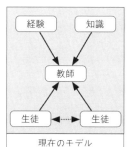
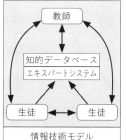

図14-4　ブランソンの学校の情報技術モデル（鈴木，1995 より作成）

とりを整理するゲートキーパーへと移り変わったとしています。子どもたち
の意見を黒板で（あるいは電子黒板で）整理する姿が重なります。「情報技
術モデル」はそのもう一歩先の姿です。生徒間，生徒とテクノロジの間でさ
まざまなやりとりが交わされ，教師はテクノロジにはできない支援や関わり
を主とするモデルです。30年以上前にこうしたアイデアがすでに提案され
ていたことに驚かされます。

　個別学習，協働学習，さまざまな場面で児童生徒がICTを活用するよう
になり，デジタル化された学習記録が蓄積されるようになりました。学習記
録を解析し，有効な知見を導き出すことは**ラーニング・アナリティクス**と呼
ばれ，新たな研究領域として注目されています（森本・稲垣，2017）。校務
情報と結びつけ，子どもたちの学習状況をさまざまな方法で可視化し，学習
指導や生徒指導の質を引き上げる取り組みを第11章で紹介しました。さま
ざまなEdTechサービスが学校の内外で広く活用されるようになればなる
ほど，学校教育と社会教育との継ぎ目が薄くなったり，民間教育サービスと
連携する新たな学びのシステムが出てきたりすることでしょう。ここまでく
ると，時間割や学級といった伝統的な学校の風景が変わってくるかもしれま
せん。ライゲルースとカノップ（2018）は，「**情報時代の学校**」には次の特
徴があるとしました。

・到達ベースのシステム：学習者が習得したら次に進む（成功的教育観）
・学習者中心の指導：学びの個別最適化とプロジェクト型の学び
・広がりのあるカリキュラム：21世紀型スキルなどの資質・能力を育む
・新たな役割：教師，生徒，保護者，テクノロジの役割の見直し
・調和ある人格を育む学校文化：異年齢混合の小規模な学校
・組織構造とインセンティブ：ラーニングセンターと連携した地域の学習
　拠点

「個別最適な学び」「資質・能力の育成」「主体的・対話的で深い学び」「チー
ム学校」など，日本で進められているさまざまな施策とどこが重なっている
のか，どこが異なっているのかを考えてみるとよいでしょう。

章末問題

問1　次の記述について誤っている部分を直しましょう。
- （a）1人1台環境は私立学校でのみ実現できる。
- （b）反転授業では一人ひとりに合った教材を提供できる。
- （c）校務の情報化は統合型校務支援システムがないと推進できない。
- （d）EdTech が普及すると学校は不要になる。

問2　「ブランソンの学校の情報技術モデル」は 1990 年に提案されたモデルです。現代であれば，どんなモデルが考えられますか？　図 14-4 を発展させた新たなモデルを作成してみましょう。

✳️ さらに深めるには？

カーン, S. ／三木俊哉（訳）（2013）　世界はひとつの教室「学び×テクノロジー」が起こすイノベーション　ダイヤモンド社

　アメリカでの反転授業や，オンライン動画教材の利活用の推進役となったのが「カーン・アカデミー」です。「誰でも，いつでも，どこでも学べる」サービスの充実が，これからの子どもたちの学びにどのような影響を与えるのか，考えてみましょう。

クリステンセン, C.M.・ホーン, M.・ジョンソン, C.W. ／櫻井祐子（訳）（2008）
教育×破壊的イノベーション　翔泳社

　イノベーション研究で有名なクリステンセン氏の視点からみたコンピュータの導入による教育改革論。教育現場あるいは学校制度の何を問題視して，どんな解決策を見いだしているのか。本章で紹介したコリンズやライゲルースの本と読み比べてみることをおすすめします。

第 **15** 章

授業の実施

模擬授業・研究授業の実施と改善

ここまでの章で，授業づくりについてチャレンジしてきました。本章では，それをどう実施，改善するかについて考えます。模擬授業を行い，振り返ることで，よりよい授業へと改善していきましょう。

模擬授業，研究授業，授業記録，事後検討会，ワークショップ，リフレクション

設計の基礎

授業をつくる(第3章)
評価をデザインする(第4章)
学習環境とデジタル化(第5章)

実践の基礎

授業を支える指導技術(第6章)
学びを引き出す指導技術(第7章)

ガイダンス

育みたい資質・能力(第1章)
求められる授業力(第2章)

授業の実施

授業の実施と改善(第15章)

設計の実際

学習目標の明確化(第8章)
深い学びを導く教材研究(第9章)
主体的・対話的な学習過程(第10章)
学びが見える評価方法(第11章)

情報化への対応

ICTを活用した学習活動(第12章)
情報活用能力を育てる(第13章)
授業の拡張と校務の情報化(第14章)

やってみよう

ある教師の授業を参観するとします。どんなところを見たいと考えるのか書き出したあと，見たことを記録するにはどのような方法があるのか考えてみよう。

15.1 模擬授業・研究授業を実施する

■1──模擬授業を実施する意義

　本書では，インストラクショナルデザインの考え方のもとで授業を構想し，学習指導案を作成してきました。思っていたよりも時間がかかったというのが正直なところではないでしょうか。それでもまだ描いた案が実施されていなければ，それは「絵に描いた餅」に終わってしまいます。授業をさらに良いものとするのが，ADDIE モデル（第3章参照）でいうところの，「実施」と「評価」のプロセスです。

　「実施」といっても，実はいろいろとあります。実際に児童生徒の前でやってみるのがもっとも成果が試されるときであり，教師は日々，このような環境で「実施」しています。しかし，授業づくりに初めて取り組む学生の皆さんにとっては，本当にうまくいくかどうかわからない，という不安が大きいのではないでしょうか。あるいは，教師であっても，まったく初めての教材や新たな ICT 機器やアプリを活用する，これまで試みたことがないアプローチの授業をする場合も同じ思いかもしれません。本番で初めてわかることもあるかと思いますが，根本的な問題があるのであれば，未然に防ぎたいものです。

　教員養成課程の一部の科目では，受講生による「模擬授業」が実施されてきました。模擬授業とは，教員養成課程にある学生や研修中の教師が，授業の組み立て方や指導法などを体験的に学んだり検討したりするために，実際の授業を想定した場で実践を模して行う授業のことをいいます（木内，2004）。自分が設計した授業を教師役として実施する場合だけでなく，他の人が設計した授業を子ども役として受けることもあります。いずれにしても，教える（あるいは学ぶ）立場を体感し，実際の授業に向けてどう改善すればよいかを前向きに考えていく場となります。

　現職の教師は，教育センターや校内で行われる教員研修の際に，模擬授業を実施することがあります。ベテラン教師の授業を「師範授業」として受講することもあります。最近では，後述する研究授業の前に，同僚の教師たちと模擬授業形式で，授業づくりについて議論する場合もあります。

❷————模擬授業を実施する

　模擬授業だからといって準備もなく突然,実施できるわけではありません。実りある模擬授業にするためには次のような準備が必要です。

○何を準備するか

　模擬授業を行う際,まずは教師役,児童生徒役を決めるところから始まります。実際の学校の教室のように35～40名の児童生徒役を揃えられない場合があります。例えば10名以下のグループを編成し,1名が教師役,残りが児童生徒役となります（**マイクロ・ティーチング**といいます）。グループの中で,教師役を交代で務めていくと全員が教師役と児童生徒役を経験できます。

　授業の時間についても,45分や50分といった1単位時間をそのまま行うことが難しい場合もあるでしょう。第6章,第7章で紹介した教師の指導技術を検討する場合であれば,5～15分程度,典型的な場面を実施します。学校の校内研究として取り組んでいる場合,研究課題に合わせて場面を選びます。児童生徒の学び合いが研究課題であれば,導入などは端折って学習活動の部分を体験してもらうというのもよいでしょう。いずれにしても,指導案や教材は最低でも1単位時間分を前提として用意します。事前に教科書の該当単元を配布するなどして,模擬授業までに児童生徒が何を学んでいることを前提にするのかを共有してから実施する場合もあります。

　最近では,ICTに関する準備も欠かせなくなってきました。本番とすべて同じようにはできませんが,事前に実習校で利用している端末やアプリケーションなど,実施先でのICT環境を調べておくことが必要です。できれば,模擬授業の段階でも同じことができることを理想としましょう。

○教師役,児童生徒役がすべきこと

　いよいよ模擬授業の実施です。教師役の人は,模擬授業の設定について1～2分で簡単に説明してから授業に入ります。どの学年か,どの教科でどういった単元・題材かなどは必須事項です。単元の途中の場合は前時までに何を行ったのかを説明します。大学などでは,専門教科や取得する免許の校種が違うことで,児童生徒役が模擬授業の状況を理解するのが難しい場合があります。教科書を見せたり,自分たちが想定する学年だった頃の様子を思い

出させたりして，模擬授業の教科，学年の雰囲気をつくります。

　模擬授業は5分，15分といった時間を決めて実施することがほとんどです。1単位時間の一部を実施するのか，全体を短縮して実施するのか，見通しを伝えます。ただし，情報を盛り込みすぎないようにしましょう。模擬授業の中で伝えるはずの授業の目標や，授業展開などについては，あくまで児童生徒役として授業を受けながら理解してもらえばよいことですし，そこで理解してもらえないのであれば，模擬授業の中身に問題があるということです。

　模擬授業の最中，教師役の人は，基本的に用意した学習指導案通りに進めます。難しいのは，実は児童生徒役の人です。模擬授業では，児童生徒役の人たちは，その学年の児童生徒として振る舞うことが求められます。児童生徒役の中で積極的な子，消極的な子などを決めておくのもよいでしょう。配布資料を「子どもの目」でみること，その目線で教材やICTを活用することを心がけてみましょう。模擬授業は，教師役の人のためだけに実施するのではありません。児童生徒役になり，子どもの目線に立つことで，これまで気づけていなかったこと，見過ごしていたことが見つかれば，双方にとって大きな収穫になるでしょう。

　模擬授業の終了後はその直後か，できるだけ早いうちにその授業について振り返りをします。模擬授業の様子をビデオで収録したり，教師役の人の発言を録音したりしておくと振り返りに役立ちます。記録・分析の仕方については，次節で説明します。

❸———研究授業を実施する

　模擬授業とは別に学校では，「研究授業」という言葉が日常的に使われています。研究授業は，教員免許の取得をめざす教育実習や，学校の日常的な場面で現職教師によっても実施されています。模擬授業と違って本物の児童生徒を対象に授業を実施します。学習指導案を参観者に配布し，どのような意図・計画のもとで今日の授業があるのかを共有したうえで見てもらいます。授業後には参観者とともに振り返りを行います。

　教育実習で行われる「研究授業」は，実習において何度か実施してきた反省や改善が生かされる場です。教育実習の終盤に位置づけられ，その成果を確認し，評価を受ける場となります。実習校の管理職であったり，実習とし

て送り出す大学の教員が参観することがあります。

　一方，教師になったあとも，「研究授業」があります。現職教師が実施する研究授業の目的は2つあります。一つは，実施をする教師自身の授業力量の向上です。実際に教壇に立てば，ほとんどの授業を教師は一人で実施します。他の人から見てもらい，自身では気づかない成果や課題を明らかにすることで，授業改善につなげます。もう一つは，学校全体が特定の研究課題（例えば，生徒の思考力の向上やICT活用など）を設定し，その研究の一環として実施するものです。研究授業を土台として，校内の教師間で授業イメージを共有したり，研究の進捗状況を評価したりするなどの役割があります。日々の成果を確認するための場という意味では教育実習と共通です。校内，あるいは他校の教師等も含めて多くの人が参観します。管理職や教育委員会の先生（指導主事）が参観する場合もあります。

15.2 模擬授業・研究授業を記録・分析する

■——何を記録するか

　模擬授業や研究授業では，授業後の振り返りに活かすために，その様子を何らかの方法で記録します。メモをとる，カメラで撮影する，音声を録音するなどの方法がありますが，教室には教師と何十人かの児童生徒がいます。まずは何を記録するか考えてみましょう。

○事実

　まず，授業の中で実際に起きた「事実」を記録します。教師がいつ（開始から何分後），何を行ったかといったことはもっとも基本的な情報です。そして，教師と児童生徒がどのようなコミュニケーションをとったかも重要な情報です。教師の発問に対して，子どもがどのように答えたか，それを受けて教師がどのように返したかというのは，学習指導案ではわからない，その日の授業の中でのみ起きる事実です。授業後の検討会でも議論の中心になることがあります。最近では「対話的な学び」を意識して，グループ学習の場面が増えています。グループごとに話し合いの様子は異なりますから，記録

者を充てられるのであれば，グループごとにその様子を記録します。

　発言だけではなく，大型提示装置やICTを活用してどのような情報を提示したか，黒板に何を書いたのかといった教師（役）の振る舞いを記録しておきましょう。子どもたちの様子や態度など，非言語的なコミュニケーションに着目して記録することもあります。授業中の教師には，すべての子どもたちの反応を見て，記憶しておくことは不可能です。観察者には，教師の様子だけでなく，子どもたちの様子に注目して，記録してもらうとよいでしょう。「抽出児童（生徒）」といって，特定の児童生徒の様子を１時間まるごと記録する場合もあります。

○参観しながら考えたこと

　授業の一参観者として事実を記録しておくだけでも，「見る視点」「見え方」の違いから学べることは豊富にあります。けれどももう一歩，授業を見ながら主観的に考えたことも記録しておきましょう。主観的に考える，といってもただ書くだけでは感想文の域を出ないものになってしまいます。授業者にフィードバックできるように，「教師は○○と発言→子どもの動きにとまどい→▲▲をおさえる」「ワークシートに○○の記述→▲▲な教材があるとよい」など事実と結びつけて考えたことや，アイデア等をメモしておきます。

❷───どのように記録するか

　授業を記録する際には，記録したものをその後どう活用するかを考えておきます。なお，研究授業を公開する場合，子どもの名前などの個人情報や，撮影する場合は肖像権に配慮する必要があります。児童生徒の名前がついた座席表を配布するかどうか，録音や撮影の可否など，事前に確認しましょう。

○動画による記録

　ビデオカメラなどで授業を録画するのが，もっともリアルな記録です。カメラを固定して撮影する方法と，学習場面に応じてカメラを手で持って動きながら記録する方法があります。

　研究授業の場合，図のように後方から主として教師の動きを撮影するものと，前方から児童生徒の様子を撮るものと２台あるとよいでしょう（図15-1）。

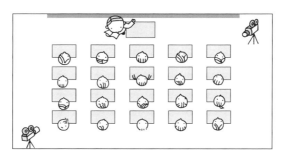

図 15-1　授業をビデオ録画する際のカメラ位置

模擬授業などでは，主に教師の動きを後方から撮影します。

　動きながら記録する場合は，児童生徒の活動の様子や教師の机間指導の様子などを自由に撮影できます。ただし，記録者はカメラの撮影技能に習熟している必要がありますし，何を撮るかは，記録者の授業を見る力に左右されます。

○録音による記録

　ビデオカメラは周囲の音を広く録音してしまうため，あとで聞き取りにくい場合があります。教師の発話を中心に確認したい場合，別途録音しておくとよいでしょう。ペン型の IC レコーダーを教師（役）の人が首からぶら下げて授業をすることや，スマートフォンの録音アプリを利用すれば，意識せずに録音できます。

　グループ学習の場面では，教師がすべてのグループのやりとりを同時にすべて聞き取ることは不可能です。そこで，グループごとに IC レコーダーを用意するのがよいでしょう。ただし，すべて聞くには授業時間×グループの数の時間がかかります。何を分析するかを意識して記録方法を判断しましょう。

○静止画による記録

　カメラで撮影する利点は，動画とは異なり，あとで見返す際に時間がかからないことです。ある瞬間を切り取るということは，なぜそれを撮影したのか，という意図がストレートに表れます。教師の振る舞いや児童生徒の活動の様子だけでなく，板書や提示資料，児童生徒のワークシート，作品などを

```
○月○日  ○時限                        ○年  ○組

単元名：＿＿＿＿＿＿＿＿＿＿＿        本時：＿＿＿＿＿＿＿＿＿


┌──────────┐ ┌──────────┐ ┌──────────┐ ┌──────────┐
│□美       │ │□雄       │ │□太       │ │□子       │
│計算の手順がわ│ │理解しているが│ │積極的で，ノー│ │慌てて計算する│
│かっていない │ │挙手・発言がし│ │トも適切   │ │のでミスをする│
│         │ │にくい    │ │         │ │         │
└──────────┘ └──────────┘ └──────────┘ └──────────┘

┌──────────┐ ┌──────────┐ ┌──────────┐ ┌──────────┐
│△一       │ │△子       │ │△彦       │ │△香       │
│授業に集中で │ │積極的に発言 │ │理解している │ │計算できるが，│
│きていない  │ │し，授業をリー│ │が，発言しに │ │手順の説明が │
│         │ │ドする    │ │くい     │ │不十分    │
└──────────┘ └──────────┘ └──────────┘ └──────────┘
```

図 15-2　座席表の例

記録しておくと，他の参観者と議論する際に役立ちます。

○文字による記録

　ビデオや IC レコーダーなど，今ではさまざまな機器を利用できますが，再び見たり聞いたりする時間がかかります。もっとも手軽なのが文字による記録です。

　指導案を見ながらメモをとることから始めましょう。**座席表が配布されている場合，児童生徒個別の様子は座席表にメモします**（図 15-2）。研究授業では，教師の振る舞いだけではなく，子どもの様子も重要です。「誰が」「どのグループが」どんな取り組み，発言をしていたのか残しておくと，授業者が気づかなかった成果や課題が見つかることがあります。

○チェックリスト

　参観者によって授業の見方は実に多様です。ただ，多様なままでは事後の振り返りが散漫になってしまう可能性があります。「何を見るべきか」を参観者が共有できるチェックリストを用意します。本章の冒頭「やってみよう」

授業観察のチェックリスト（例）

授業者名		観察者名	
日　時		教科・領域	

〔情熱・使命感〕 児童生徒等のより よい成長を願って， 周囲と協働しなが ら自らの資質向上 を図っていく姿勢	□明るく快活に児童生徒に接している。 □言葉遣い，身だしなみ，時間を守るなどのマナーがきちんとしている。 □同僚に相談したり，上司に助言を求めたりしている。 □常に教材研究を行い，授業を改善しようとしている。 □自己課題を意識した授業をしている。 □教育に関する新しい情報を得ようとしている。
〔構想力〕 学習のねらいを明 確にするとともに 教材を研究し，見 通しをもって授業 を計画・創造，改 善していく力	□学習指導要領に基づいた授業を実践している。 □単元のねらいが明確であり，本時のねらいを提示している。 □指導と評価が計画的に行われている。 □児童生徒の実態に合った具体的な学習内容が設定されている。 □児童生徒が思考・表現する場を保障している。 □授業形態（個人・ペア・グループ）の工夫をしている。 □授業のまとめや振り返りをしている。
〔生徒理解力〕 集団の中で個の可 能性を引き出すた めに，児童生徒等 一人一人の実態・ 特性を理解する力	□一人一人の発達段階や特性に応じた指導がなされている。 □クラスの実態・特性を理解し，集団への指導と個への指導を区別している。 □児童生徒の学習意欲の向上のために，一人一人の変容（つぶやき・表情・動き）を捉えている。 □児童生徒の発言や行動を大切に捉え，自己肯定感が高まるような支援が行われている。

図 15-3　管理職による授業観察リーフレット（抜粋）（島根県教育センター，2014）

の課題です。色分けした付せん紙を指導案と一緒に配布し，色ごとにメモしてほしい視点を示しておく方法もあります。ID 理論を活用して，9 教授事象のどこに着目するかを示したり，ARCS の観点から児童生徒の様子を捉えたりしてもよいでしょう。島根県教育センター（2014）では，授業者の教職経験年数や学校の教育目標に応じて修正できるチェックリストを公開しています（図 15-3）。

3────どのように分析するか

　授業記録を分析することで，授業改善に結びつく知見を引き出すことができます。代表的な分析方法を紹介しましょう。

○授業でのコミュニケーションを分析する

　一斉学習スタイルが中心の場合，**相互作用分析**という手法があります。フランダース（Flanders, N. A.）やその他の研究者が開発した**カテゴリー分析**（例えば 柴田，2012）では，授業中の出来事を数秒ごとに表15-1のようなカテゴリーに従って分類します。これにより授業全体がどのようなコミュニケーションを中心としていたのかが浮かび上がってきます。さらに，カテゴリー間のつながりとして，例えば5（講義）の次に9（生徒の自発的発言）といった組み合わせを図15-4のようなマトリクスに整理し，コミュニケーション

表15-1　フランダースのカテゴリーシステム

教師の発言	間接的影響	1. 感情を受け入れること
		2. ほめたり，勇気づけたりすること
		3. アイデアを受け入れたり，利用したりすること
		4. 発問すること
	直接的影響	5. 講義すること
		6. 指示すること
		7. 批判したり，正当化したりすること
生徒の発言		8. 生徒の発言（応答）
		9. 生徒の発言（自発的）
		10. 沈黙あるいは混乱

	1	2	3	4	5	6	7	8	9	10	計
1	0	0	0	0	0	0	0	0	2	0	2
2	0	3	2	0	0	0	0	0	0	0	5
3	0	0	2	1	0	1	0	0	0	0	4
4	0	0	0	6	0	2	0	0	1	0	9
5	0	0	0	2	67	2	0	0	3	0	74
6	0	0	0	0	0	20	5	5	10	0	40
7	0	0	0	0	0	0	0	0	7	0	7
8	0	1	6	4	0	0	3	21	13	0	48
9	2	1	2	3	0	3	6	3	7	0	27
10	0	0	0	0	0	0	0	0	0	0	0
計	2	5	12	16	67	28	14	29	43	0	218

図15-4　マトリクスの記入例

のパターンを見いだしていきます。なお，より簡便な分析方法として，教師（役），子ども（役）の発言時間を測り，教師中心の授業か子ども主体の授業かを比べる方法もあります。

　カテゴリー分析は，数値で傾向は読み取れますが，やりとりの具体的な内容が失われてしまいます。量的な傾向ではなく，内容を見るには，教師や児童生徒の発言を一言一句書き起こした**授業記録**を作成します。微妙な言い回しや提示の仕方などの結果，子どもが混乱する学習場面は意外とたくさんあるものです。授業全体を書き起こさなくとも，そうした場面を抽出して検討するだけでも改善策を考える材料になります。

　児童生徒がグループで話し合っている場面からは，対話を通してどのように理解に至ったのか，至らなかったのかを分析できる場合があります。わかっているはずの子どもが，他の子どもに説明をする。質問を返されてわかっていたはずのことがわからないことに気づくといった場面を抽出できれば，対話にどのような意義があったのかを示すことができるでしょう。

○ノートや成果物を分析する

　児童生徒がノートやワークシートに書いたもの（考えたこと）を分析することで，発言や行動には表れない思考を捉えられる場合があります。先のカテゴリー分析のように，カテゴリーをあらかじめ設定しておいて振り分ける方法や，児童生徒の記述をもとに，事後的にカテゴリーを作成し，分類する方法があります。

15.3　授業を振り返る

　「省察的実践家としての教師」（第2章）であるためにも，模擬授業や研究授業はやっておしまいではなく，どのように振り返るのか（リフレクション）が大切です。自分自身で実施した授業だけでなく，他の人の授業を参観した機会からも，一つでも多くの学びを見いだしたいものです。授業のあと，参観者で授業について協議することを**「事後検討会」**と呼びます。授業者自身の振り返り（**「自評」**といいます）のあと，参観者で授業について議論します。

事後検討会では，授業者への（時には厳しい）質問やアドバイスが飛び交います。授業者にとっては自分の授業から学ぶ最大のチャンスです。とはいえ，第三者から見られ，意見されるのは，緊張したり怖かったりするものです。参観者は，授業を参観したことをきっかけに多くのことが学べるわけですか

【実施前の準備】
◯ Tree をつくるチームを分ける（受講者 5 名）
　授業者チーム（2 名）と参観者（3 名）に分かれる
　＊その際に，研究者は進行役として，時間の管理を行う。また，授業者と一緒に Tree づくりに参加するが，サポート程度にする。
◯準備物
　付せん紙（または名刺大のカード），マジック（ラベルをつけるときに使用），Tree 台紙（模造紙半分）

手順①〈印象（現象）カードを書く〉	所要時間 3 分

→授業の印象を思いつくままに 1 枚，単語あるいは単文で付せん紙に書く。
　＊カードの 5W1H を明確にし，他者との共有を図る。
　＊参観者のチームは，みんなで 1 枚ずつ書き，1 枚を採用する。

手順②〈関連カードを書く〉	所要時間 12 分

→印象カードから授業に関して思い浮かぶことを 1 枚 1 項目，あるいは単文で書く。個人の「感じ」，個人の「表現」を大事にする。

手順③〈関連カードを分ける〉
→内容が似ているカードに分けていく。
　＊参観者のチームは関連カードの枚数が多くなるので，素早く行う。

手順④〈関連カードを分類する〉
→③が一通り済んだら，関連カードを大きく 2 群に分ける。

所要時間 30 分

手順⑤〈ラベルをつける〉
→二分した内容ごとにラベルをつける。

手順⑥〈④⑤を繰り返し，分けられなくなるまで行う〉

手順⑦〈2 つの Tree から授業研究を行う〉
→特に構造化したラベルを見比べながら授業の視点について省察する。

留意点：90 分の授業（模擬授業 45 分＋授業研究 45 分）では，時間が足りなくなるため，進行役は，時間の管理を行うことが重要である。

図 15-5　カード構造化法（藤岡，1995）を参考に実施した振り返り

ら，授業者にはまず感謝の意をもって接するべきです。改善点を議論することは重要ですが，実施した授業の修正はできません。模擬授業であれば本番へとどうつなぐか，研究授業なら明日からの授業にどう活かすかなど，前向きな授業の振り返りと改善を考えていきましょう。

　事後検討会の進め方もさまざまです。司会者（役の教師）が議論するポイントを示し，順に取り上げて「この点について質問やコメントはありますか？」と言って参加者全員に意見を求める方法のほか，第10章で紹介したホワイトボードや付せん紙を使うワークショップ型の進め方があります。

　ワークショップ型の事後検討会でよく見られるのは次のような方法です。①授業を参観して気づいたことを付せん紙（良かったところは黄色，課題が残った点は青色のように色分けしたりする）に書き出す。②参加者でグループをつくり，模造紙に付せんを貼り出す。③似たものをマーカーで囲み，名前をつけて検討する。他にも，指導案を模造紙に拡大印刷しておき，授業の流れに即して付せんを貼りつける方法もあります。

　筆者は，カード構造化法（藤岡，1995）を参考に，図15-5のような検討会を実施したことがあります。カードを2つに分ける作業を繰り返しながら分析することで，授業の中でポイントになった概念を浮かび上がらせることができます（図15-6）。他にも，付箋とホワイトボードの代わりにICTを使って全員で意見を書き込む，撮影しておいたビデオを再生しながら検討する，授業を実施した教室で板書や成果物等を見ながら検討会をするなど，模擬授

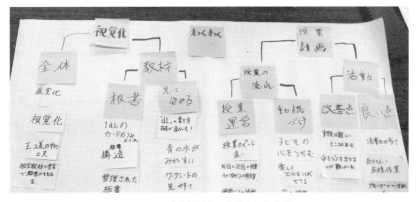

図 15-6　事後検討会で作成された成果

業・研究授業の目的に合わせて事後検討会のもち方も工夫してみましょう。

15.4 おわりに

　本書では，IDの理論をベースに，授業を構想し，教材を研究し，指導案を組み立て，実施し，振り返る一連の流れを解説してきました。授業を実施する際のさまざまな指導技術やICT等のツール，学習環境の活用など，実践的なノウハウについても取り上げてきました。授業は理論だけではできません。かといってすぐ使えるノウハウだけで，児童生徒が深く考える授業ができるわけでもありません。本書を前から順に読んでおしまいではなく，その時々に課題に感じたことを手がかりに繰り返し読んでみてください。理論を片手に，ノウハウをもう一方の手にもって，日々の授業づくりと実践を楽しめる教師をめざしてほしいと願っています。

　少子高齢化，情報化，グローバル化と社会は大きな変化の時期を迎えています。学校が置かれる状況も，10年先，20年先を見通すことが難しくなっています。総合的な学習の時間が導入されたのは，約20年前でした。現在の学習指導要領には，小学校だけでも英語，道徳，プログラミング教育と，時代の変化を受けた新たな課題が示されています。

　皆さんは，どのような教師になりたいでしょうか。これから教師になろうとしている方も，日々の課題に対応し，今も勉強している先生方も，今一度，自ら問いかけてみましょう。社会が変化すれば，子どもに身につけさせたい資質・能力も，学校のかたちも，教師の役割も少しずつ変化していきます。常に成長し続ける教師であるために，何ができるかを考えていきましょう。

章末問題

問1　次の文章のうち，正しいものに○，間違っているものに×をつけましょう。

(a)（　　）マイクロ・ティーチングとは，小さな教室で行う授業のことである。

(b)（　　）教育実習の研究授業では，実習生は担当教員が書いた指導案で授業をする。

(c)（　　）模擬授業の児童生徒役は，実際の授業で対象とする学年の様子を真似るべきである。

(d)（　　）研究授業のあとに開かれる事後検討会では，すべての参加者が意見を言ってよい。

問2　本章を参考に，あなたが受講している講義や研修の条件（人数・時間・場所など）に合わせて，模擬授業をどのような段取りで進め，事後検討をどのように行うとよいのか実施計画をまとめましょう。

* * *

✳さらに深めるには？

小柳和喜雄・柴田好章（編著）(2017)　Lesson Study　ミネルヴァ書房

　日本の学校で，教師が協働し，授業改善を試みる取り組みである「授業研究」は，「Lesson Study」として諸外国から注目されています。各国でどのような取り組みがあるのかがわかります。

河野義章（編著）(2009)　授業研究法入門　図書文化

　実際に授業研究をどのような視点から，どのように行うのか，多角的に書かれています。本書を通して，視点の多様さに触れ，どのような立場から授業の研究を行うのかを考えてみましょう。

「教育の方法と技術」　シラバス例

　このシラバスは，大学の学部2年生を対象とした教職科目「教育の方法と技術」（半期2単位）を想定しています。教職コアカリキュラムとして「教育の方法及び技術」「情報通信技術を活用した教育に関する理論及び方法」の両者に対応していますが，「教育の方法及び技術」単独でも十分な内容を収録しています。事前および事後学習には，本テキストの各章冒頭にある「やってみよう」や「章末問題」を活用してもよいでしょう。「授業パッケージ」はチームで制作するとしていますが，受講者数に応じて個別制作とするなど，自由にアレンジしてください。

授業テーマ	これからの社会を生きる子どもを育てる授業と学びのデザイン		
講義の概要	どのような授業をすれば上手く教えられるのでしょうか？　どのように教材や学習環境を工夫すれば学習者は上手く学べるのでしょうか？　本科目では，授業設計にかかわる基本的な考え方，授業場面での指導技術，ICT（情報通信技術）の効果的な活用や情報社会の中で学び続ける力の育成方法を学びます。		
達成目標	1) 子どもに育むべき資質・能力を理解し，教育方法を工夫する意義を説明できる 2) 学習指導案の基本的な要素と作成の流れを理解し，実際に設計できる 3) 学習者を支援する基本的な指導技術を身につけ，活用することができる 4) ICTを活用する意義や理論を理解し，学習指導や校務に位置づけて説明できる 5) 情報活用能力を育成する意義および育成方法を身につける		
授業計画		方法と技術コアカリ	ICTコアカリ
第1回	【事前】シラバスと教科書の第1章に目を通してくる 【授業】オリエンテーション（1）　これからの子どもたちに育みたい資質・能力 【事後】これからの子どもたちに育みたい力を3つ選び，学習活動のアイデアを整理する	(1)-2)	
第2回	【事前】教科書の第2章に目を通し，理想の教師像について自分の考えをもつ 【授業】オリエンテーション（2）　教師に求められる授業力 【事後】省察的実践家としての教師を目指すうえで大事だと思うことをまとめる	(1)-1)	
第3回	【事前】これまででもっとも印象に残っている授業を思い出し，紹介メモをつくってくる 【授業】授業をつくるということ・授業づくりのプロセス 【事後】授業パッケージの制作チームをつくり，制作する授業テーマと学習目標を考える	(1)-1) (1)-3) (2)-2)	

第4回	【事前】国際学力調査の例題を解き，今後求められる学力について自分の考えをまとめる 【授業】学習評価をデザインする・目標・指導・評価の一体化の意義 【事後】授業パッケージで想定するテーマについて評価方法を検討する	(1)-4	
第5回	【事前】授業パッケージの企画書を作成する 【授業】学習環境のデザインとデジタル化・授業企画書の発表会 【事後】授業パッケージで想定するテーマを実施するうえで必要な環境を検討する	(1)-3	(1)-1 (1)-3
第6回	【事前】大学の授業を1つ選び，教師の振る舞いについて気づいたことをメモしてくる 【授業】授業を支える指導技術（教師によるICT活用を含む） 【事後】授業パッケージのチーム内で3分スピーチを相互に行い，話し方の癖を検討する	(2)-1	(2)-1
第7回	【事前】授業を観察し，担当教師の学生との関わり方について気づいたことをメモしてくる 【授業】学習者の多様性・学びを引き出す指導技術（児童生徒によるICT活用を含む） 【事後】授業パッケージのチーム内でノートの取り方や学び方を紹介しあう	(2)-1 (1)-2	(1)-2 (3)-3
第8回	【事前】授業パッケージの学習目標になりそうなことをリストアップしてくる 【授業】学習指導案をつくる（1）学習目標の設定 【事後】授業パッケージのテーマについて学習目標を定義する	(2)-2	
第9回	【事前】授業パッケージの学習目標に関連ある事項をリストアップしてくる 【授業】学習指導案をつくる（2）深い学びを導く教材研究 【事後】授業パッケージの学習目標について課題分析図を作成する	(1)-2	
第10回	【事前】授業パッケージのテーマを自分一人で学習する場合の流れを書き出してくる 【授業】学習指導案をつくる（3）主体的・対話的な学習過程 【事後】授業パッケージのテーマについて1時間の学習過程を作成する	(1)-2	
第11回	【事前】配付されたテスト問題に解答し，どのような学習目標の評価なのか考えてくる 【授業】学習指導案をつくる（4）学びが見える評価方法と学習履歴データの活用 【事後】授業パッケージのテーマについて評価計画を作成する	(1)-4	(2)-2
第12回	【事前】ICTの活用事例をウェブ検索し，メリットと課題と感じたことをメモしてくる 【授業】授業の魅力を高めるICT・デジタルコンテンツの活用 【事後】実際にICT機器を操作体験し，授業パッケージでの活用可能性を検討する	(2)-1	(1)-1 (2)-1

第 13 回	【事前】授業パッケージの中で学習者が出会う「情報」と「行動」をリストアップする 【授業】教科を横断して情報活用能力を育てる 【事後】授業パッケージの中で学習者が意識すべき情報活用能力について検討する	(1)-2)	(3)-1) (3)-2) (3)-3)
第 14 回	【事前】世の中の最新のテクノロジについてニュースを調べ，紹介できるようにする 【授業】これからの学習環境・校務の効率化を支えるテクノロジの役割 【事後】今後の学校の ICT 環境における教師の役割について自分の考えをまとめる	(1)-3)	(2)-3) (2)-4)
第 15 回	【事前】模擬授業の準備をする 【授業】ICT を活用した模擬授業の実施と授業の改善・授業のまとめ 【事後】授業内容を振り返り，授業パッケージを仕上げ，提出する	(2)-2)	(2)-1)
成績 評価	成績評価は，次の 5 つの方法を組み合わせて実施する。 　①ミニ課題（授業内容に関して指示された内容について記述する）5 点 × 6 回 　②発表会（第 5 回に授業企画書の発表と相互評価を行う）10 点 　③模擬授業（第 15 回に授業パッケージに基づいて模擬授業を行う）10 点 　④授業パッケージ報告書（期末課題として提出）40 点 　⑤個人レポート（授業を通して学んだことを振り返る）10 点		
履修上 の注意	(1) 授業パッケージの作成は 2 人ペアまたは 3 人グループで行います。誰とどんなテーマで組むかは自由です (2) 授業中に授業パッケージ作成の時間はとれません。授業時間外に各自制作活動を進めながら受講してください (3) LMS 上で資料配付，課題提出を行います		

学習指導案テンプレート

学生番号 [　　　　　　　]　　氏名 [　　　　　　　　]

1. 基本情報
実施予定日　　　月　　　日(　　　曜日)　　校時　　場所　(　　　　　　　　　　)

2. 授業テーマ

教科・単元名など

3. 教材

第 8 章参照

4. 学習者

第 8 章参照

5. 指導

第 8 章参照

6. 単元目標 (第 4 章・第 9 章参照。課題分析図は目標の数と内容に合わせて適宜調整)

目標	分類
ア イ ウ	
目標アの課題分析図	
目標イの課題分析図	

目標ウの課題分析図

7. 単元計画 (　　時間) (第3章・第10章参照。3～5時間程度で計画する)

時間	主な学習活動	評価
1	・○○の映像をみて××について考える ・学習課題を示す 　「△△を□□しよう」	目標ア (ワークシート)
2		
3		
4		目標ウ (観察) 目標イ (成果物)
5		目標ア (振り返り)

8. 本時の目標 (8章参照)

・●●について●●できるようになる (目標ア)
・●●について●●をしようとする (目標ウ)

9. 本時の指導上の工夫点

10.　指導過程（4／5 時）（第 3 章・第 10 章参照。9 教授事象を記載する）

時配	学習内容と活動	指導上の留意点・評価
導入 5 分	①前時の振り返りをする（事象 3） ②学習目標を提示する（事象 2） 「　　　　　　　　　　」	○スライドを見せてキーワードを確認する
展開 20 分 30 分	⑧グループの考えをホワイトボードにまとめて発表する（事象 6）	★グループの意見をまとめたホワイトボード（目標ウ）
まとめ 40 分		★本時の振り返りをノートに書かせる（目標ア）

11.　評価（第 4 章・第 11 章参照）

評価規準	基準		
	A	B	C
・（目標ウ）			
評価方法（何を材料にいつ評価するか） 授業中のホワイトボードを端末で撮影しておく			
・（目標ア）			
評価方法 ワークシートを授業後に回収する			

学習指導案のルーブリック

	S（すばらしい）	A（よくできている）	B（あと一歩）	C（がんばろう）
目標	学習者目線で書き，学習目標の5分類に適切に分類し，評価を意識した明確化が十分になされている	学習者目線で書き，学習目標の5分類に適切に分類しているが，明確化の3要素からみて曖昧な点がある	学習者目線で書いているが，学習目標の5分類との対応が不適切である	学習者目線で書いていない
学習者	学習者の前提条件を明確にしたうえで，学習者の多様性についても配慮した記述である	学習者の属性や人数を記載したうえで，前提条件を具体的に記述している	学習者の属性や人数を記載しているが，前提条件の記述が曖昧である	学習者の属性や人数，前提条件に関する記述がない
評価	単元計画の中に評価場面を位置づけ，適切な評価方法を選び，明確な基準を設けている	単元計画の中に評価場面を位置づけ，適切な評価方法を選んでいるが，基準には曖昧な点がある	単元計画の中に評価場面が位置づいているが，評価方法が明確ではない	単元計画の中に評価場面が位置づけられていない
教材	学習目標の種類に応じた課題分析図を選び，資質・能力の育成を意識した範囲・内容である	学習目標の種類に応じた課題分析図を選び，学習の範囲・内容が明確になっている	学習目標の種類に応じた課題分析図を書いているが，学習内容を明確にできるほど詳細化されていない	学習目標の種類に対して誤った課題分析図を書いている
指導	9教授事象以外の理論や手法を組み合わせ，効果的な指導過程を構成している	9教授事象を用いて指導過程を適切に構成している	指導過程に9教授事象が位置づけられているが，誤りが含まれている	9教授事象との対応が記されていない
ICT活用	教師および学習者のICT活用が指導過程に記され，ICTを活用しないと実現できない学習過程である	教師あるいは学習者のICT活用が指導過程に記され，指導・学習に用いる意図が明確である	教師あるいは学習者のICT活用が指導過程に記されているが，意図を読み取ることができない	ICTの活用場面が位置づけられていない

　シラバス例，学習指導案テンプレート，学習指導案ルーブリックをはじめ，本書の図版，章末問題を Web サイト（http://www.ina-lab.net/special/id/）に公開しています。

引用・参考
文献

第1章

東洋（1976）教育工学について　日本教育工学雑誌，*1*: 1-4

石井英真（2003）「改訂版タキソノミー」によるブルーム・タキソノミーの再構築：知識と認知過程の二次元構成の検討を中心に　教育法法学研究，*28*: 47-58.

OECD（2021）カリキュラムのリ（再）デザイン　OECD Education 2030 プロジェクトが提言する一連のテーマ別報告書 小冊子　https://www.oecd.org/education/2030-project/contact/Japanese-translation-brochure-thematic-reports-on-curriculum-redesign.pdff

ガードナー，H. ／黒上晴夫（訳）（2003）多元的知能の世界：MI 理論の活用と可能性　日本文教出版

グラットン，L.・スコット，A. ／池村千秋（訳）（2016）LIFE SHIFT：100 年時代の人生戦略　東洋経済新報社

グリフィン，P.・マクゴー，B.・ケア，E. ／三宅なほみ（監訳）（2014）21 世紀型スキル：学びと評価の新たなかたち　北大路書房

三宮真知子（2008）メタ認知：学習力を支える高次認知機能　北大路書房

タフ，P. ／高山真由美（訳）（2017）私たちは子どもに何ができるのか：非認知能力を育み，格差に挑む　英知出版

中央教育審議会（2016）幼稚園，小学校，中学校，高等学校及び特別支援学校の学習指導要領等の改善及び必要な方策等について（答申）（中教審第 197 号）http://www.mext.go.jp/b_menu/shingi/chukyo/chukyo0/toushin/1380731.htm

Fitts, P. M., & Posner, M. I.（1967）*Human Performance*. Belmont, CA: Brooks/Cole.

ミラー，G. A. ／高田洋一郎（訳）（1972）心理学への情報科学的アプローチ　培風館

文部科学省（2017）小学校学習指導要領

第2章

今津孝次郎（2017）新版 変動社会の教師教育　名古屋大学出版会

Koehler, M. J., & Mishra, P.（2009）What is technological pedagogical content knowledge? *Contemporary Issues in Technology and Teacher Education*, *9*(1): 60-70.

ハッティ，J.・チィーラー，K. ／原田信之（訳者代表）　矢田尚也・宇都宮明子・津田ひろみ（訳）（2021）教師のための教育効果を高めるマインドフレーム：可視化された授業づくりの 10 の秘訣　北大路書房

中央教育審議会（2015）「これからの学校教育を担う教員の資質能力の向上について〜学び合い，高め合う教員育成コミュニティの構築に向けて〜（答申）」 http://www.mext.go.jp/b_menu/shingi/chukyo/chukyo0/toushin/1365665.htm
中央教育審議会（2021）「令和の日本型学校教育」の構築を目指して（答申） https://www.mext.go.jp/b_menu/shingi/chukyo/chukyo3/079/sonota/1412985_00002.htm
デー，C.・グー，Q.／小柳和喜雄・木原俊行（監訳）（2015）教師と学校のレジリエンス：子どもの学びを支えるチーム力　北大路書房

第3章

有田和正（1985）社会科の活性化：教室に熱気を！　明治図書
板倉聖宣（2001）仮説実験授業のABC：楽しい授業への招待（第4版）　仮説社
ウィギンズ，G.・マクタイ，J.／西岡加名恵（訳）（2012）理解をもたらすカリキュラム設計：「逆向き設計」の理論と方法　日本標準
大村はま（1994）新編 教室をいきいきと1　筑摩書房
鈴木克明（2005）［総説］e-Learning実践のためのインストラクショナル・デザイン　日本教育工学会論文誌．29(3): 197-205.
林竹二・伊藤功一（1990）授業を追求するということ：城南小におこったこと　国土社
ディック，W.・ケアリー，L.・ケアリー，J.O.／角行之（監訳）（2004）はじめてのインストラクショナルデザイン　ピアソンエデュケーション
溝上慎一（2014）アクティブラーニングと教授学習パラダイムの転換　東信堂
文部科学省（2017）小学校学習指導要領解説　総則編
ロジャーズ，C.R.・フライバーグ，H.J.／畠瀬稔・村田進（訳）（2006）学習する自由（第3版）　コスモスライブラリー

第4章

東洋（2001）子どもの能力と教育評価（第2版）　東京大学出版会
小塩真司（2021）非認知能力：概念・測定と教育の可能性　北大路書房
ガニェ，R.M.・ウェイジャー，W.W.・ゴラス，K.C.・ケラー，J.M.／鈴木克明・岩崎信（監訳）（2007）インストラクショナルデザインの原理　北大路書房
国立教育政策研究所（2014）OECD生徒の学習到達度調査PISA2012年問題解決能力調査：国際結果の概要
国立教育政策研究所（2019）学習評価の在り方ハンドブック：小・中学校編　文部科学省国立教育政策研究所教育課程研究センター
沼野一男（1976）授業の設計入門：ソフトウエアの教授工学　国土社
マルザーノ，R.J.・ケンドール，J.S.／黒上晴夫・泰山裕（訳）（2013）教育目標をデザインする：授業設計のための新しい分類体系　北大路書房
メイジャー，R.F.／産業行動研究所（訳）（1970）教育目標と最終行動：行動の変化はどのようにして確認されるか　産業行動研究所

第**5**章

河野重男（1979）学校社会学の展望　学校機能論を中心に　教育社会学研究, *34*: 40-49.

ギブソン, J. J.／佐々木正人・古山宣洋・三嶋博之（訳）（2011）生態学的知覚システム：感性をとらえ
　なおす　東京大学出版会

黒上晴夫（編）（1999）総合的学習をつくる　日本文教出版

中央教育審議会（2015）チームとしての学校の在り方と今後の改善方策について　http://www.mext.
　go.jp/b_menu/shingi/chukyo/chukyo0/toushin/1365657.htm

デューイ, J.／市村尚久（訳）（1998）学校と社会・子どもとカリキュラム　講談社

Basye, D., Grant, P., Hausman, S., & Johnston, T. (2015) *Get active: Reimagining learning spaces for
　student success*. Eugene, Oregon: International Society for Technology in Education.

文部科学省（2018）コミュニティ・スクールパンフレット　http://www.mext.go.jp/a_menu/shotou/
　community/school/detail/1311425.htm

文部科学省（2019）GIGA スクール構想について「文部科学大臣からのメッセージ」　https://www.
　mext.go.jp/content/20191225-mxt_syoto01_000003278_03.pdf（2022 年 9 月 1 日確認）

山内祐平（2020）学習環境のイノベーション　東京大学出版会

第**6**章

岸　俊行（2014）一斉授業における教師の教授行動の特徴とそれが授業の雰囲気に及ぼす影響の検
　討　福井大学教育地域科学部紀要, *5*: 197-211.

中井俊樹（2015）アクティブラーニング（シリーズ大学の教授法）　玉川大学出版部

西尾三津子・久保田賢一（2009）子どもの能動的な学習を促すメディアとしての板書技術：ボリビ
　ア国への技術移転を通して　教育メディア研究, *15*(2): 65-81.

文部科学省（2018）教員のＩＣＴ活用指導力チェックリスト　https://www.mext.go.jp/a_menu/
　shotou/zyouhou/detail/1416800.htm

第**7**章

伊垣尚人（2012）子どもの力を引き出す自主学習ノートの作り方　ナツメ社

岩瀬直樹・川村卓正（2010）子どもの力を引き出す板書・ノート指導のコツ　ナツメ社

大野　桂（2010）学びを深めるノート指導～その機能と指導法～, 私のノート指導　https://www.
　kyoiku-shuppan.co.jp/textbook/shou/sansu/document/ducu3/1886.html

北島貞一（1999）自己有用感：生きる力の中核　田研出版

Carroll, J. B.（1963）A model of school learning. *Teachers College Record*, *64*: 723-733.

白松　賢（2017）学級経営の教科書　東洋館出版社

中邑賢龍・近藤武夫（2012）発達障害の子を育てる本ケータイ・パソコン活用編　講談社

文部科学省（2020）教育の情報化に関する手引 - 追補版 -　https://www.mext.go.jp/a_menu/shotou/
　zyouhou/detail/mext_00117.html（2022 年 5 月 13 日確認）

山本昌猷（2011）山本昌猷の「学びの技」を育てる学級づくりの知恵と技　黎明書房

第**8**章

ウィギンズ，G.・マクタイ，J.／西岡加名恵（訳）（2012）理解をもたらすカリキュラム設計：「逆
　向き設計」の理論と方法　日本標準

ディック，W.・ケアリー，L.・ケアリー，J.O.／角 行之（監訳）（2004）はじめてのインストラクショ
　ナルデザイン　ピアソン・エデュケーション

McTighe, J., & Wiggins, G. (2013) *Essential questions: Opening doors to student understanding.*
　Alexandria, VA: Assn for Supervision & Curriculum.

第**9**章

Entwistle, N., McCune V., & Walker, P. (2010) Conceptions, styles, and approaches within higher education:
　Analytic abstractions and everyday experience. In R. J. Sternberg & L. F. Zhang (Eds.), *Perspectives on
　thinking, learning, and cognitive styles.* New York: Routledge. pp.103-136.

オースベル，D. P.・ロビンソン，F. G.／吉田章宏・松田弥生（訳）（1984）教室学習の心理学　黎
　明書房

中央教育審議会（2016）幼稚園，小学校，中学校，高等学校及び特別支援学校の学習指導要領等の
　改善及び必要な方策等について（答申）別紙，p.1. http://www.mext.go.jp/component/b_menu/
　shingi/toushin/__icsFiles/afieldfile/2016/12/27/1380902_2.pdf

遠山 啓（1980）水道方式とはなにか　遠山啓著作集数学教育論シリーズ3　太郎次郎社エディタス

溝上慎一（2014）アクティブラーニングと教授学習パラダイムの転換　東信堂

McTighe, J. & Wiggins, G. (2004) *Understanding by design: Professional development workbook.*
　Virginia: ASCD.

第**10**章

アロンソン，E.／昭和女子大学教育研究会（訳）（2016）ジグソー法ってなに？：みんなが協同する
　授業　丸善プラネット

伊藤宗達（2009）自己調整学習の成立過程　北大路書房

川喜田二郎（2017）発想法 改版：創造性開発のために　中央公論新社

ケラー，J. M.／鈴木克明（監訳）（2010）学習意欲をデザインする：ARCSモデルによるインストラ
　クショナルデザイン　北大路書房

黒上晴夫（2017）初等中等教育におけるシンキングツールの活用　情報の科学と技術，*67*(10): 521-
　526.

ジェイコブズ，J.・パワー，M.・イン，L. W.／伏野久美子・木村春美（訳）関田一彦（監訳）（2005）
　先生のためのアイディアブック：協同学習の基本原則とテクニック　日本協同教育学会

ジマーマン，B. J.・シャンク，D. H.／塚野州一（編訳）（2006）自己調整学習の理論　北大路書房

ジョンソン，D. W.・ジョンソン，R. T.・ホルベック，E. J.／石田裕久・梅原巳代子（訳）（2010）学
　習の輪：学び合いの協同教育入門　二瓶社

鈴木克明（1995a）放送利用からの授業デザイナー入門　日本放送教育協会

鈴木克明（1995b）教室学習文脈へのリアリティ付与について：ジャスパープロジェクトを例に

教育メディア研究．2(1): 13-27.

ダーリング - ハモンド，L. ／深見俊崇（編訳）(2017) パワフル・ラーニング　北大路書房

Darling-Hammond, L.（1997）*The Right to Learn: A Blueprint for Creating Schools That Work.* San Francisco, CA: Jossey-Bass.

ちょんせいこ（2010）元気になる会議　ホワイトボード・ミーティングのすすめ方　解放出版社

トムリンソン，C. ／山崎敬人・山元隆春・吉田新一郎（訳）(2017) ようこそ，一人ひとりをいかす教室へ：「違い」を力に変える学び方・教え方　北大路書房

中嶌康二（2014）学習意欲を高める ARCS モデルの拡張と実践利用に関する研究　熊本大学社会文化科学研究科教授システム学専攻博士論文

フィッシャー，D. B.・フレイ，N. E. ／吉田新一郎（訳）(2017)「学びの責任」は誰にあるのか：「責任の移行モデル」で授業が変わる　新評論

堀 公俊・加藤 彰（2006）ファシリテーション・グラフィック：議論を「見える化」する技法（ファシリテーション・スキルズ）　日本経済新聞出版社

三宅なほみ・東京大学 CoREF・河合塾（2016）協調学習とは：対話を通して理解を深めるアクティブラーニング型授業　北大路書房

蓑手章吾（2021）子どもが自ら学び出す！自由進度学習のはじめかた　学陽書房

第**11**章

シャクリー，B. D.・アンブロース，R.・バーバー，N.・ハンズフォード，S. ／田中耕治（監訳）(2001) ポートフォリオをデザインする：教育評価への新しい挑戦　ミネルヴァ書房

鈴木克明（編著）(2004) 詳説インストラクショナルデザイン：e ラーニングファンダメンタル　NPO 法人日本イーラーニングコンソーシアム

スティーブンス，D. D.・レビ，A. ／佐藤浩章・井上敏憲・俣野秀典（訳）(2014) 大学教員のためのルーブリック評価入門　玉川大学出版部

田中耕治（2008）教育評価　岩波テキストブック

デジタル庁（2022）教育データ利活用ロードマップ　https://www.digital.go.jp/news/a5F_DVWd/（2022 年 8 月 27 日確認）

西岡加名恵（2016）教科と総合学習のカリキュラム設計　パフォーマンス評価をどう活かすか　図書文化

ブルーム，B. S. ／稲葉宏雄・大西匡哉（訳）(1986) すべての子どもにたしかな学力を　明治図書

文部科学省（2021）教育データの利活用に係る論点整理（中間まとめ）　https://www.mext.go.jp/b_menu/shingi/chousa/shotou/158/mext_00001.html（2022 年 6 月 1 日確認）

文部科学省（2022）「教育情報セキュリティポリシーに関するガイドライン」ハンドブック　https://www.mext.go.jp/a_menu/shotou/zyouhou/detail/1397369.htm（2022 年 8 月 27 日確認）

第**12**章

稲垣 忠（2004）学校間交流学習をはじめよう：ネットの出会いが学びを変える　日本文教出版

Scardamalia, M., & Bereiter, C.（1994）Computer Support for Knowledge-Building Communities. *Journal of the Learning Sciences*, 3(3): 265-283.

文部科学省（2014）学びのイノベーション事業実証研究報告書 http://www.mext.go.jp/b_menu/ shingi/chousa/shougai/030/toushin/1346504.htm（2018 年 3 月 30 日確認）

文部科学省（2019）GIGA スクール構想について「文部科学大臣からのメッセージ」 https://www. mext.go.jp/content/20191225-mxt_syoto01_000003278_03.pdf（2022 年 9 月 1 日確認）

文部科学省（2020）教育の情報化に関する手引 - 追補版 - https://www.mext.go.jp/a_menu/shotou/ zyouhou/detail/mext_00117.html（2022 年 5 月 13 日確認）

Puentedura, R. R.（2010）A Brief Introduction to TPCK and SAMR. http://www.hippasus.com/rrpweblog/ archives/2011/12/08/BriefIntroTPCKSAMR.pdf

水越敏行（1988）メディア・ミックスのねらいと実際 MME 研究ノート. 53:10-22.

第13章

Eisenberg, M. & Berkowitz, R. E.（1999）*Teaching Information & Technology Skills: The Big 6 in Elementary School.* Columbus, OH: Linworth Pub Co.

稲垣 忠（2020）探究する学びをデザインする！情報活用型プロジェクト学習ガイドブック 明治 図書

キルパトリック, W. H. ／市村尚久（訳）（1967）プロジェクト法 明玄書

草野俊彦（2018）教養としてのプログラミング的思考 SB クリエイティブ

Kuhlthau, C. C., Maniotes, L. K., & Caspari, A. K.（2007）*Guided Inquiry: Learning in the 21st Century.* Westport, Conn: Libraries Unlimited.

坂本 旬ほか（2022）デジタル・シティズンシッププラス：やってみよう！創ろう！善きデジタル市 民への学び 大月書店

塩谷京子（2014）探究的な学習を支える情報活用スキル：つかむ・さがす・えらぶ・まとめる（は じめよう学校図書館 10） 全国学校図書館協議会

玉田和恵・松田俊樹（2004）「3 種の知識」による情報モラル指導法の開発 日本教育工学会論文誌, *28*(2): 79-88.

デューイ, J. ／植田清次（訳）（1950）思考の方法 春秋社

文部科学省（2007）情報モラル指導モデルカリキュラム http://www.mext.go.jp/a_menu/shotou/ zyouhou/1296900.htm

文部科学省（2008）小学校学習指導要領解説 総合的な学習の時間編

文部科学省（2017）小学校学習指導要領解説 総則編

文部科学省（2018）小学校プログラミング教育の手引（第二版） http://www.mext.go.jp/a_menu/ shotou/zyouhou/detail/1403162.htm

文部科学省（2020a）教育の情報化に関する手引 - 追補版 - https://www.mext.go.jp/a_menu/shotou/ zyouhou/detail/mext_00117.html（2022 年 5 月 13 日確認）

文部科学省（2020b）小学校プログラミング教育の手引（第二版） https://www.mext.go.jp/a_menu/ shotou/zyouhou/detail/1403162.htm

仙台市教育センター（2020）（仙台版）情報活用能力育成 おすすめ単元表＜小学校 ver3 ＞（令和 2 年度版） https://www.sendai-c.ed.jp/04kenkyu/kenkyu.html（2022 年 8 月 27 日確認）

第**14**章

稲垣 忠・佐藤靖泰（2015）家庭における視聴ログとノート作成に着目した反転授業の分析　日本教育工学会論文誌，*39*(2): 97-105.

加藤幸次・安藤 慧（1985）講座 個別化・個性化教育 1　個別化・個性化教育の理論　講座個文化個性化教育 1　黎明書房

Cronbach, L. J.（1957）The two disciplines of scientific psychology. *American Psychologist*, *12*(11): 671-684.

Kay, A. C.（1972）*A Personal Computer for Children of All Ages*. Boston: the Proceedings of the ACM National Conference.

コリンズ, A.・ハルバーソン, R. ／稲垣 忠（編訳）（2012）デジタル社会の学びのかたち：教育とテクノロジの再考　北大路書房

佐藤昌宏（2018）EdTech が変える教育の未来　インプレス

重田勝介（2014）反転授業 ICT による教育改革の進展　情報管理．*56*(10): 677-684.

Skinner, B. F.（1958）Teaching machines. *Science*, *128*(967-77): 137-58.

鈴木克明（1995）放送利用からの授業デザイナー入門：若い先生へのメッセージ　財団法人日本放送教育協会

中央教育審議会（2021）「令和の日本型学校教育」の構築を目指して〜全ての子供たちの可能性を引き出す，個別最適な学びと，協働的な学びの実現〜（答申）　https://www.mext.go.jp/b_menu/shingi/chukyo/chukyo3/079/sonota/1412985_00002.htm

日本教育工学振興会（2006）校務情報化の現状と今後の在り方に関する研究　http://www2.japet.or.jp/komuict/index.html

深澤良彰（2015）オープンエデュケーションと MOOC そして JMOOC　映像情報メディア学会誌，*69*(11): 905-908.

Branson, R. K.（1990）Issues in the design of schooling: changing the paradigm. *Educational technology*, *30*(4):7-10.

森本康彦・稲垣 忠（2017）初等中等教育におけるラーニング・アナリティクスの展望　日本教育工学会論文誌，*41*(3): 209-220.

文部科学省（2020）「学びの保障」総合対策パッケージ　https://www.mext.go.jp/content/20200605-mxt_syoto01-000007688_1.pdf

ライゲルース, C. M.・カノップ, J. R. ／稲垣 忠・中嶌康二・野田啓子・細井洋実・林 向達（訳）（2018）情報時代の学校をデザインする　北大路書房

第**15**章

木内 剛（2004）模擬授業　日本教育方法学会（編）　現代教育方法事典　図書文化　p.506.

柴田好章（2012）授業設計・授業分析における学習内容へのアプローチ　西之園晴夫・生田孝至・小柳和喜雄（編）　教育工学における教育実践研究　ミネルヴァ書房　pp.76-95.

島根県教育センター（2014）管理職による授業観察リーフレット　http://www.pref.shimane.lg.jp/education/kyoiku/kikan/matsue_ec/chousa_kenkyu/H25_tyousa_kenkyuu.data/H25_kanri-reaf.pdf

藤岡完治（1995）授業者の『私的言語』による授業分析：カード構造化法の適用　水越敏行（監修）梶田叡一（編）授業研究の新しい展望　明治図書　pp.42-43.

索 引

編者紹介

稲垣　忠（いながき　ただし）

1976 年　愛知県に生まれる
金沢大学教育学部，同大学院教育学研究科を経て，
関西大学大学院総合情報学研究科博士課程を修了，Ph.D（情報学）
現在：東北学院大学文学部教育学科　教授
専門：教育工学・情報教育
主著：『学校間交流学習をはじめよう』 日本文教出版
　　　『探究する学びをデザインする！情報活用型プロジェクト学習ガイド
　　　ブック』（編著） 明治図書
　　　『デジタル社会の学びのかたち』（編訳） 北大路書房
　　　『情報時代の学校をデザインする』（共訳） 北大路書房
　　　『授業設計マニュアル Ver.2 教師のためのインストラクショナルデザイ
　　　ン』（編著） 北大路書房
　　　『情報教育・情報モラル教育』（編著） ミネルヴァ書房
　　　『ICT 活用の理論と実践』（共編著） 北大路書房
　　　『GIGA完全対応 学校アップデート＋』（共著） さくら社

執筆者一覧（執筆順）

稲垣　忠	（編者）	第 1 章・第 13 章
深見俊崇	（島根大学教育学部）	第 2 章・第 10 章
寺嶋浩介	（大阪教育大学大学院連合教職実践研究科）	第 3 章・第 15 章
市川　尚	（岩手県立大学ソフトウェア情報学部）	第 4 章・第 8 章
菅原弘一	（仙台市立錦ケ丘小学校）	第 5 章
成瀬　啓	（栗原市立一迫小学校）	第 6 章
小林祐紀	（茨城大学教育学部）	第 7 章・第 11 章
森下　孟	（信州大学教育学部）	第 9 章・第 12 章
佐藤靖泰	（フューチャーインスティテュート株式会社）	第14章

教育の方法と技術 Ver.2

IDとICTでつくる
主体的・対話的で深い学び

2019 年 3 月 20 日	初版第 1 刷発行	定価はカバーに表示
2020 年 2 月 20 日	初版第 3 刷発行	してあります。
2020 年 8 月 20 日	再版第 1 刷発行	
2022 年 10 月 20 日	再版第 5 刷発行	
2022 年 12 月 10 日	Ver.2 第 1 刷発行	
2024 年 2 月 20 日	Ver.2 第 3 刷発行	

編　者　稲　垣　　　忠

発　行　所　（株）北 大 路 書 房

〒 603-8303
京都市北区紫野十二坊町 12-8
電 話 （075）431-0361 （代）
FAX （075）431-9393
振替　01050-4-2083

編集・デザイン・装丁　上瀬奈緒子（綴水社）
印刷・製本　（株）太洋社

©2022　ISBN978-4-7628-3212-3　Printed in Japan
検印省略　落丁・乱丁本はお取り替えいたします

ICT活用の理論と実践
DX時代の教師をめざして

稲垣 忠, 佐藤和紀 編著

A5判　184頁　本体2000円＋税
ISBN978-4-7628-3180-5

令和4年度新設の教職課程コアカリキュラム「情報通信技術を活用した教育に関する理論及び方法」に対応。校務や授業のデジタル化により，ICT活用のスキルがいまや教師に必須となった。教育メディアに関する諸理論，個別最適な学びや協働的な学びを実現するICTの活用法，情報活用能力を育む指導の要点など幅広く解説。

主体的・対話的で深い学びに導く
学習科学ガイドブック

大島 純, 千代西尾祐司 編

A5判　240頁　本体2200円＋税
ISBN978-4-7628-3080-8

アクティブ・ラーニングの観点から，人の学びのメカニズムについて，経験や憶測でなく「科学」に基づいて考える。新しい学びの考え方や授業設計・改善を3パート，9つの章に分けてガイド。各節3〜5ページの読み切りで編集し，スキーマ，メタ認知，自己調整学習といった知見を易しく解説した，教養としての学習科学入門。

教師のレジリエンスを高める
フレームワーク
柔軟な問題解決者となるための5つの視点

深見俊崇 編著

A5判　144頁　本体2000円＋税
ISBN978-4-7628-3119-5

しなやかで折れにくい心を保持し，自ら進んで行動するレジリエントな教師をめざして，BRiTEという体系化されたフレームワーク（B：レジリエンスの形成／R：関係性の構築／i：ウェルビーイング／T：主体性の保持／E：感情への自覚）を用い，問題解決にあたって必要となる行動や心身の健康を守るための方略を提供。

インストラクショナルデザイン
の道具箱101

鈴木克明 監修
市川 尚, 根本淳子 編著

A5判　264頁　本体2200円＋税
ISBN978-4-7628-2926-0

企業研修や教育の効果・効率・魅力をどう高めるのか？　KKD（経験と勘と度胸）やMD（自己流）から進化・脱却し，ID（学習科学に基づいた教える技術）の道へと誘うアイデア集。「学びたさ」「学びやすさ」「わかりやすさ」「ムダのなさ」などを改善する101の道具を厳選。その解説と実践事例を見開き2頁で提供。